Beginners

The Joy and Transformative Power of Lifelong Learning

永远年轻的
初学者

［美］汤姆·范德比尔特（Tom Vanderbilt） 著

闫佳 译

中信出版集团｜北京

图书在版编目（CIP）数据

永远年轻的初学者 /（美）汤姆·范德比尔特著；
闻佳译 . -- 北京：中信出版社，2023.1
书名原文：Beginners: The Joy and
Transformative Power of Lifelong Learning
ISBN 978-7-5217-4834-5

Ⅰ . ①永… Ⅱ . ①汤… ②闻… Ⅲ . ①学习心理学
Ⅳ . ① G442

中国版本图书馆 CIP 数据核字（2022）第 221425 号

永远年轻的初学者

著者： ［美］汤姆·范德比尔特
译者： 闻佳
出版发行：中信出版集团股份有限公司
　　　　　（北京市朝阳区惠新东街甲 4 号富盛大厦 2 座　邮编　100029）
承印者： 唐山楠萍印务有限公司

开本：880mm×1230mm 1/32　　印张：10　　　字数：233 千字
版次：2023 年 1 月第 1 版　　　印次：2023 年 1 月第 1 次印刷
京权图字：01-2022-5534　　　　书号：ISBN 978-7-5217-4834-5
定价：65.00 元

你是这样年轻，一切都在开始。

——莱纳·马利亚·里尔克

目　录

第五章

U 形冲浪：另一种任性而顽强的热情

第六章

尝试杂耍：我们怎样学习做事

第七章

绘画的好处

第八章
自我更新之路

序幕

开场白

一个星期日的早晨，在纽约市一个拥挤的房间里，我坐在棋盘前，心跳加速，感觉胃里也在翻江倒海。

按照惯例，我和对手握了握手。我们没有交谈，只在记棋谱的本上写下了各自的名字。趁着我给时钟设定时间——每名棋手25分钟，他有条不紊地把每枚棋子放在棋盘方格的中央。我也漫不经心地做了同样的事，似乎是为了表现出一丝淡淡的不耐烦。我试着把自己的棋子排列得更对称一些，想要抓住小小的优势（只可惜由于一时慌张，我把象和马的位置放错了，我的策略泡了汤）。我们等着赛事裁判发出开始的指令，房间陷入一片充满期待的寂静。

我们面对面地坐着，我试图掂量一番对手。他正懒洋洋地用手指转铅笔玩，眼神飘移到邻近的几张桌子上。我盯着他，希望自己的眼神里流露出冷漠的态度。虽然坐在图书馆的椅子上，但我仍想尽量展现出压迫感。我想向他传递一种《纽约时报》前国际象棋专栏作者迪伦·洛布·麦克莱恩（Dylan Loeb McClain）曾描述的感觉。1995 年，迪伦在一场表演赛里与当时的世界冠军加里·卡斯帕罗夫对弈。

"我感觉，他不是想打败我，"麦克莱恩说，"而是想把手从棋盘那边伸过来掐死我。"直觉告诉他，卡斯帕罗夫像愤怒的熊一样弓着背，散发出"令人难以置信的凶猛气势"，光是获得一些微小的位置优势，甚至赢得比赛，根本不能令他满意。驱使他的似乎是某种"更令人不安"的东西。

这是国际象棋界的常见情绪之一。"我喜欢击溃一个人自信的瞬间。"[1]国际象棋世界冠军博比·菲舍尔曾经这样说。

我又看了看对手。我能不能通过战术性技巧和无情的凝视，慢慢地摧毁他的信心？

就在这时，一位女士拿着一小盒巧克力牛奶出现在他身边。她吻了吻他的额头，说："祝你好运。"接着对我投来一抹睿智而严肃的微笑。我的对手瑞安年仅 8 岁，走到第 30 步棋之后，他以令人钦佩的镇定，外加偶尔抽抽鼻子，打败了我。我向他表示祝贺。我去将结果告知赛事主管时，在走廊里看见了瑞安：他自信满满，正骄傲地把消息告诉他母亲。

瑞安和我参加的是纽约市马歇尔国际象棋俱乐部主办的初学者等级公开赛，比赛在星期日的早晨举行。马歇尔国际象棋俱乐部坐落在格林尼治村最漂亮的街区之一，在一座颇有历史的城区住宅里占据了几层楼。它虽显得有些落伍于时代，但身在其中令人愉快。它是早前国际象棋队百花齐放时代的遗迹，那时候地区之间大学的和其他的象棋队展开较量，他们的战绩会刊登在报纸的体育版上。多亏了一个堪比狄更斯笔下情节的戏剧性转折，它才得以继续扎根在美国最昂贵的地段。

1931 年，美国经济大萧条最严重的时候，有一群富有的慈善家都是国际象棋爱好者，其中的弗兰克·马歇尔（俱乐部因其而得名）买下了这栋大楼。马歇尔是国际象棋特级大师，得过美国国际象棋冠军，曾在大西洋城经营一家海滨国际象棋商业中心——有时他会在店里跟愿意掏钱的路人下棋。几十年来，从基恩牛排馆到切尔西酒店，马歇尔国际象棋俱乐部在曼哈顿的众多标志性场所运营。[2] 现在，马歇尔有了可以当成家的大本营。

这地方已经逐渐失去往日的光彩——不再有穿着马甲的侍者送来咖啡或茶，但如今在马歇尔俱乐部下棋仍然会让人感觉置身于镀金时代的国际象棋殿堂。历史的厚重感围绕着你：著名国际象棋大师的半身像、团队冠军的老照片，以及现任世界冠军马格努斯·卡尔森与谢尔盖·卡尔亚金 2016 年紧张激烈地争夺冠军时用的那张桌子。

不过，马歇尔俱乐部并非博物馆。在周末的大型赛事期间进入这个地方，就像走进一座以人力推动运转的数据中心：一排排"处理器"在默默地计算，用指尖敲击桌面，持续不断地营造紧张氛围。

星期日的初学者等级公开赛是严格意义上的小比赛，评分在 1 200 分以下甚至根本没有评分的棋手均可参加。大多数国际象棋大师的评分在 2 500 分以上，而我只有 100 分新手分。

这一天刚开始时，我觉得很有希望。我的第一个对手是约翰，他头发花白，神情严肃，像个学者。起初，我在"材料"上（在国际象棋里，"材料"指的就是棋子）落后。随着比赛接近尾声，他试图扩大优势。然而，我并未放弃，创造性地制造障碍，阻挠他取胜。每个障碍都能让他发出一声微弱的叹息。我能感觉到他的不安，他叹一声气，我的力量似乎就增长一分。

然后，在我的王几乎被包围的情况下，我发现了将死的机会——只求他别发现就好。国际象棋里有句老话说得好：赢家就是倒数第二个犯错的下棋人。实际上，我的对手在应该防守的时候选择了进攻，动了一步兵，以为能将死我。我把车移到合适的位置，沿着 A 列（棋盘上垂直的第一排）把他的王困住，他的脸上慢慢地浮现出一种悔不当初的表情。

接下来的对手埃里克是一名从阿富汗回国休假的军人，在阿富汗驻守期间，他花了很多时间在网上下棋。他知道自己休假时会途经纽约，便专门抽身到马歇尔国际象棋俱乐部"朝圣"。他看起来有点儿像演员伍迪·哈里森：花白的平头，目光炯炯。我们的比赛紧张而激烈，势均力敌，直到他用象抓住了我的车。我认输后，他如释重负，并说我下得比评分显示的要好得多——这是他说的第一句话。

那天早上分组里的每个人，从美国陆军游骑兵到美国退休人员协会成员，再到坐立不安的小孩，都是马歇尔初学者等级公开赛里的典型参赛者。虽然马歇尔公开赛的参赛者年龄范围跨度达 60 岁，但从国际象棋棋术的角度来看，我们都是初学者。

国际象棋的评分系统具有一种非常纯粹的特性，让年龄之类的区分显得无关紧要。国际象棋是少数几项孩子能达到与成人相当甚至更高水平的技能项目之一[3]，有些 12 岁的孩子会带着一脸天真地让你一败涂地[4]。

在星期日的马歇尔公开赛上，我特别关注一个孩子——我女儿。我们并未被分到同一组下棋——尽管那一刻终将到来。那天早上，我们走上了截然不同的道路。她名列前茅并收到了一张 84 美元的支票，她立刻就拿着这笔钱到街角的玩具店买了豆豆娃和其他亮闪闪的小玩意儿。当天晚些时候，我听到她在电话里兴高采烈地向她爷爷奶奶报告："我爸爸呀，差不多 40 名吧。"

总共只有 51 名参赛者。

我怎么沦落到这般境地啊？

*

几年前的一天，在一个海滨小镇的小图书馆里，我和当时快 4 岁的女儿玩起了节日跳棋。她的目光移到了旁边一张桌子上，那里有一张黑白格棋盘，上面摆满了有趣得多的棋子。（好些国际象棋大师都是在不知情的情况下被马和王吸引的。）"那是什么？"她问。"国际象棋。"我回答。"我们能玩吗？"她恳求。我心不在焉地点了点头。

但有个问题：我不知道怎么下。我依稀记得小时候学过基本走法，但没能坚持下来。这个事隐隐地困扰着我，每当在酒店大堂里看到一张闲置的棋盘，或是在周末报纸增刊上看到残局游戏，我就会感到一阵心痛。

我对国际象棋有个大致的认识，知道菲舍尔和卡斯帕罗夫的名字，知道国际象棋曾吸引马塞尔·杜尚、弗拉基米尔·纳博科夫等历史名人，知道国际象棋大师甚至能提前预见几十步棋。我知道，和古典音乐一样，国际象棋在电影中是天才（通常是邪恶的一方）的代名词。但说我"知道"国际象棋，就跟说我"知道"日语差不多：我知道它看起来是什么样子、听起来像什么，但我对它并不精通。

我决定学下国际象棋，哪怕只是为了能教女儿。基本下法学起来很容易，在孩子们的生日聚会上，或是在超市排队时，我在智能手机上花几个小时就掌握了一些基本下法。很快，我下起棋来，有时甚至能打败最弱的计算机对手（就是编程中故意设计了有毁灭性失误的对手）。但我很快发现，我对更深层次的策略几乎毫无概念。

我不想教女儿那些我粗浅掌握的东西，但我要怎么学呢？国际象棋入门书多得惊人，当然，有《傻瓜国际象棋入门》。除此之外，国际象棋文献也浩如烟海，它充满了像代数一般错综复杂的符号，这些符号本身就是一门需要学习的准语言。

有些图书的内容异常具体，例如《用三马开局破法兰西防御完全指南》。没错，一整本书都在讲区区一着棋的种种变化（我应该补充一句，这着棋人们用了100多年了）。然而，人们仍在琢磨它，经过了100多年外加出了许多书以后，有一本书用了整整288面讲述关于它的新内容。

一开始接触国际象棋，人们可能就会听到一个流传甚广的说法：在仅仅走了 3 步之后，棋局中可能的变化就比宇宙中原子的数量还多。实际上，对于该怎样把这指数级复杂的游戏解释给一个平常最爱看《好奇的乔治》的小孩听，我感到无解。

于是，我做了有自尊心的现代父母都会做的事——聘请一位教练，我希望有人能同时教我和我女儿。

我做了一些网络调查，找到了西蒙·鲁多夫斯基，他是一位住在布鲁克林的波兰裔移民。西蒙有一股来自旧世界的严肃态度，严厉里带着爱，对这项任务有几分在我看来恰到好处的庄重感。下棋时，他用热情得近乎夸张的动作移动棋子。西蒙是个素食主义者，身材瘦削，极度警觉。他希望除了作为背景的古典音乐，房间里没有其他声响。桌上摆着几杯茶和我妻子刚烤好的糕点，这原本是第一节课时她出于礼貌端上来的，但这种款待很快固定下来，甚至成了一套带有几分滑稽感的仪式。"我们需要给西蒙做糕点。"我妻子会在上课那天早晨急切地宣布。音乐、茶点及棋盘与棋子天然的优雅把我们的房子变成一场维也纳沙龙（至少，我喜欢这样想），在咖啡因的刺激下渐趋热烈，充斥着对国际象棋理论令人迷醉的讨论。

*

尽管当时我不曾想到，女儿和我其实是在进行一项认知实验，样本仅为两人：我们是两名新手，尝试学习一项新技能。

我们从同一起点出发，两人年龄相差了大约 40 岁。

此前，在女儿的认知里，我一直是个专家，但现在，我们奇怪地来到了同一条起跑线，至少在理论上如此。我们俩谁能学得快一些呢？我们是以同样的方式学习吗？我们各自的优势和劣势是什么？谁最终会获胜？

但我很快就不再上课，因为我的存在似乎让人分心，我成了女儿和教练之间的障碍。开始的时候，她学得比较慢。当女儿努力在拥挤的棋盘上想出一步难下的棋时，西蒙和我会在对视后心照不宣地咧嘴一笑。

而我一开始似乎下得更好，哪怕只是因为我更认真。我的注意力持续时间比较长，我有几十年的棋类游戏经验，也有身为成年人的骄傲。我们一起下棋的时候，女儿有时会走神，为了让她保持兴趣，我会故意亮出一些明显的错误，希望她能看到。在更广阔的国际象棋世界里，我是个新手——一个笨手笨脚、无可救药的新手，但在家里，至少我觉得自己像个贤明的政界元老。

然而，一个星期又一个星期过去，女儿逐渐进步。她会平静地向我解释棋局里隐藏的复杂之处，或是告诉我为什么我觉得自己稳赢的在线棋局最终很可能打成平局，她学会了我完全不熟悉的策略和经验法则。她开始参加锦标赛：一开始是在本地图书馆地下室里举行的小型比赛，后来是全市范围的大型比赛。她拿到了很多奖杯，并在全国前 100 名同龄女棋手中有了相当靠前的排名。突然间，要想下赢她，我不得不绞尽脑汁，有时还根本做不到。

回想起来，有一个很关键的原因：我只是一局接一局地在线上下棋，希望通过多对弈来提高水平——我认为"胜利是因为才华，失败是运气不佳"；女儿则在西蒙的指导下苦练开局理论和终局战术，每当她输掉一盘棋，她必须详细分析自己为什么会输，这通常比实际下棋花费的时间更长。

以心理学家安德斯·艾利克森（《刻意练习》的作者）的理论来看，她是在进行"刻意练习"。

而且，我满足于"盲目重复"，尝试通过蛮力而非切实的目标提高棋艺。在某种程度上，我试图模仿人工智能公司 DeepMind 的著名人工智能程序阿尔法零（AlphaZero）来下棋。阿尔法零只知道国际象棋的基本规则，在跟自己玩了 4 400 万局之后，它掌握了这种游戏。[①] 它一路走来就学会了[5]，不靠教练的帮助[6]，靠着自学成为全世界最可怕的"棋手"。

我没有那么多的时间，也没有那么多的脑力。"如果你想在国际象棋方面有所进步，"艾利克森写道，"你不能光靠下棋来达到目的，还要靠研究大师们的比赛来进步。"[7]

在我安排得满满的生活中，乘地铁时下一局 5 分钟的快棋更容易实现。不管怎样说，我的关注点基本上已转移到女儿身上，她才是需要培养的天才，她赢得了奖杯。她的进步比我的进步更重要。我成了典型的"象棋爸爸"，耐心地守着她下完五六个小时的校际锦标赛。

[①] 按照艾利克森的公式，假设一局国际象棋比赛的平均时间为 90 分钟，这将需要人类大约 6 600 万小时的经验。

在等待女儿结束比赛期间，我焦急地期盼结果，每隔几分钟就朝大厅里瞥一眼，我能敏锐地在一毫秒内判断出她是赢了还是输了。每一种场景都可能让我心碎，无论她是蹦蹦跳跳、面带微笑地奔跑，还是无精打采地低着头、拖着步子往前挪，往往还流着泪。

在那些流泪的时刻，我有时会想为什么我要让她（坦率地说，是让我）经历这一切。一开始只是简单好玩的探索，现在却变成如此严肃的一件事。目的是什么呢？基本上，我认同将国际象棋等同于智力和学业成就的社会印象，尽管从理性上来说，我知道证据并不确凿。这些研究的规模一般很小，研究对象也大多是天赋异禀的棋手，他们清楚地意识到自己正在被研究，而且组织开展研究的大多是国际象棋组织本身。[8] 这里存在一个巨大的"是因，还是果"的问题[9]：是国际象棋让孩子变得更聪明，还是更聪明的孩子更易被国际象棋吸引？如果国际象棋与智力的联系这么紧密，人们或许会认为优秀的棋手整体而言比较差的棋手或压根不下棋的人更聪明。可惜的是，还没有有力的证据证明这一点。

尽管如此，我还是试图说服自己，其中有扎扎实实的正面作用。[10] 我认为，正如一位教育家所说，"作为传授思维的途径"，国际象棋以棋局的形式体现了学校教育的严谨性，即集中注意力、解决问题、记忆和应用。[11]

至于那些惨痛的失败，我是这么想的：国际象棋锦标赛，以及大多毫无意义的令人感到辛酸的结果，或许是演练人生里更大挑战的好地方。我粗略估计，四次有三次，女儿是在跟男孩对弈。尽管人们为改变现状付出了许多努力，但国际象棋界仍然存在性别优越感。男棋手的评分往往更高，当然，有人认为这可能只是统计学上的假象，因为男棋手本来就比女棋手多得多。[12]

但这个故事里还有些别的因素。一项针对校际国际象棋锦标赛的研究发现，女棋手与男棋手对弈时，似乎通常表现不佳。研究人员写道："女孩输给男孩的概率，无法以初始评分的高低来解释。"[13] 他们推测，这是因为"刻板印象的威胁"：女棋手不仅要与男棋手对弈，还要与认为女棋手不如男棋手下得好的刻板印象对抗。更重要的是，表现未能达到预期水平的女棋手，第二年参加的比赛会更少——在男棋手身上没有看到这种效应。

假设未来的生活会充满这样的恶性循环，那让我们现在就直面它吧。毫无疑问，身为"象棋爸爸"，我最自豪的时刻是在一场大型锦标赛中无意中听到一个男孩告诉队友们（他们全都穿着纽约市立大学亨特学院附小国际象棋精英班的紫色班服）："当心那个穿粉红兔衬衫的小女孩。"

＊

每次陪女儿参加校际锦标赛，我都会跟其他家长闲聊。有时，我会问他们自己下不下棋，他们通常会满怀歉意地耸肩和微笑。

如果我主动说自己正在学习下棋，对方会带着幸灾乐祸的笑容说：祝你好运！我想："既然下国际象棋对孩子这么好，为什么成年人避开呢？"看到有人在等待时玩手机游戏《愤怒的小鸟》，我就想拍拍他的肩，说："为什么你让孩子下国际象棋，自己却在玩游戏呢？国际象棋可是王者的游戏！早在 15 世纪就有国际象棋比赛的记载了！"

在国际象棋锦标赛上，我看到了一种极为常见的现象：孩子们参加活动，像我这样的成年人盯着自己的智能手机。当然，身为家长，我们有工作要做，甚至连周末都塞满了工作，我们要靠工作才买得起孩子们享受或忍受的课程。

即便如此，我仍不由得思考，我们在孜孜不倦地陪着孩子上课的过程中，是否也传达了一种微妙的信息：学习属于孩子。

一场锦标赛期间，我在大厅里闲逛，看到一间教室里有一群家长，围着一位我以为是老师的人。他们在下棋！就在这时，一群孩子从我身边经过，也瞥到了这个场面。"大人干吗要学下国际象棋呢？"一个孩子用略带嘲讽的语气问道，他身边的几个孩子也都觉得好笑。他们继续往前走了，留下我在一块喜庆的布告板前慢慢失神。

我想加入。就这样，我申请了美国国际象棋联合会会员卡，与女儿并肩，不是参加校际锦标赛（在那儿我会看起来像个怪人），而是参加马歇尔俱乐部举办的比赛。

刚开始，我很紧张，尽管除了自尊，我真的没什么可输的。一位特级大师说："大师有时可能下得很蹩脚，可爱好者永远不会！"而我正是爱好者：冷峻的仪式，激动人心的相遇，紧张的气氛。比赛期间，我会关掉手机，连续三个小时保持专注、紧张地思考。那感觉就是让大脑"健身"。

最让人惊讶的是，跟真人对弈异常困难。与在网上下棋完全不同，在现实的比赛当中，你跟一个活生生的人面对面地坐着：你能看到他的眼睛，闻到他的气味，察觉他的肢体语言，听到从他体内发出的奇怪的声音。

这是在学习过程中你很早就会学到的一课：学习依赖于情境。你想精通网络快棋吗？那就多上网下快棋。你想在国际象棋锦标赛中脱颖而出吗？那就参加比赛，跟带着体温的真人对弈。

你永远不知道，在某个星期日，谁会坐在你对面。我和一位戴着蓝色框架眼镜的小姑娘下过一局（下成了平局），她有一种会干扰他人（也许是不由自主）的习惯：每当我走完，她总是低声评论（"谢谢你把我的王带进了终局"）。有一位手有些颤抖的老人，一坐下来跟我下棋，就把一杯装得满满的足有 700 毫升的特大杯热咖啡放在桌上，引来了离我只有 10 多厘米远的邻座惊恐的目光；由于对手为自己剩下的时间越来越短感到心神不宁，我也为他担忧起来，差点儿输掉比赛，最后勉强打成平局。我把一个穿着特教学校校服的认真的孩子送回宿舍（费了比我预计的多得多的工夫），而且我感觉有义务告诉那位正用智能手机看电影的父亲，他的儿子下得多么好。我打败了一位曾在多个场合碰到过的头发稀疏、怪里怪气的人，还略有些嘲讽地想知道他到底在初学者阶段待了多久。我还曾抽到与女儿对弈，她冷静地送上了一记底线将军，把我无助的王困在了最后一行。

我年近 50，还被小孩儿打败。我喜欢这感觉。

第一章

给初学者的初学指南

一个人……要想在所有事情上有所进步，都得靠先出洋相。

——萧伯纳

又一次，再开始：一份宣言

本书为所有刚开始学习的人、迟疑不决的人、不敢当着一屋子看似知道自己在做什么的人提问题的人而写，为所有不管做了多少次都需要旁人指点、不知道自己在做什么却仍然在做的人而写，为所有参加赛跑却不清楚自己能不能跑完全程的人而写。这是一本失误大全、一番对笨拙的颂扬。套用电影《追讨者》（Repo Man）里的台词，它讲的是不要在回避紧张局面中度过一生，而要主动投身其中。

本书是为笨拙者准备的手册、为被碾碎的自我准备的急救箱、应对最痛苦、最辛酸的阶段的生存指南：初学者的尴尬、强烈的自我意识，以及令人振奋的曙光。这不是一本讲述"怎么做"的书，它讲述的是"为什么要做"。它不是为了让你在某件事上做得更好，而是让你在尝试学习时感觉更好。它着眼于在任何年龄段重塑自我、展现神奇生活的微妙举动。它讲的是学习新事物，说不定，你就是这些初学者中的一员。

*

对我来说，这一切都始于尝试国际象棋。归根结底，多亏了我女儿，我内心的某种东西被唤醒了。

初次为人父母，是一场最基本的初学者体验。你只不过跟朋友聊了聊天，最多读了几本书，就扬帆起航了，第一天，你就冲上了新手坡。

"或许，你以为通过阅读或者听取他人的经验，就能够懂得为人父母是什么感觉，哪怕你自己从未有过孩子。"耶鲁大学哲学系教授 L. A. 保罗写道，"你错了。"[14]

她写道，那是一种"在认识论上独一无二的"体验。意思是：你知道啥呀！

你几乎不知道怎么抱住这个会呼吸、会眨眼的小东西，也难以解释其行为。你躺在床上，努力应对古怪的决策树：是买面朝前的安全座椅，还是买朝后的？你跟婴儿车较劲，生活变成了一段时常冲到互联网上观看优兔视频的过程（这个主题我将放在本书后面讨论）。在你想要快速掌握某种专业知识时，你会发现自己在和陌生的新朋友（那些你在街上遇到的神出鬼没的人，比如家长）交谈，交换信息。

做一个好家长，跟其他学习过程一样，需要深思熟虑的练习。新手父母（如果有人研究过这个主题的话）肯定是欠缺练习的。有一项研究是向新手父母展示一连串的居家环境，对有可能对孩子造成伤害的危险因素，他们连一半都没找出来。[15]就连对孩子说话这样基本的事情，也能够以效果更好的方式来完成，最终让孩子变得伶牙俐齿。[16]

新手父母也会成为新手老师，因为我们不再记得，或者说，也没有多少机会了解自己当初是怎么学习的，我们恐怕不是最出色的指导者。在和女儿玩接球游戏时，我努力想给出比"把球扔给我"更有说服力的指示。我可以把步骤写出来吗？不见得会有什么效果。第一步，把球拿好；第二步，将球扔出。或许，我可以使用比喻或意象，这在体育教学中效果往往很好："想象你把球扔出来。扔给我。"

我们必须学习怎样教。有时，我们必须重新学习自己要教的东西。我女儿3岁时，我把她放在一辆装有辅助轮的自行车上。这是错误的做法——我现在坚定地认为，她开始开心地在公园里骑车绕圈，直到拐弯速度太快摔倒在地。

借助辅助轮不能传授骑自行车所需的真正技能，只是给人以虚假的信心。这种"不犯错的学习"或许能让学习者感觉更好，但它绕开了很多只能从犯错中学到的经验教训。[17]与游泳用的漂浮板一样，辅助轮剥夺了骑自行车的真实感受。

于是，我卸掉了辅助轮和脚踏板，一下子，它变成了一辆平衡车。女儿骑得有些摇摇晃晃，但这比她依靠辅助轮完成看似平稳的骑行更有指导意义。过了几个星期，我在她背后轻轻一推，她就能独立骑行了。

和其他家长一样，我突然发现，学习的过程包围了我——虽然我现在几乎记不起来包围的方法。不仅是国际象棋，还有钢琴、足球、跆拳道、合唱、滑板、编程入门、田径运动、室内攀岩。这些事情不见得都能"坚持"，但似乎也没什么要紧的。他们是孩子，他们在探索。我们应该让他们尽量尝试更多的东西，这对他们有好处。

但有什么东西开始啃噬我，我成了女儿学习生涯的全职督导员，坐在等候区旁观她的进步，而我自己呢？我琢磨着，我掌握了什么新技能？

当然，我们每个人都以无穷无尽的细微方式不断学习着新东西。《摇篮里的科学家》（ *The Scientist in the Crib* ）的作者写道："成年后，至少有些时候，我们仍然保留着孩童般的学习能力。"[18]你刚从机场租了辆车？你会花上一分钟熟悉新的驾驶位布局。你走上过一条平常并没有冰雪覆盖的人行道吗？你曾穿着袜子从陌生的木制楼梯上走下来吗？你只是巧妙地调整了自己的本体感觉（你的身体在这个世界里的"第六感"），要不然你就会摔倒。刚从安卓手机换成苹果手机？你得重新训练自己的手指。

不过，我是否获得了更多实质性的技能呢？我从事记者工作，本来就会不断地汲取新的信息。我是一个"终身学习的初学者"，不断地"空降"到一些我几乎完全不了解的领域（核废料、手表制造），会见关键人物，学习术语，阅读新奇的行业杂志（你知道物流托盘行业内竟然有两份顶尖刊物吗），要不然我就会被淘汰。每当听到有人说"你真是做足了准备工作"，我会感到颇为自豪，但紧接着我就会转到下一件事上。

我有一肚子陈述性知识，即所谓的"知道"，我"知道"得很多。拜托，我还上过电视问答节目《危险边缘》（ *Jeopardy* ）呢！（但我输了，输给了一个"知道"得更多的人。）

但对程序性知识，或者说"知道怎么做"类的知识呢？我能很快地把握事实，但我最近到底学会了做些什么？与我女儿相比，我似乎是在自己的职业高原上得过且过地混日子，稳稳地待在舒适区。

我意识到这一点是因为有一天我女儿的学校举办了"才艺日"

活动，要求家长们在整整一屋子（25 个）一年级学生面前展示一些技能。我绞尽脑汁：我有什么技能？赶在截稿日之前交出新颖的文章？我不认为孩子们会觉得这有多酷炫。那么，我吹口哨挺厉害，或者我把他们带到室外，给他们示范一次倒车入库？

一个念头冒了出来：除了下棋，我想尝试再学习一些技能。我女儿学习时，我不再只是坐在一旁，而是陪她一起学。有时，比如国际象棋，我们会设定相同的目标。这是个奇怪且新颖的概念。在谷歌里搜索"和孩子一起学习"，结果大多是怎样促进孩子学习，而你自己已成定局。

但我该学点儿什么呢？为了寻找灵感，我在网上发布了一个问题："我这样的老手应该学点儿什么样的新把戏？"第一条回复来得很快："你试过写作课吗？"

呃，这是宇宙想告诉我点儿什么吗？

*

在学习技能的征途上，我给自己设定了几条粗略的标准。

首先，我必须是该技能的初学者。有些事情，我做过，也不介意能做得更好（比如制作比萨、修自行车），但我想要找没做过的真正全新的事情。

其次，它们必须是我在纽约市就能学的。这样，我就排除了一个朋友提出的"到意大利'冰激凌大学'待上一学期"的建议。

同样，去阿拉斯加上登山课也不予考虑。[①] 好在纽约是一座人口多达 900 万的大城市，只要是你想得出来的事情，总能找到人教。此外，这些技能学起来不应该太难或太耗费时间，学习中文普通话或学习驾驶飞机因此被剔除。

最后，它们应该是我真正想学的技能，而不是我认为自己应该学的。

上编程课的建议出现了好几次。编程是一项不错的事业，但我想在屏幕前少花点儿时间，而不是花更多时间。我不一定要寻找某种有助于职业发展的技能，哪怕这种努力是值得的。我有一份工作，并且无意寻找其他工作，或是任何感觉像是工作的事情。我不仅想让自己在雇主眼里变得更有吸引力，我更想让自己在自己眼里变得更有吸引力。

我想要学习实用的技能。有很多微技能，比如生火、驾驶手动挡汽车，它们都值得学习，我们所有人也在不断地应对它们。我完全认同这种被称为"微精通"的事情：学习小的技能，可以让你有勇气学习更大的技能。[19] 但大多数技能很容易掌握，我想学的是永远学不到尽头的技能。

我还想坚持学习几项技能。互联网上有形形色色的人，他们宣称要每个月、每个星期或每天学习一项新技能。有个家伙学了一个月的国际象棋，带着初学者的自大去跟马格努斯·卡尔森对弈。那

---

① 当然也能在纽约市学习制作意大利式冰激凌、学习室内攀岩，但这些听起来就没那么叫人兴奋了。

可是经常击败从 5 岁起每天都在下棋的专业棋手的马格努斯啊！不出所料，马格努斯轻而易举地打发掉了这位"潜在"的挑战者。[①]

我为此类尝试的勇敢精神鼓掌喝彩，也认为自己肯定能从他们身上学到一些东西，但我并不想整理一份愿望清单，挨个打钩以示完成。我对硅谷式的快速"黑客"技能（完成之后在社交媒体上炫耀一番，接着就转到下一项技能）不感兴趣，我想做一些能够慢慢培养的事情，我想花些时间去了解它、搞清楚怎样学习它，并衡量它对我的生活有怎样的影响。你或许会问：为什么不只找一项技能呢？因为我担心挑中一件我不喜欢的事情。我对事情的初始阶段很感兴趣，应对更多的技能学习意味着我能更长久地保有初学者的身份。

我最终锁定了一组一直以来都想学的技能。除了下棋，我还选了唱歌、冲浪、画画和手工制作（我制作了一枚结婚戒指，因为我在冲浪时弄丢了原来的婚戒）。哦，对了，还有杂耍，既是因为我想学杂耍，也是为了了解围绕它展开的大脑研究，这些研究为学习打开了一扇迷人的窗。其余诱人的技能（自由潜水、即兴表演等等），我把它们列入了未来可能会学习的清单。

我不认为自己能在所有这些方面达到精通的水平，我没有太多额外的 10 000 个小时——这是在某个领域达到精通所要求的刻意练习的基准。对任何一项技能，我能练上 100 个小时就够幸运了。我想要的不是精通，而是分散的能力。

---

① 马丁·艾米斯曾这样形容国际象棋："在体育运动中，甚至在人类活动中，初学者和专家之间的差距能大到这般地步的，只此一项。"

在试图加强"人生履历"[20]的过程中，从某种程度上说，我试图回到过去，学习那些从前困扰我的事情。我们常常利用孩子来代替自己达到这一目的，按照所谓的"符号自我完成理论"[21]，父母经常会试图借助孩子的成就抚慰自己失败的雄心。

正如荣格所说，我试图用自己的成就来"填补"过去生活中未能完成的事情。有时，这些成就恰好与我女儿的成就重合。我小心翼翼地，或许也有点儿愧疚地，牺牲女儿的自我，创建"迷你的我"（心理学家称这一过程为"纠缠"）。我希望我们拥有共同但并不完全重叠的学习经验。比方说，她鼓励我学习热门游戏《万智牌》（我从前是《龙与地下城》的爱好者，我觉得它看起来很有趣），但我编了些借口推辞了。我希望她拥有一些属于自己的领域，我在这些领域内就是个摸不着头脑的成年人。

我还觉得自己在为将来做准备。我为人父时已年龄略长，我想确保自己在身体和精神上都处于战斗状态，迎接此后和女儿共同冒险的岁月。我希望，一同攀登生活里小小的学习曲线，这不仅能使我们更亲密，还能让我感觉更年轻。

我知道我会苦苦挣扎，我肯定会跌倒，但我觉得这对自己有好处。我将拥有初学者的心态、初学者的身体，我的大脑和肌肉将开辟出新的道路。

我有种预感，这对女儿也有好处。在一项有趣的实验[22]中，研究人员向不同的受试幼儿展示了从容器中取出玩具的行为：一名成年人在此过程中颇费周折，另一名成年人拿取得很顺利。轮到受试幼儿尝试取出玩具时，看到成年人颇费周折的幼儿会更努力，而那些看到成年人做得并不费力的幼儿就不太想尝试太多次。

在和孩子一起学习的过程中，通过像初学者那样共同解决问题，分享挫折和小小的成功，我们实际上可以教会孩子最宝贵的一课：你也许不能立刻就擅长做某件事，但这并不意味着你始终学不会。

上手尝试的苦与乐

没有人生来就是大师，我们所有人都曾在人生的这个时候或者那个时候当过初学者。

做个初学者很难，擅长某件事比做得蹩脚感觉要好。不同领域的人都会给初学者起一些绝非恭维的绰号：在冲浪界，叫"kook"[①]；在骑行界，叫"fred"；在国际象棋界，叫"patzer"[②]；在军队里，叫"boot"（大概是因为新兵必须把靴子擦得锃亮[③]）。有的叫法更直接："菜鸟"、"雏儿"或者"生手"。至于"novice"这个单词呢？意思是"刚出家的和尚"。

初学者会问同样不言自明的问题，产生同样的误解，犯下同样的错误。每个领域都有神经紧张的初学者。射箭新手握弓太用力，瞄准时间太长。[23] 汽修新手会把油洒得到处都是，拧坏螺

[①] kook 通常指刚接触冲浪的人，也指违反了不成文的冲浪规则的冲浪者。——编者注

[②] patzer 指棋艺平平的业余棋手。——编者注

[③] 也有人认为，"boot"一词是"beginning of one's tour"的首字母缩写，意思是"开始某段旅程"。

母，把螺钉的十字头拧花。[24] 新水手们在系救生艇时会把绳索用光，误把头发和首饰缠在三角帆里，忘记"深水和浅水看上去有多大的区别"。[25]

在国际象棋界，新手们就像托尔斯泰笔下的幸福家庭——都是相似的：他们的兵走得太多，他们的后出手太早，他们太容易跟人互换棋子，他们出着时似乎不考虑对手上一步棋的动机。[①] 所以，他们屡屡输棋——只能偶尔凭借纯粹的"新手运气"打败其他初学者。

初学者会跌倒、滑倒、受伤。在 10 千米赛跑中，头晕脱水的也是新手。[26] 在滑雪运动中，受伤者大多是新手。[27] 在马术运动中，新手受伤的概率是职业骑手的 8 倍。[28] 在跳伞运动中（这项运动失误的后果特别严重），新手受伤的概率是至少跳过一次的人的 12 倍。[29]

所有这些磕磕碰碰、出丑和失误也贯穿本书始终，我将向大家展示：做一个初学者，是一件美妙的事情。我想揭示一些我已经深信不疑的事情：初级阶段有魔力。

在一段爱情的初始阶段，我们处于一种所谓的"极端神经生物学状态"[30]：在富含多巴胺和应激激素（好的那种）的超量咖啡因能量饮料冲击下，大脑异常亢奋。我们的言语常常退化成支离破

---

① 就连 DeepMind 开发的人工智能程序阿尔法零在学习围棋的初级阶段，也会一味"贪婪地吃子，就像人类初学者一样"。David Silver et al., "Mastering the Game of Go Without Human Knowledge," *Nature*, Oct. 19, 2017, 354–59.

碎的、孩童般的咿呀声，仿佛我们初入人世。[31] 这一切最终会平静下来。

学习一项新技能与此惊人的相似。你的大脑处于一种超意识状态，沉浸在新奇当中，它费力地想要理解为什么你刚以为自己投出了一记完美的三分球，其实却只是个三不沾的篮外空球（这些瞬间叫作预测失误[32]），几近崩溃。当你投身于学习某种艺术或技能，你周围的世界便焕然一新，迸发出无限可能。当你试探着迈出第一步，慢慢地朝前推进探索的边界，每一天都充满了新的发现。你会犯错，但哪怕犯错也会带给你力量，因为这是你以前从未犯过的错误。

你从"冒充者综合征"（为自己并非所宣称的专家而感到焦虑）的担忧中解脱出来，因为没有人真正指望你能做得多好，你从期待中解放出来，从沉重的过往中解放出来。禅宗把这种状态称作"初心"，你的思维方式已经准备好迎接一切。"初心下有诸多可能，"禅师铃木俊隆写道，"专家心态下却寥寥无几。"[33]

这不会让人舒服。就像禅宗的朝圣之旅，身为初学者，意味着踏上一段未知的旅程。[34] 你不仅不知道，你甚至不知道自己不知道什么。你会感觉人人似乎都在盯着你，等着你犯错，就像你在路上看到的那些新手司机张贴的"实习"标，你贴上了"初学者"这一红色标签。

然而，在学习新技能的过程中，你也会重新认识自己。你似乎进步飞快，能够准确地察觉到自己在怎样进步。小说家诺曼·拉什形容爱情就像是进入一连串的新房间，而且每次就算你以前做过类似的事情，你也会感到惊讶。"你从未打算从一个房间走进另一个房间——可它就这么发生了。你注意到一扇门，走了进去，你再次兴奋起来。"[35] 这就是学习的感觉，尤其是在初级阶段。

你应该珍惜这一刻：你在初期的收获将远远超过日后的收获。

人们往往误以为"陡峭的学习曲线"[36] 指的是难得令人望而生畏的事情。一项技能可能很难学，也可能并不难学，学习曲线的坡度实际上只是在用图形来表示时间的推移与学习的进度。陡峭的学习曲线意味着你学得更快，而最陡峭的学习曲线马上就会出现。

＊

几年前，我带女儿去玩单板滑雪。我那时快 50 岁了，跟女儿一样，也是初次接触这项运动。在开车上山的途中，我试着用初学者心态去对待它。我对这项运动没有任何预期，我可能会讨厌它，它也可能变成我的新欢。我做得好不好无关紧要，我只想尝试拥抱这一体验。除了别摔断骨头进医院，我对它别无所求。我只是想进入一个新"房间"。我的这些想法，跟女儿一致，她只想要玩得开心，没有别的念头。

过了几个小时，在冰雪覆盖的山坡上摔了好几个跟头，在结冰的斜坡上剐蹭了若干次之后，奇怪的事情发生了，我成了单板滑雪玩家。毫无疑问，我是个糟糕的玩家，人人都会告诉你，单板滑雪上手容易但进阶很难（传统的双板滑雪则恰恰相反）。

但一场蜕变降临了：我从一个从未上过滑雪板的人，变成了成功踩着单板从丘陵（虽说还不是一座高山）上滑下来的人。我的学习曲线一路攀升，我不太可能再看到有如单板滑雪这么大的进步了。"要把握这段美好时光呀。"我想。

我们大多数人总想着尽快熬过初学者阶段，觉得它就像是令人社交尴尬的皮肤病。但我想说的是，哪怕我们只是短暂路过，也应该特别关注这一刻。它一旦过去了，就很难再找回来。

想一想，你第一次来到一个遥远的地方，你不熟悉这里。到达之后，你对每件新奇的事物都很感兴趣。街上食物的香味！奇怪的交通标志！呼唤甚至祷告的声音！你冲出了日常包围着你的舒适区，被迫学习新的仪式和沟通方式，你获得了感官上的超能力。你留心每件事，因为你甚至不知道自己必须知道些什么才能生存下去。过了几天，随着你对这个地方越来越熟悉，那些看似新奇的事物逐渐习以为常。你变得没那么关注了，你凭借自己掌握的知识过得更安稳，你的行动更不假思索。你刚开始体验到的神经活动的爆发消退了。

我是个不太高产的旅行作家，但我有个策略：在第一天做最多的笔记，那是你看到的最多的时候。在技能学习早期的笨拙阶段，你很难想起记录周围的环境，但进步终将到来。享受这一刻，接受这一切。

初学者的优势

即使你的技能和知识在提升，保持初学者心态也具有潜在的价值。

心理学家戴维·邓宁和贾斯汀·克鲁格提出了著名的邓宁－克鲁格效应（达克效应），指出在各种认知测试中，表现最差的人也是最"严重高估"自己实际表现的人，他们"缺乏技能，而且并未意识到这一点"。[37]

这自然是初学者的绊脚石，但后续研究表明，唯一比什么都不知道更糟糕的是知道得略多一点儿。[38] 这种模式在现实世界屡见不鲜：学习脊柱手术技术的医生失误最多的时候不是在第 1 次或者第 2 次尝试，而是在第 15 次；飞行员失误的高峰期似乎并不出现在最初阶段，而是在累计飞行 800 个小时前后。

我并不是说专家们会多害怕初学者。专家往往"技术娴熟，而且对此有意识"，在解决问题的过程中更有效率，在行动上更有效率。（例如，杰出的国际象棋棋手往往也是最优秀的快棋手。[39]）他们可以借鉴更多的经验，依赖打磨得更精细的神经反应。国际象棋初学者会浪费时间考虑大量可能的走法，大师们则会将注意力集中在最相关的选择，当然他们会花很多时间计算哪些走法是最合适的。

然而，有时候，禅师铃木俊隆所说的"专家的习惯"也可能变成障碍，尤其是在需要新的解决方案时。因为经验丰富，专家们习惯了看到自己期望看到的东西。国际象棋高手或许会因为认出了前一场比赛中的一着走法而心醉神迷，错过棋盘其他地方出现的更优的一着。[40]

再来看一个与伦敦出租车司机相关的实验，这是一群拥有高超导航技能、频频成为研究对象的人。[41] 这次的实验先要求他们了解一座虚构城市的布局，随后要求他们在其中规划一条路线。他们做得很好，比没开过出租车的人好得多。但如果把一个虚构的新区域嫁接到伦敦，并要求他们规划一条路线，他们的表现便大受影响，妨碍因素恰恰是他们所熟悉的伦敦（他们"过度学习"的伦敦）。[42]

人们的这种倾向，即面对更理想的新方案仍然会默认采用熟悉的方案，被称作"定式效应"。

在著名的"蜡烛问题"中，人们被要求只用一盒火柴和一盒大头针把蜡烛固定在墙上。由于执着于盒子的"功能固定性"（也就是说，人们总以为盒子是用来装大头针的容器，却忘了它在理论上也可以充当承托蜡烛的底座），人们往往很难解决这个问题。事实上，有一类人在解决"蜡烛问题"时大多做得不错，那就是5岁的孩子。

为什么呢？发现这一现象的研究人员表明，年龄较小的孩子比年龄较大的孩子或成人在"功能概念"上更灵活，他们不那么执着于某物一定是为了做某事而设计的，而是更单纯地将它们看作能以各种方式使用的东西。这就难怪他们总是能轻易地征服新技术了，对他们而言，一切都是新鲜的。

在非常真实的意义上，孩子们具备初学者心态，对更广泛的可能性持开放态度。他们用更新奇的眼光看待世界，没有先入为主和既有经验的负担，也较少被自以为是的事情引导。[43] 他们更有可能捕捉到成年人认为无关紧要而忽略的细节。[44] 因为不太在乎犯错或出丑，孩子们经常会问一些大人不会问的问题。[45]

举个不寻常的例子，据《纽约时报》报道，一家殡仪馆不慎把尸体放错了棺材。[46] 在葬礼上，前来吊唁的成年人注意到棺材里的死者样貌与他们记忆中的明显不同（本来应该是他们的一位亲戚，死于癌症），但他们都各自找原因解释了这种不同：化疗改变了她的发型，或者使用呼吸机的时间太长改变了她的样貌。成年人习惯于生活在有序的理性世界，压根没有想过有可能是尸体被放错了，他们用自己所有的知识和智慧来欺骗自己。最终，是一个 10 岁的男孩提出了这看似荒唐的想法，但结果证明的确是真的：眼前的尸体并非这家人的亲戚。[①]

没人希望一直停留在初学者阶段，我们都想变得更好。但即使我们的技能在不断提高、知识和经验在不断增长，我也希望通过本书鼓励大家保留甚至培养新手精神：天真的乐观态度，伴随着新奇和不安的高度敏锐，愿意显得愚蠢，愿意提出显而易见的问题——无拘无束的初学者心态。

国际象棋大师本杰明·布卢门菲尔德在一个世纪前给出的建议不仅适用于国际象棋领域，也适用于生活："在走下一步棋之前，像初学者那样看待棋局。"[47]

初学者之旅什么时候开始都不迟（或许有适用条件）

在任何年龄踏上初学者之旅都是困难的，而且会随着年龄的增

---

① 当然，这让人想起安徒生的著名童话《皇帝的新衣》。

长越来越难。

对孩子们来说，做个初学者基本上就是他们的任务，他们的大脑和身体都是为了尝试—失败—再尝试而构建的。他们做任何事，我们都会为他们鼓掌喝彩，因为他们在尝试。

家长们都很熟悉"小孩帮忙"的现象，也就是说，孩子想要帮忙"打扫"厨房，它通常需要父母进行第二次更彻底的打扫。我们允许孩子这样做是因为哪怕要再打扫一次，也比告诉他们这不能做、那不能做的感觉好。

对成年人来说，事情就复杂多了。"成人初学者"这个词带有淡淡的可怜的感觉。它散发出强制再培训的意味，叫人联想到培训时令人不舒服的椅子。它暗示要学习一些你本应学过的东西。

坚守自己已经擅长的事情，会给人带来安全感。"年纪老大不小了，做事还做得不好，太叫人难为情了。"一个几十年后重返曲棍球赛场的朋友说。我们可能会因为自己是初学者而踟蹰不前，忘了过去自己在各种事情上都曾是初学者——直到有一天，我们不再如此。

就连孩子有时也喜欢躺在这种能力结成的茧里。我女儿的一个朋友拒绝了去滑雪的邀请，他父亲有点儿不好意思地解释："他只喜欢做自己擅长的事情。"我很想大喊一声：他怎么知道自己擅长不擅长？他只去了一次！

成人初学者也面临自己的"刻板印象威胁"，也就是说，随着年龄的增长，学习变得更难了。一个不怀好意、惹人生气的声音轻轻地说："你开始得太迟了，何苦呢？"有一天，在我女儿的游泳课上，我看到她在泳道的尽头仰泳时"滚翻转身"，我特别吃惊，这可是我做不到的事。"你是怎么学会的？"我问。"小孩才学得会。"她一板一眼地说。

我逐渐发现，这种想法在国际象棋界根深蒂固。[①] 你第一次学习下棋的年纪和你后来在比赛中的成功似乎大有关系。这种观点太普遍了，人们甚至把眼下排名世界第一的马格努斯·卡尔森看作神奇的异类。"任何一个心怀壮志的特级大师，最迟 5 岁就得开始学下国际象棋。"[48] 有人这样评论，"可在那时候，马格努斯·卡尔森居然没对国际象棋表现出兴趣。"

坐下来面对年轻的对手时，我总是努力回想斯蒂芬·莫斯在《新手》（*The Rookie*）一书中给出的建议：就像对待其他人一样，保持平常心。

这很难，他们下棋的方式能把我撕碎。面对我痛苦的犹豫不决，他们会发起快速且猛烈的攻击——有时奏效，有时鲁莽。"孩子们就是喜欢这样，"英国国际象棋特级大师、评论员丹尼尔·金告诉我，"那种自信非常折磨对手。"

举例来说，在"概率序列学习"[49]的相关测试中，也就是人们必须猜测哪个触发点会导致什么事件（比如，你按下按钮 A 就会引发事件 X），幼儿表现得更快、更准确。

过了 12 岁，这种能力开始下降。研究人员指出，人们更多地

---

① 用来衡量棋手水平的"等级分"其实来自《老年学杂志》（*Journal of Gerontology*）上发表的一项关于年龄和国际象棋专业知识的研究。

依赖认知和推理的"内部模型"，而不是眼前看到的东西。换句话说，他们想得太多。在国际象棋比赛中，我的成年对手们似乎常常在跟看不见的内心恶魔做斗争，而孩子们只是接二连三地出着儿。

我很赞同"刻板印象威胁"这套说法：如果我输给一名成年人，我会把它归结为自己犯了愚蠢的错误；如果我输给一个孩子，我会立刻把他想象成某个令我毫无胜算的天才。

我问国际象棋教练西蒙，教成人和教孩子有什么区别。他想了一会儿说，"成人需要向自己解释为什么自己要下棋"，而孩子"不会那么做"。他把这件事跟学习语言相比较："成人初学者学习语法和发音规则，接着用这些规则组成句子，而孩子直接通过交流来学习语言。"

这个类比比我们思考的更加深刻。

实际上，我女儿学习国际象棋就像学习母语，而我学习国际象棋就像学习外语。更重要的是，她小小年纪就在学。有些东西在所谓的敏感期学习效果最好，语言就是其中之一（音乐也属此类，或许还有国际象棋），正如一位研究人员描述的那样："神经系统对相关刺激特别敏感，在受刺激时更易发生变化。"[50]

相比之下，因为我是成年人，精通英语，我的大脑可能已经对母语的声音过分调谐，很难再学习新语法。[51] 我已经知道的东西妨碍了我想要学习的东西。相反，孩子们懂得更少，反而可以学得更多。（认知心理学家艾丽莎·纽波特称之为"少即是多假设"。[52]）

更难并不意味着不可能。敏感时期不是关键时期，更何况，科学对此并无定论。例如，具备绝对音高是极为罕见的情况，长久以来，人们一直认为一旦过了某个短暂的发育期，就再也无法训练出来。[53] 但芝加哥大学的研究人员指出，经过训练，一些成年人可以掌握这一技能，虽说不一定能达到真正具备绝对音高的人的那种程度。

孩子们进步更大往往只是因为他们是孩子，生活主要围绕学习展开，几乎没有其他责任，还有热切的父母为他们加油喝彩。他们也很有动力：如果把你扔到一个全新的环境中（就像婴儿那样），你发现自己无法交流，大概也能学得很快。

＊

当我和女儿坐到棋盘前，很明显，我们的脑海里呈现着非常不同的事情。

我女儿的大脑就像棋局刚开始时的棋盘，充满无限的可能性，遍布着无数有待"修剪"的突触。一般来说，7 岁孩子的大脑几乎已经完全成形，但"突触密度"（即连接神经元的"导线"的数量）仍比成年人的平均值高出 1/3 以上。[54] 从某种意义上说，她仍然在理解这个世界，而在她这么做的过程中，突触逐渐闭合，这就像删除不常用的计算机程序以优化整体性能。

相比之下，我脑海里呈现的事情，用棋盘来比喻的话，更像是一场小心翼翼、严防死守的中场战斗，我努力想要在收官前保住棋子。一天下午，在实验室的会议室里，得克萨斯大学达拉斯分校生命长寿中心的研究主任丹尼斯·帕克用令人不安的措辞向我描述了这个过程。

"随着年龄的增长，哪怕是健康人，你也会看到其大脑明显退化，"她告诉我，"前额皮质变小，记忆的中枢——海马体——萎缩。"我的脑容量一年少似一年，我的大脑皮质厚度一年薄过一年。[55] 在正常的一生中，从 20 岁开始，我们每秒损失一个神经元。[56] 就在你阅读这句话的时候，你又得向两个神经元说再见！

难怪我在谋划对女儿出着儿的时候，似乎要花费更多心思。帕克指出，在认知测试中，年轻人显示的是大脑特定部位的激活，年纪较长的人则会显示范围更广的激活。

啊哈！给老年人记上一分！但是，且慢，这种更大范围的激活不一定是好事。帕克认为，原因在于衰退的大脑是在通过连接大脑更广泛的区域来搭建"脚手架"，"补偿"其各种缺陷。我们用了更多的大脑来获得同样的结果，效率变低了。使用更多的大脑意味着不同区域有所"重叠"，这可能导致"干扰"。[57] 简单地说，你尝试学习一项新技能，对另一项技能的记忆却挡了你的路。

年纪较小的人还表现出更多的"调节性"，也就是说，当心智任务变得更具挑战性时，他们可以迅速提升其心智能量。年纪较大的人几乎无法调节，帕克说："他们的大脑卡在同一挡速度上。"

不足为奇，整体火力也会下降。恰如心理学家蒂莫西·索尔特霍斯所揭示的那样，对速度、推理和记忆力的认知测试显示，与年龄相关的衰退"相当大""呈线性"，最令人担忧的是，"50 岁之前就一目了然了"。[58]

为了正确看待大脑的衰老，请看这个例子：在智商测试中，75

岁的人只需与 21 岁测试者一半的表现相当，就能获得相同的分数。

我要面对的局面可真不算好。对我 70 多岁的父亲来说，情况更糟。他受孙女的启发，也想拉近与她的关系，于是重新捡起了国际象棋——他上一次下棋可是在好几十年前。在一场家庭比赛中，结果完全在意料之中：我们的名次是她、我、他。

这种一般模式在文献中也有据可查。[59] 在一项研究中，长期研究国际象棋及棋手表现的佛罗里达州立大学心理学教授尼尔·查尼斯（Neil Charness）让不同能力的棋手试着评估比赛中何时会出现威胁。棋手的棋艺越高，发现威胁的速度越快。这没什么好意外的。但不管棋艺如何，棋手年纪越大，发现威胁的速度就越慢。

如果说随着年龄的增长，下国际象棋变得越来越难，那么学习国际象棋就是难上加难。在另一项研究中，查尼斯让不同年龄和经验水平的受试者学习一款全新的文字处理程序。对有文字处理经验的人来说，年龄不太重要。可对新手来说，就存在明显的差异了。他们会比有经验的人花更多的时间来学习，而且，如你所料，新手的年纪越大，花的时间就越长。

我向查尼斯提起我女儿、我自己和国际象棋的事情，他这样告诉我："如果你说两人都是新手，你女儿学的速度大概会比你快上一倍吧。"

✳

我得还击了，我还有很多棋子可以出着儿呢。从统计数据来看，我大脑中白质（也就是所有促成学习并因学习发生改变的神经纤维）的体积即将缩小。但我仍然具有可塑性，也就是说，我的大脑在面对新挑战时仍然具有迅速自我改变的超能力。

有一项研究找来一群 40～60 岁的人，让他们练习高尔夫球挥杆 30 天。[60] 他们的大脑在处理该任务时会变得更高效，挥杆也挥得更好。我们不会失去改进的能力。

我试图让自己用下国际象棋的脑袋提高档位——解谜题。我在国际象棋网站 Chessable（该网站使用了"间隔重复"等行之有效的学习技巧）上玩遍了各种残局。我下随机国际象棋 960①，让自己振作起来。为了让自己在 30 分钟的快棋里下得更快，我去下 5 分钟的闪电棋；为了让自己在闪电棋里下得更快，我去玩 1 分钟一局的子弹棋；为了让自己在子弹棋里下得更快，我去尝试了真正可怕的"超级子弹棋"——15 秒一局。为了在超级子弹棋里下得更快，我大概得用上量子纠缠？

对我有利的还有其他东西。研究衰老和大脑的人喜欢提起两种形式的认知能力：流动智力和固定智力。[61] 流动智力帮助你独立思考并解决新问题。固定智力是一个人已经知道的东西——智慧、记忆、元认知。一般而言，流动智力有利于年轻人，固定智力则会因年龄的增长而得到回报（尽管也有很多例外情况）。

在生活中，它们相辅相成。就国际象棋这样的游戏而言，两者

---

① 这种游戏叫作 Chess 960 或者 Chess 9LX，棋子随机散落在棋盘上，以帮助棋手记忆特定的开局手法。——译者注

各有不同的作用：棋手可能会利用流动智力快速计算新位置，固定智力则可以帮助棋手放弃前一局棋里用过的蹩脚策略。

跟大多数同龄的孩子一样，我女儿用的全是流动智力。她不会死记硬背大量棋局，她也不会对更高级的策略想太多：呃……我想我会用法兰西防御的鲁宾斯坦变例。

心理学家黛安·霍根指出，孩子们下国际象棋通常依靠的是简单的启发法和满意法：他们会选择第一眼看好的下法，不会花太多时间回想它到底好不好。[62] 学下棋之初，我女儿快速下出一步棋，我总会问她："你就不再多想想？"她很少这么做。

我女儿有一颗快如闪电、刚上架的全新 CPU（中央处理器）。我用的则是旧货摊上买的二手硬盘，装满了几十年的旧文件。谁更有优势？查尼斯宽慰我说，我有一项优势，那就是我拥有丰富的学习经验。我能更有效地针对学习过程展开攻击。

但拥有又大又笨重的硬盘意味着搜索和提取文件需要更长的时间，我的存储空间快用完了，一些路径也残缺不全。随着年龄的增长，你肯定会发现，有时你很难想起一部电影或一个人的名字。当然会这样！因为你看过数千部电影，见过上万个人。想想看，要是把 50 年的原始数据植入孩子的大脑，他们会变成什么样。

语言学家迈克尔·拉姆斯卡认为，实验室测试中出现的一些看似认知能力下降的现象，其实只是学习的一项功能。[63] 他指出，如果你要求年纪较小和年纪较大的两组受试者记住若干词语搭配，比如"婴儿—啼哭"和"服从—老鹰"，年纪较大的一组在记忆"服从—老鹰"这类词语搭配上表现较差。从测试结果上来说，这看起来很糟糕。

但他坚持认为，年纪较大的人只是随着时间的推移逐渐习得，我们往往会在同一句话中听到"婴儿"和"啼哭"这样的词语，一般很少听"老鹰"紧挨着"服从"。后一个词语搭配似乎不怎么重要，所以我们的大脑不会浪费精力将其编码为记忆。这似乎是聪明而非认知能力下降的迹象。

所有这些把我们带回到初学者心态上。我女儿正走在"不知道"的"朝圣"路上，她还没有确定哪些词语应该有怎样的固定搭配。她的大脑把所有信息都吸收进去，我的大脑则受困于已知的信息，因此更抗拒改变，不够开放。

由于那些我已经知道的东西，我不太可能看到国际象棋的学习过程"转移"到其他东西上。[64]孩子们对自己所学的技能或信息是为了做什么还没有固定的概念，故而能把它们用到更宽泛的地方去。

我女儿的大脑正如饥似渴地形成新的神经连接，而我的大脑可能已经用上一些新的神经连接。"你不想剪枝，你想要生长。"帕克告诉我。我女儿的大脑在尝试有效地驯服混乱。"可对年长一些的人来说，"帕克说，"乱得还远远不够。"

我想知道我能为此做些什么。

哪怕是专家也应该偶尔做个初学者

读到这里，你或许会问，如果我尚未为人父母呢？如果我尚未走向衰老呢？如果我已经懂得怎么唱歌或绘画呢？如果我并未处在中年危机带来的阵痛中呢？最要紧的一点是，为什么我有必要花心思学习一大堆与我职业无关的东西呢？我为了跟上瞬息万变的职场要求都忙得够呛，为什么还要投身纯粹的业余爱好呢？

首先，我想说的是，没人说得清，学习类似唱歌或画画这样的技能对你的工作是不是毫无帮助——哪怕它们的作用一时间看不出来。研究人员提出，学习是应对工作压力的有效方式，通过扩大一个人的自我意识，甚至让我们具备新的能力，学习变成了"压力缓冲器"。[65]

伦敦大学学院的一项分析发现，同时学习理科和文科的学生（相对而言很少见）日后更有可能担任领导者[66]，这或许是原因之一。在扩展自我的过程中，我们能看到更多。正如大卫·爱泼斯坦在《成长的边界》一书中指出的，诺贝尔奖得主"业余充当演员、舞者、魔术师或其他类型表演者的可能性"比其他科学家至少高22倍。[67]

我猜他们中没有谁一天早晨醒来后会这么想："看来，在神经生物学这条道路上，我真正需要的是去学探戈。"但也许以新手身份踏上这些新爱好的学习之路，他们得以再一次像孩童般思考：摆脱先入之见，无须背负他人的期待，展望未来的眼光不再一板一眼、泾渭分明。他们得以突破自己的领域，超越自己，而且学习新东西还带来了乐趣——绝不要低估乐趣在学习和探索中扮演的中介角色。

举个例子，克劳德·香农是麻省理工学院的杰出学者，帮忙发明了我们当今的数字世界。他特别喜欢投身各个领域——杂要、诗歌、设计第一台可穿戴式计算机。"一次又一次，"他的传记作者写道，"他投身那些可能会让别人感到尴尬的项目，研究看似微不足道的问题，接着设法在其中取得突破。"[68]

在这个历史性的时刻，经常迈出自己的舒适区感觉就像是人生的练习。从某种意义上说，快节奏的技术变革让所有人都变成了"永恒的新手"[69]，总是处在学习的斜坡上，我们的知识储备需要不断更新，就像手机一样。如今很少有人能把全部的注意力投入一门终身技艺，哪怕我们从事同一份工作，所需的技能也在变化。我们越是愿意成为勇敢的初学者，就越擅长于此。正如信息技术巨头印孚瑟斯（Infosys）的总裁拉维·库马尔（Ravi Kumar）所说："你必须学会学习，学会舍弃所学，学会再次学习。"[70]

其次，这对你有好处。我指的不仅是你学到的东西（比如唱歌和冲浪）对你有好处（当然，它们对你确实有好处，我稍后会展开介绍），我的意思是学习技能这件事对你有好处。

不管是学习打航海结，还是制作陶器，其实没太大关系。学习一些具有挑战性的新东西，尤其是跟一群人一起学习，早已公认有益于大脑这台"追求新奇的机器"[71]。[72]新奇的东西本身似乎就会触发学习，因此，同时学习多种新东西可能效果更好。[73]一项研究让58~86岁的成年人同时上多门课程（西班牙语、作曲甚至绘画），结果发现，几个月后，学习者不仅在西班牙语或绘画方面有了提高，而且在一系列认知测试中的表现都有所改善。[74]他们大脑里的里程表往回拨了大约30年，在测试中优于没有上过课的对照组。他们还发生了其他变化：感觉更自信，在自己的工作中惊喜连连，研究结束后仍经常聚会。

技能学习似乎有连带的好处：它不仅关乎技能。一项针对参加游泳班儿童的研究发现了游泳以外的好处。[75] 学习游泳的孩子在其他一些身体测试（如抓握力、手眼协调能力）中表现得比不游泳的孩子好。哪怕考虑到社会经济地位等因素，他们在阅读和数学推理测试中也比不游泳的孩子做得好。

这些研究或建议，大部分都只针对儿童。例如，国际象棋被认为可以提高儿童的注意力和专注力，加强他们解决问题的能力，增进其创造性思维。

但我相信，任何宣称对孩子有好处的东西，对成年人更有好处，部分原因在于，我们总以为自己不再需要这些活动据说能提供的好处。

然而，面对愈演愈烈的"智能手机成瘾"问题，还有什么补救办法比花上两个小时，用眼睛紧紧盯着 64 个黑白棋格，全神贯注地投入其中，努力分析近乎无限种的走法和对策更好呢？

*

我所说的不仅是标准化考试成绩。学习一项新技能的理由很多，远不止技能本身带来的巨大回报。

你会产生成长的感觉，就如同你刚刚成为一个全新的人，你会满心喜悦、情不自禁地告诉别人。（我想起个老笑话：该怎么判断一个人是不是铁人三项运动员呢？他们自己会告诉你！^①）在我的学习路上，我碰到了一些人，他们因为学习某种新技能，在婚姻失败后重新找回了自我，又或是在经历了一些重大挫折后重新定义了自己的生活。

这种"自我扩展"的感觉也适用于夫妻。研究表明，一同参与具有挑战性的新奇活动，伴侣们可以重拾第一次见面时感受到的"最初的兴奋"，他们产生的积极的感觉（比如上舞蹈课）也转移到关系本身上。[76]

结识新的人也会带来成长感，有些人可能会变成你的朋友——年龄渐长，结交新朋友这件事本身也越来越困难。你会遇到一些志趣相投的人，他们渴望学习新事物，愿意显得"笨手笨脚"。心理学上称之为"经验开放性"。它与外向性、尽责性、情绪稳定性、亲和性并称五大性格特征，据说人人都可以被分到这五大类里。它还越来越多地与长寿挂钩，确切的原因尚不清楚，但心理学家推断开放性需要"认知和行为上的灵活性"[77]，这对应对晚年生活的挑战很有帮助。

学习新技能也会改变你的思维方式，或者你看待世界的方式。学唱歌将改变你听音乐的方式，学画画则是有关人类视觉系统的生动教程，学焊接是物理学和冶金学的速成课。学习冲浪，突然之间，你会发现自己对潮汐时间表、风暴系统和波浪的流体动力学产生了兴趣。

---

① 这里的"判断"和"告诉"在英文里都是"tell"，类似中文里的谐声笑话。——译者注

通过学习，你的世界变得更广阔。

最后，如果说，人类似乎渴望新奇事物，新奇事物有助于我们学习，那么学习就为我们配备了一套机制，帮助我们更好地应对未来出现的新奇事物。"跟其他动物相比，人类更依赖自己的学习能力，"心理学家艾莉森·高普尼克说，"我们进化出体积庞大的大脑和强大的学习能力，归根结底就是为了应对变化。"[78] 我们总能从一开始的不熟练过渡到最终的掌握。有时候，我们会谨慎地尝试弄清楚自己该怎么做一件新的事情。有时，我们会读书，或是寻找教学视频，有时我们只能自己摸索着直接干起来。

掌握的局限性

一口气尝试学习这么多的技能，我知道自己有可能被人贴上"半吊子"的标签。

可我恰恰就是想做个"半吊子"。

如今，它几乎完全是个贬义词，意思是"一知半解的家伙"。"dilettante"（半吊子）这个词源于意大利语"dilettare"，意思是"愉悦"。艺术史学家布鲁斯·雷德福（Bruce Redford）指出，"dilettante"一词——一个表现出喜悦的人——被引入英语，是因 Society of Dilettanti（艺术爱好者协会）的成立。[79] 这是 18 世纪英国的一个群体，他们从欧洲大陆游历归来，对当地的艺术和文化满怀热情。雷德福指出，随着获取知识的过程愈加专业化，这个词的含义也发生了变化。到 19 世纪 70 年代初乔治·艾略特写出《米德尔马契》

（*Middlemarch*）时，它已经成为一个侮辱性的词。

一道深渊凭空裂开。除非你是专业人士，否则，你就只是个"半吊子"、一个"业余爱好者"（amateur）。这个词的原意最初又是什么？它来自法语单词"aimer"，有"热爱"之意。随着知识日益专门化，日常生活专业化，突然因某件事感到愉悦，或者热爱某件事，隐隐约约蒙上了一层不怎么体面的色彩。

我们生活在一个追求卓越业绩的时代，似乎人人都应该不断最大化地释放自己的潜力，过上"最好的生活"。从求婚到今天的早餐，社交媒体把一切都变成了精心编排、明明白白的竞争仪式。工作精神（一位学者称它为"工作的长鞭"[80]）渗透了我们的闲暇时间，甚至让我们再也没有闲暇时间。

做任何事都得为了点儿什么。我告诉别人我打算骑行130千米，他们问："你是为了什么而训练呀？"我想回答："我不知道……或许是，为了生活？"心理学家米哈里·契克森米哈赖写道："人们钦佩成功、成就、成绩的质量，远甚于体验的质量。"[81]

但如果我们并不想成为音乐大师或知名艺术家呢？如果我们只是想对这些事情浅尝辄止，看看它们是否会微妙地改变我们对世界的看法，甚至在我们尝试了解它们期间改变我们自己呢？如果我们就是喜欢做而已呢？[82]

在这个一心一意追求最佳表现的时代，展开新追求（追求你可能永远都无法精通的事情）似乎有违常情。乔治·伦纳德在《如何把事情做到最好》一书中指出那些"半吊子"是"热爱开始时的仪式感的人"。[83]伦纳德警告，半吊子"或许以为自己是个冒险家、对新奇事物的鉴赏家，但他其实更接近卡尔·荣格所说的'永恒少年'"。罪无可赦！

心理学家发现，过去几十年，自称完美主义的人越来越多[84]，大众的自我评价过于苛刻，又承受着不断要求人类表现出最佳状态的社会压力。心理学家认为，这是社会变得越发个人主义、竞争越来越激烈所带来的潜在有害后果。一位心理学家说："我们高估了成绩，低估了自己。"[85] 我们害怕做事只能做到"还行"。[86]

这是个陷阱。"因为只允许做自己擅长的事，"法学学者吴修铭说，"无异于将自己困在牢笼里，只不过这个牢笼的栅栏不是钢铁，而是自我判断。"

乔治·奥威尔曾提醒我们，看待自由的一种方式是"在业余时间想做什么就做什么"。[87] 你理应能够选择自己的消遣，他写道，"而不是让别人从上面替你做出选择"。别人怎么看待绩效是别人的事，如果让别人的观点阻止你尝试一件事，那就意味着你在放弃自由。

对专业知识和绩效的崇拜动摇了我们的信心，每当我们感觉自己在某件事上不是专家，人们就期待我们把任务外包给专家。

对国际象棋一类的事情，这可能不是坏主意。但哪怕是我们大概知道怎么做，或者自己很容易就能学会的事情，也会出现上面提到的情况。有一阵子，我的收件箱里塞满了为女儿准备的课程。有"骑行"课程，配备"经验丰富的教练"教孩子们怎样……骑自行车。这让我突然产生了怀疑：我的技巧（从背后推她一下，然后大喊："蹬脚踏板！"）难道不够好吗？一家百货公司给面向孩子的"系鞋带"课程打起了广告，广告里写道："交给专业人士吧。"我坚定地相信专家的指导，但只是系个鞋带而已啊！不安感甚至悄悄蔓延到了这样的小事上。一如既往，互联网也在削弱你的权威。"你一辈子都在错误地系鞋带。"一篇文章这样宣称。

我并不反对精通，谁不想跻身佼佼者之列？

但是精通可能会变成一套封闭的系统。大约 10 年前，我开始骑公路自行车。那时我的生活正好需要它：它让我保持健康，拥有冒险精神，还帮我建立了一个跟工作无关的全新社交圈。

你或许以为成年人骑行没有学习曲线这回事，但很快你就会发现自己总是被骑行车队紧紧包围，你的前轮离别人的后轮不到半米远，你骑着一辆塑料自行车以每小时 80 多千米的速度俯冲下山，身上穿的衣服比睡衣还薄。我犯了各种各样的初学者错误，没受重伤算我走运。

但这些错误逐渐减少，我骑得更快更好了。我开始参加比赛，水平升级，我试图表现得像个"职业车手"。这一切感觉棒极了，骑行成了我的"得意本领"，变成我身份的关键部分。我骑行了大约 5 000 个小时，算是相当精通了。

然而，随着我对骑行投入得越多，它的要求似乎也变得越高——更长时间的训练、更艰辛的努力及更昂贵的装备，曾经让我的生活变得丰富多彩的事情成了吞噬时间的黑洞，我在自行车上感到没那么快活了。和我同行的速度更快的人享受着自虐般的快乐，不肯停下来喝杯咖啡，吃点儿零食，更多地讨论修道院式的时髦养生法。不管身边的风景如何，我总是死盯着车把上的自行车电脑。这一切突然让我感觉像是一项工作——评估绩效、同侪压力、截止日期及对成绩的过度专注。我逐渐感觉自己有点儿受困于这种身份和相应的期待。

当我开始拓展新爱好时，我感受到一种解放（顺便说一句，我仍然喜欢骑行，我们只是需要多见见其他人）。被苹果公司解雇之后，史蒂夫·乔布斯曾写道："重新成为初学者的轻松感取代了成功带来的沉重感，做什么事都用不着那么十拿九稳了。"[88] 他很快就迎来了一段创作密集期。

我不是建议你辞职，我想说的是，哪怕是你喜欢做的事情也会逐渐束缚你的手脚。

我学习新东西，不是因为我在工作中缺乏成就感，或者因为我想为工作"充电"——据说这是消遣的两项功能。事实上，我喜欢自己的工作，我超级热爱它，除了工作，我甚至没有太多别的需求。

温斯顿·丘吉尔写过一本令人愉快的小书《画画消遣》，他说："对那些把工作当成乐趣的人来说，他们很可能最需要找到一个途径，时不时地把工作从脑袋里赶出去。"[89]

我们坚信这样全心全意地专注是件好事："我正追随着自己的激情。"可谁说人只有一种激情呢？[90] 说不定，还有其他的激情，你尚未发现。

＊

我们小时候往往有尝试任何事情的自由，没人会担心我们是不是擅长。我们都受邀去学校合唱团唱过歌、画过画，尝试各种各样的体育运动。随着时间的推移（如今它来得似乎越来越早），专业性悄然而至，突然间，孩子们变成了"艺术儿童"、"戏剧儿童"或"数学儿童"，走上了成为艺术家、演员或数学家的道路。

我们想要相信天才，相信天赋。话虽这么说，可有学者研究了成功的钢琴家，并在报告中指出：在这些未来大师成长的大部分时间里，"根本不可能预测到钢琴家们最终的成就"。[91] 作者建议，学习者需要时间和空间去理解"成长的小小迹象"，亲自实践技能，而不是一开始就担心自己做得对不对。如果这些钢琴家（或他们的父母）从最初就要求完美，他们不太可能获得成功。

从小，大人就告诉我们，我们也逐渐告诉自己，有哪些事，我们"不能"做。据说，参与体育运动的孩子越来越少。[92] 一些孩子说，他们觉得自己不够好，没法参加；另一些孩子说，训练计划太过严格，竞争压力太大，根本就不好玩——好玩才是他们产生兴趣的主要因素。一如在人行道未干的水泥地上踩下脚印，等脚印变硬了，再改变它们的方向就会很难。

但我猜年幼时的尝试就如同幻肢，哪怕未曾发育，也不会消失。我们大多数人可能每天都会在淋浴或开车时唱歌，唱得不好也无所谓。如果有人问我，我很可能会在一张纸上重现错综复杂的战争场面——坦克、防御工事和整队士兵，那是我小时候在线圈笔记本上最爱画的草图。渴望不曾消失，甚至还剩下了些许能力。

但我们说不定就能走这么远了。没错，我们可以学习唱歌、学习画画，但谁有这个时间呢？何苦去制造尴尬的场面，让人礼貌回绝呢？难道我们不应该专注于自己擅长的事情吗？典型的务实父母听说子女在大学选择了艺术类专业，他们会问：你打算用它来干吗呢？我们也会问自己这个问题。

关键在于你还不知道，你也不应该知道。

现在就是成为初学者的最佳时机

我们生活在一个可以被称为"学习黄金时代"的时代。

只要动动手指，每个人都可以接触到海量的书面信息。互联网的兴起也极大地催生了学习的机会。可汗学院一类的在线机构承诺"免费学习几乎一切知识"。在线教育平台 Coursera 开发的智能手机应用程序"让你把学习融入通勤、咖啡时间或一天中其他任何无人的时刻"。技能分享网站 Skillshare 承诺："从任何地方学习，明天尽在你手中。"

与此同时，依托对有效学习方法的新认识，像多邻国（Duolingo）这样的语言学习工具软件承诺将一个学期的语言课程压缩为 34 个小时的在线教学。在国际象棋界，棋手的国际象棋评分总体上一直在上升，因为他们可以在在线平台上向更强的对手（人类，或者人工智能程序）学习并对弈，还可以通过视频软件 Skype 向国际象棋大师学习。[93]

优兔上有海量的教学视频（曾有人统计出来是超 1.35 亿个），内容无所不包，从怎样自己制作刀具到烹饪海豹肉；你可以学习怎样后空翻，也可以学习怎样驾驶波音 747 飞机；你可以学习怎样烧水，也可以学习怎样更换卫生纸卷（这些是最滥竽充数的）。人们

（通常是孩子）只要简单地按照优兔视频里教的去做，就能在各种各样的事情（歌剧演唱、电子乐伴舞、奥运会运动）上达到令人印象深刻的娴熟程度——这样的故事简直太多了。正如一名因非法实施整容手术而被捕的男子所说："几乎你想学的任何东西，都可以在优兔上免费学到。"[94]

优兔教学席卷了竞技魔方等领域，实际上，这个领域就是优兔协助创造的。在这些领域，主要得益于技术的广泛传播，解题时间大幅缩短。[95] 历史上首次出现了这样的局面：世界上任何地方的任何人都可以学到几乎任何东西，不必花钱，不必外出，甚至不必因当众失败而陷入尴尬。

面对面学习的方式也越来越多。像 CourseHorse（基于本地的技能分享网）和 ClassPass（健身课程订阅平台）这样的网站提供了一个课程市场（它们把从前咖啡馆公告板上的吉他和西班牙语课程海报变成了在线版）。波特兰的 ADX 和芝加哥的 Lost Arts 等创客空间为人们提供了空间和工具，让他们可以摆弄严肃的机器，并向邻座征求意见。查尔斯·阿德勒在创办 Lost Arts 之前，还跟他人共同创办了集资网站 Kickstarter。他对我说，Lost Arts 并非源自对过去的回顾，而是来自"在自我探索中迷失自我"的机遇。

阿德勒的创业灵感源自他为放置 DJ 设备而自己设计家具的经历。他有了一个主意，但跟许多新手一样，难于迈出下一步。"我需要能临时使用的工具，"他告诉我，"外加一位导师提供指点。"他找不到自己需要的，便动手创办了 Lost Arts。

我所在的社区有 Brooklyn Brainery 一类的成人教育机构，提供廉价的众包学习，课程从蜡染入门到生物技术速成班。英国的How To Academy 也提供类似的服务："不管你是想在早晨造出一辆自行车，还是在周末拍摄一部电影，或是在网上创业，我们都有专业人士可帮忙实现。"

你可能会想："不是人人都有钱学习新东西呀，更重要的是，不是人人都有时间呀。"没错，教练和课程可能很贵，但这笔支出有时候还不到一顿饭钱，甚至网上很多课程都是免费的。这或许不是最有效的学习方式，但从成本的角度看，它无可匹敌。

说到时间，我敢打赌，你只要投入看一部网飞连续剧的时间，就能在任何技能上取得相当大的进展。时间使用数据显示，尽管我们不断声称自己越来越忙，但基本上我们拥有的闲暇时间跟从前一样多。[96] 要命的是，我们的智能手机每天都会吞噬几个小时，并让我们感觉更为忙碌。

日程排得满满的家长会抗议，光是照顾孩子就忙不过来，没空学习新东西。为什么不跟孩子一起学呢？有很多技能，不管是弹吉他、做面包还是折纸，成年人跟孩子一样毫无头绪。学习技能在不同层面拉近了家长和孩子的距离，为家长打开了一扇迷人的窗户，洞悉孩子的成长。

而且，这一切会发生在各种你想不到的地方。我女儿刚开始玩热门游戏《堡垒之夜》（Fortnite）的时候，我的直觉反应是做个超然而谨慎的家长，严格监控她的游戏时间。没过多久，这款游戏的复杂度和它所激发的热情吸引了我，在我女儿和她朋友的带动下，我也加入了这款激烈的团队游戏。作为《堡垒之夜》里的"机器人",也就是新手（因为我的虚拟形象衣着太过朴素，所以这么称呼），我有很多东西要学。"快把经典突击步枪捡到手！"透过头戴式耳机，她的一个朋友大喊，"到泥泞沼泽地去！"

这全身心投入的纯粹刺激势不可当，难怪有人说动作类电子游戏能增强玩家的感知能力。[97]我不知所措，恳求队友们耐心待我。就在这时，我突然意识到角色颠倒了。通常，是我带着女儿做数学作业，如果她遇到一些对我来说一目了然的问题，我会尽量不让她感到沮丧。眼下，我站在了她的位置：一个10岁的孩子完全不理解地问我，在激战中为什么不建防护墙。（唉，因为我不知道怎么建。）

你的孩子可以暂时充当你的老师，没有什么比教别人更能巩固学习。

在线上下国际象棋时，遇到棘手的收官，我会征求女儿的建议。她大步走过来，带着刚获得的权威感沾沾自喜，同时观察棋局。我会给她看自己的设想。"你可不要这么早就跟人换棋。"她会嘲笑我，接着大方地提出一着更好的下法。而且，她还站在孩子的角度精明地利用这一建议为自己换到了更多玩《堡垒之夜》的时间。

和孩子一起学习，还有助于解决困扰操劳的家长的永恒问题：照料孩子。我第一次向妻子解释本书的主题时，我简直能听到她瞪大双眼的同时内心的算计声："哟，你出去学唱歌和冲浪的时候，谁来照料孩子呀？"这个想法很正常。做个"半吊子"跟做个失职的爸爸不是一回事。

但她很快惊喜地发现，我和女儿对冲浪或国际象棋的共同兴趣转化成整天去海滩或参加国际象棋比赛。每当我们这样出游后回到家，妻子都会兴高采烈地说，她穿着睡衣读完了一整本书，或是沉思着长时间地散步。对操劳的家长来说，这种礼物比金钱能买到的东西宝贵得多。

共同学习还可以让潜在的摩擦来源（比如怎样分配闲暇时间）转变为双赢。原本是爸爸想偷偷溜出门去快速冲一轮浪，突然变成了值得珍惜的家庭习惯。我女儿加入青年田径俱乐部之后，我开始利用等她的空当自己真正跑起步来。这就是我的理念：既然你必须接受现状，还不如加入其中。而在这一切当中，我还无意间克服了许多研究都观察到的潜在有害的动态：父亲与女儿在一起的时间少于与儿子在一起的时间，尤其是所谓的成就时间，也就是跟孩子一起从事有助于发展他们"人力资本"的事情。[98]

*

你可能还会想："太迟了。"这是胡说，我们将学习至死。任何年龄都有可能取得进步，就连旨在寻找认知能力下降迹象的研究都在提醒：练习效应现象可能会影响结果。如果受试者两次接受同一测试，他们的成绩会有所提高，这就是练习效应。对心理学家来说，这可能是个方法论问题，但对其他人来说，这是个好消息：我们会变得更好。

2016 年，90 岁的歌手托尼·班内特说："我仍然坚信，随着时间的推移，我能变得更好。"[99] 他以歌手的身份取得了几乎所有能取得的成就，最近，他开始学习爵士钢琴（他几十年前开始学习绘画），他想更好地了解它。要了解一件事，有什么比亲自尝试（哪怕一开始笨手笨脚）更好的方法吗？

科学界一度认为成年人大脑的"固定不变"无可救药[100]，现在认为它有着远超以往的更强可塑性。与此同时，随着美国和其他地方的人均预期寿命的增加，"创意老龄化"运动试图提升老年人的"生产和创造潜力"。[101]

我在达拉斯见到丹尼斯·帕克时，她正着手进行一项名为"达拉斯寿命大脑研究"（Dallas Lifespan Brain Study）的长期工作。在该项目的一部分中，一群老年人参加数码摄影或缝被子课程，另一群老年人单纯地见面和社交，参加课程的受试者在情节记忆、处理速度等各个认知领域的表现都有更大的改善。

这并不是说独自学习不好，也不是说简单的社交会让大脑麻木，但跟人一起学习似乎正好击中了人类大脑的某个"甜区"。帕克说，在所选活动中，共同学习有助于"大家按照自己的速度推进，如果你做得不好，也并不扎眼"。学习者会受到其他学习者的激励，也受到教师的挑战。

"人们看到了自己之前根本不相信能取得的进展。"帕克说。

＊

我不能保证本书能让你精通任何事，也不能保证它能帮你学习一项具体的技能。但我主动充当了终身学习实验室的小白鼠，为你送上来自神经科学家、专业教练、运动技能习得研究人员等多方的研究成果，希望你能从所学之事中获取更多。

你甚至可以从我本人的努力（外加不算太偶尔的失败）中学习。研究表明，我们观察跟我们技能水平相当的人对相同任务的执行情况或时不时地犯的错，比观察专业人士完美无缺的执行过程（他们往往无法真正解释自己是怎么做到的，也不怎么记得自己在跟你水平差不多时是怎么做的），学到的更多。

在排练室、冲浪营、艺术学校、木工操作台上花了那么多时间之后，我只希望你能从我的努力和小小成就中看出你将在自己的旅程中体验的真相，为你提供一些新的思路，甚至鼓励你拾起自己早就想要放手尝试的事情。

全世界的初学者，团结起来！你们只会变得更好。

第二章

像婴幼儿一样学着学习

婴幼儿能教我们怎样做个优秀的初学者

婴幼儿是"终极初学者"

在我准备一头扎进初学者王国时，我认为从婴幼儿这种最绝对的初学者开始说起很有意义。

他们尖叫着来到一个明亮的、有着各种声音和气息的世界，感受到重力突如其来的拖拽。他们有做任何事情的最大能力。我想，如果他们能学习，我也能。一个春天的早晨，我前往美国一个最美好的地方——位于纽约大学神经科学研究中心四层的婴幼儿行动实验室——去了解他们的行为。很幸运，坐地铁可达。

在那里，我看到了 15 个月大的莉莉，她是个挺合群的孩子，勇敢地适应着自己体重新增 15% 的事实。她那小天使般的脸困惑地皱着，不折不挠地在一个仪器的压敏垫上手脚并用地往前爬，爬向微笑着哄她、手心摊着一把甜麦圈的母亲。这是科学上的一小步，饥饿宝宝的一大步。

莉莉穿着一件滑雪服，夹层拆掉了大部分填充物，换上了重物。她并不是在参加婴幼儿体能训练营（虽然乍看上去很像）。实验室研究员珍妮弗·拉奇瓦尼向我解释，这样做是为了了解当前行的"成本"增加，婴幼儿会有什么反应。额外的重量如何影响他们前行的方式？这会改变他们朝玩具或母亲前进的意愿吗？

经过调整，这套滑雪服臻于完美：你必须以正确的方式改变它，才能让婴幼儿改变自己的行为。例如，如果重物完全放置在脚踝周围，而不是分布在整件衣服上，他们会坐下来。

婴幼儿行动实验室恰如其名，看起来就像是依偎在学术世界里的日托中心，它的墙壁自带软垫，地上铺着防污毯，一些玩具四处散落。在这里，婴幼儿在可调式步道上，爬下陡峭的斜面，摇摇晃晃地攀上垂直的立面，踉踉跄跄地越过深坑，蹦蹦跳跳，不肯消停。研究人员坐在另一个房间，仔细地通过监控屏幕，注视着他们，桌上摆着笔记本和沙拉。

进行这场婴幼儿跑酷实验的目的（别担心，没人会受伤）是了解他们怎样获得人生中最重要的技能之一：行动能力。他们什么时候学习爬或走？他们是怎么做到的？对于新掌握的技能，他们怎样选择使用？

实验室主任卡伦·阿道夫说话声音轻柔，掩盖了话里很强的幽默感。她经过多年的观察，对婴幼儿的活动方式有了丰富的认识。蹒跚学步的婴幼儿（12～19个月大）平均每小时移动大约相当于8个足球场的长度，迈出大约2 400步，高于美国成年人的平均水平。[102] 他们每小时有大约30%的时间用于移动。婴幼儿行走分布在160多轮"爆发"里，有些轮次只有一两步。[103] 他们会走"之"字形，会走回头路，有时，就像阿道夫说的，"同一只脚会连续迈好几步"。这些刚学走路的宝宝行走时还常常带着东西（尽管这无疑会增加行走的难度）——差不多每小时38次。[104]

当然，婴幼儿在能走路之前几乎是没有行动能力的。以阿道夫的说法，他们会"对自己的身体拖、拉、吊、推"。他们以各种各样的方式爬行 [105]，大约1/5的婴幼儿会"屁股拖着脚走"——是的，这是个正式说法。

长期以来，人们假设，婴幼儿总是在走向某个目标：亲切的照料者，诱人的玩具。有时确实如此。但婴幼儿行动实验室的研究表明，大多数行走实例似乎并不指向一个明确的目的地。他们在原地打转，停在偏远的地方，似乎还常常偶然发现有趣的物品或目的地。眼动追踪软件显示，他们开始行走的时候，很少朝固定的目标看。[106]

奇怪的是，正如一项实验显示的，不仅散布着有趣的玩具的房间能让婴幼儿走动，空房间也能起到一样的作用。行动能力似乎就是自己的回报。[107]

据阿道夫估计，大约 260 万步，也就是大约 6 个月后，婴幼儿就能成为熟练的步行者（不过，要到 5~7 岁，他们走路才能像"成年人一样"顺畅[108]）。在这个过程中，他们会栽跟头——栽很多很多跟头，平均每小时摔倒 17 次。这些步行新手每走一步几乎都要挣扎着恢复平衡，如果他们的步子迈得太大，他们会以科学怪人弗兰肯斯坦般的步态摇摇晃晃，每小时跌倒 30 次。阿道夫的书里记录了一个小倒霉蛋，他在一小时里摔倒了差不多 70 次。[109]

这些跟头大多摔得"挺好"，婴幼儿的身体结构使他们天生适应撞击地面。"他们的肌肉柔软，胖乎乎的，"阿道夫说，"他们柔软，弹性好。"就像汽车一样，他们有防撞区和安全气囊，可减少撞击造成的物理伤害。"我可以给你看一些婴幼儿跌倒的精彩视频，"她在办公室里兴奋地对我说，"简直令人迷醉。他们跌倒时，就像一片轻盈的树叶。"

在阿道夫看来，婴幼儿是终极初学者。连像坐这样最普通的事情，对他们来说都是全新的挑战。坐需要练习好几个星期，不断校准；即便静坐着，他们也会像感恩节游行的花车一般微微摆动，以设法实现完美的平衡。[110]

幸运的是，他们置身于一个完美的学习环境中。"一切条件都对他们有利。"阿道夫说，"他们有着很强的学习动力，想要成为这个世界的一部分。几乎没什么能让他们气馁。"和成年人不同，他们不会因犯错而收到负面反馈（他们的错误，如果有的话，大概只会让父母更多地关注），而且他们很少受伤。

他们不必事事完美，人人都能接受他们表现不佳，这是他们逐渐变好的关键部分。婴幼儿是学习机器，有着无限的好奇心，他们的身体构造考虑到了犯错的可能性。[111]他们每天要迈14 000步，失误率极高，成年人学习技能如果碰到这么高的失误率，必定会大为沮丧，甚至是毁灭性的。

"我们不再弹力十足、软乎乎、胖嘟嘟，"阿道夫说，"我们的骨头现在脆了，摔倒的后果严重得多。"

然而我们仍会跌倒。根据美国职业安全与健康管理局的数据，仅在美国，在工作场所摔跤就造成了约700亿美元的损失。预防跌倒的方法之一是让工作环境变得更安全，可我们能够教人怎样不跌倒吗？

我们从婴幼儿身上知道，学会不跌倒必然会涉及跌倒。那么，人怎样才能安全地做到呢？ UPS（美国联合包裹速递服务公司）等公司使用一种"跌倒模拟器"，将受训者用安全带固定在一块随机"扰动"的平面上。员工们不用再听有关工作场所跌倒的讲座，而是在"运动"中学习，即通过身体练习，学习怎样避免跌倒。应用这项技术后，员工跌倒的次数减少了。

随着年龄的增长，跌倒变得越来越危险。由此产生的一个问题是，在生活中应该怎样尽量避免跌倒。我们早已疏于练习，因而在风险高得不能再高的时候，我们成了新手。"成人跑酷"和其他"学习跌倒"的课程由此兴起，它们不仅传授怎样避免跌倒，还传授跌倒的最佳方式。[112] 我们再次化身初学者，向最初的自己汲取勇气。

如果没有承受多次跌倒的能力，婴幼儿还能学会走路吗？我们仍会不屈不挠地努力学习那些看似难以捉摸的东西吗？

蹒跚学步：走路就是学习

步行新手的高失败率引发了一个有趣的问题，阿道夫写道："为什么这些爬行专家要放弃花了几个月才掌握的稳定的爬行姿势，用更容易跌倒的危险的直立姿势行动呢？"[113]

她补充说，更有意义的问题是，为什么孩子们会放弃现有的成熟技能，笨拙地学习新技能呢？我们现在并不真正清楚，或许他们只是想做身边的大人们在做的事。

然而，即使是蹩脚的行走，也会带来直接的回报。身为成年初学者，在思考是否要离开能力舒适区进入容易失败的技能领域学习时，这一点值得我们多加关注。

"在可怕的第一周，婴幼儿行走的速度，"阿道夫说，"变得比过去21周的爬行更快了。"现在，他们能触及的距离是从前的3倍。"突然之间，孩子离开了你的视线，"她说，"跑进厨房把什么东西给拖了下来。"

尽管他们在刚开始行走时跌倒许多次，但事实证明，按活动量调整后，他们实际跌倒的次数跟爬行时一样多。

既然如此，为什么不行走呢？这一新技能带来了各种各样的好处，它解放了他们的双手，它让他们看到更多的东西[114]（爬行的婴幼儿主要是看着地面），它帮助他们获得"社会能动性"[115]，它为他们带去了一定程度的对环境的控制力[116]。就连父母的说话方式，面对行走的宝宝和爬行的宝宝也是不同的；显然，家长们开始更频繁地说"不行"这个词。[117]

对婴幼儿来说，行动能力不仅是有待学习的技能，它就是学习本身。例如，被人抱着的比自己能动的婴幼儿对周围环境了解得更少。[118]"感知信息不是免费得来的，"阿道夫指出，"你必须做点儿什么。"[119]

阿道夫说，行走技能更多地来自经验而非年龄——婴幼儿走的步数越多，走得越好，经常到处走动的 11 个月大的孩子胜过不爱走动的 16 个月大的孩子。但这些里程碑事件并不像你想的那么清晰，有些孩子更早开始行走，有些更晚，有些跳过了爬行阶段，有些行走几天后又继续爬行。

我女儿 17 个月大时才开始行走，这不免让我和妻子感到有些焦虑（我们甚至惊慌失措地上网查询）。或许，她认为，在我们舒适的布鲁克林公寓里，爬行是她唯一需要的活动方式。不管怎么说，我们这对焦虑的父母准备好了，她却没准备好。

过去，人们曾认为行走仅仅是又一个里程碑，是一个"神经肌肉适应"的阶段[120]，它会神奇地自然发生。但婴幼儿是靠学习掌握行走的，我们虽然不用教，但并不意味着他们不必学。[121] 阿道夫告诉我，日托所里的孩子会更早学会行走（"如果你没拿到那个玩具，别人就先把它拿到手了"）。在某些文化里，家长们热情地让孩子练习行走（就像西方家长给孩子灌输莫扎特和高频词一样），于是，他们不到 1 岁就能行走了。

毕竟，行走的冲动是早就存在的。他们出生前就不断地移动腿。你抱着婴儿，让他的脚接触地面，他就会样子滑稽地开始前进。新生儿的"踏步反射"通常在 8 周左右消失。这种原始的行走方式很快会被他们"舍弃所学"，因为正如主流理论所说，在随后的发育高峰期，他们的腿会变得太重，不值得花工夫迈步。

20 世纪 70 年代初，心理学家菲利普·泽拉佐想知道这种姿势能否保留下来，于是便开始每天训练他的儿子（当时他只有几个月大）进行婴儿踏步。

泽拉佐报告，由于这种持续的运动，他儿子在 7 个半月大时就开始行走，比正常情况早很多。泽拉佐的这个儿子后来成了一名发展心理学家。阿道夫开玩笑说："每次我在会议上看到他，都有点儿想看他走路。"不管是不是神童，他的走路姿势并没有什么浮夸的地方。

在另一些文化中，例如巴拉圭原始觅食部落阿切人，经常在茂密且危险的森林中行动，几乎随时把孩子背在身上。传统上，阿切人的孩子要到 23 ~ 25 个月大才开始行走。

行走推迟对孩子有什么损害吗？

"长期而言没什么损害，"阿道夫说，"土著阿切人 8 岁就能使用砍刀、爬棕榈树了。"

大多数科学研究似乎得出了这样的结论：较早达到行动技能里程碑的孩子，日后不见得表现得更好。[122] 我女儿虽然很晚才开始行走，但如今长成了个运动能力很强的少女。对各年龄的初学者来说，这里有一条经验：每个人开始学习一项技能的时间表或许稍有不同，但随着时间的推移，假设我们投入了同样多的练习，我们基本能做到不相上下。

*

和学习任何技能一样，婴幼儿似乎也在"学着学习"。这个短语出自著名的发展心理学家哈利·哈洛。在对猴子的实验中，哈洛发现，他给猴子做的测试（也叫"学习集"）越多，它们的表现似乎越好，它们在学着怎样更快地处理新信息。

类似地，婴幼儿行动实验室的一系列实验把他们放在各种各样的新环境中，比如让他们有机会下陡坡。实验观察到一种惊人的模式：看到令人生畏的 36 度斜坡，只擅长爬行的孩子会避开它，或者至少小心翼翼地来到它的边缘，慢慢思考各种可行的方式，找出一种最合适的；刚学会走路的孩子则会快活地跳下陡坡，或蹒跚而下——一般会栽进训练有素的研究人员张开的怀抱里。

"刚学会走路的婴幼儿会尝试巨大的高低落差，"阿道夫说，"他们的行为就像是完全不明白自己的能力局限在哪儿一样。"倒不是说他们对陡坡本身或其表面风险视而不见，阿道夫说："我们做过这样的实验，妈妈告诉宝宝："不能去！斜坡太陡了！'"而宝宝还是照常走过去，就好像是在说：'我不明白你为什么要大喊大叫，我觉得我能行。'"结果嘛，她拍拍手，说："啪！"

"不是婴幼儿不考虑它，"阿道夫说，"他们是真的不知道。"

但他们之前爬行时不就应该了解到陡坡的难度及其潜在风险了吗？不是说他们在学着学东西吗？表面上看，这似乎令人费解，甚至连阿道夫也不太明白："他们是认知还不够发达，没法把两者联系起来吗？还是他们太迫切学习，以至于把之前学到的都忘干净了？"

阿道夫认为，婴幼儿的"学着学习"，只能是在同一个"问题空间"的边界内。爬行是一个问题，行走完全是另一个问题，信息收集不一样（例如，视线突然抬升了）。参与的肌肉不同，动作不同，平衡要求也不同。没有证据表明爬行技能会"转移到"行走上。

而且，就像阿道夫说的，他们现在有了不同以往的身体，呈惊人的爆发式生长。据报道，他们醒来时会比前一晚入睡时高两三厘米，脑袋的周长一夜之间可以长差不多一厘米。[123]

适用于婴幼儿爬行的技能对行走不再起作用。"你必须学习，"阿道夫说，"用现在的身体行动。"所以，他们必须从头重学——重新做个初学者。一如阿道夫指出的："不管是第二次还是第三次，整个过程也不会加速。"[124]

但保留这些来之不易的知识不是很有用吗？阿道夫摇摇头，她说，婴幼儿并不想学"固定联想"，也不应该学。"从婴幼儿的角度想一想：我为什么要知道从 15 厘米的高度往下跳是危险的？"阿道夫说，"下个星期，我会走得更好，而且我会长得更高。"原本危险的高度，变得不再危险。

换句话说，婴幼儿在针对今天而非昨天的世界学习。这个世界在不断变化，所以他们必须不断改变解决问题的方法。

奇怪的是，他们似乎并没有从自己犯的那么多错误中学到些什么。有一个案例是这样的：阿道夫研究的一个孩子从家里的楼梯上摔了下来，送进了急诊室，几天后，他回到实验室，又头朝下地扑下陡坡。

学会对陡然下降产生健康的恐惧，这不是很好吗？"你可不希望孩子学会'不能做这个，你会跌倒的'，"阿道夫说，"因为他们随时都会跌倒。"所以，如果他们跌倒了，他们不会分析来分析去，只会重新站起来。"如果你是个孩子，你应该从跌倒中学到些什么？"阿道夫问，"你不会希望他们学习停止尝试。"

婴幼儿要不断面对新常态，"什么有用、什么没用"的硬规则很快就会失效。"对婴幼儿来说，"阿道夫说，"他们大部分时间都在做之前从没做过的事情。"

身为终极初学者，他们需要的学习是学着学习，这是灵活的，以探索为动力，能让他们适应新情况，能接受大量的错误。这些错误的出现通常没有任何显而易见的原因，仅仅是学习过程的一部分。他们体验一次又一次的跌倒，直到慢慢地，他们的大脑和身体弄清楚怎样在种种情况下不再跌倒。

婴幼儿过着一种所谓的初学者信条的生活：如果不学着失败，

你就无法学习。

✱

同为初学者，我们还可以从婴幼儿身上学到一些重要的经验（毕竟，你自己也曾经那么小）。在进入学习新事物的成年人世界之前，让我们想一想以下几点。

1. 我们都具备有待释放的潜在能力。大约 8 周后，新生儿就丧失了与生俱来的"踏步反射"。是这样吗？把他们放进水里，他们便又开始蹬腿。这种能力始终存在，但他们必须决定（或是受到鼓励）使用它。

2. 掌握技能需要时间。在整整 6 个月里，婴幼儿每天用大约 1/3 的时间练习行走（并且直到若干年后才真正趋于完美）。下一次，当你打网球时为自己的发球技术感到烦恼，或者为自己每周画画一小时，云彩仍画得不怎么样感到烦恼时，请想想这一点，把它们叫作"婴幼儿阶段"是有原因的。

3. 失败是学习的重要组成部分。我们容易记住那些里程碑式的成就（如孩子第一次学会走路的那一天），却忘记在此之前的无数次跌倒。但每张精彩的照片背后，都有着无数出错的废片。

4. 改变你的练习。过去几十年，学习科学的一项重要发现就是所谓可变练习的好处。[125]

如果我们练习多种技能，而不是在同一技能上进行长时间的单调打磨，我们往往在练习过程中做得较差，但长期来看会更好，因为我们必须更加努力地记住不同的练习，以及解决它们的方法，我们在执行时会做得更好。

婴幼儿学习行走时有意无意地采用了这种方法，他们不是反复地、打磨般地走长而直的路线，而是真正的随机行走，过程中充满了停止、启动、不同的模式和运动，跨过形态各异的表面，穿越纷繁复杂的环境。他们从不走同样的路。[126]

这是件好事。你不会想教给孩子一种"正确"的行走方式，接着让他们一板一眼地重复。说到学习，可变性是关键。[127] 看似笨拙或随机的东西，有可能只是初学者在探索一系列可能的解决方案，这似乎对促进更快学习有帮助。

5. 你的进步可能不是线性的。在断断续续中学习，各个阶段只是个粗略的基准。发展并不总是朝着一个方向齐头并进。婴幼儿可能会学习行走，接着又短暂地回到爬行方式。

进步往往呈 U 形，这意味着孩子（和成人）有可能会在变好之前变得更糟糕。[128] 例如，孩子们开始学习语法规则时，往往会急切地"过度应用"新学到（但仍不完整）的知识。原本，他们会正确地把"脚"叫成"脚"，现在却说成了"足"。大致说来，他们在发展上暂时跑到了自己的前头，但之后会赶上来的。

6. 技能很难"转移"。[129] 会爬行的婴幼儿似乎并不能把爬行期间学到的东西应用于行走。这并不罕见，任何年龄阶段的技能学习往往都具有很强的针对性。你可能以为，人能在实验室测试中稳稳当当地直立在摇晃的平台上，也能在爬梯子的测试中表现良好，因为这两项技能都涉及平衡。但半个多世纪的研究发现，它们之间几乎不存在相关性。

擅长一项技能，往往并不能让你在另一项技能上自动领先。[130]

7. 始终处在不可能的边缘。阿道夫说，孩子"在接近当前技能水平的极限时"似乎学得最好。在"最近发展区"，也就是介于他们目前能做到的和正在努力去做的之间，他们会寻求任何能得到的协助。记住：如果你觉得容易，可能并没有学到东西。

8. 学习技能有助于打开新世界。学会行走的婴幼儿突然之间可以去更多的地方，可以做更多的事情。这是一条我们应该终生铭记的经验。

9. 有目标很好，但要睁大眼睛留心机会。婴幼儿学行走似乎并不受具体的目标激励，相反，他们只是移动，偶然碰到有趣的东西。发展心理学家埃丝特·西伦观察到，我们应该从"婴幼儿的即兴创作"中汲取灵感，要记得"利用伴随生活而来的机会，这是生活的一部分"。西伦自己也是偶然找到自己事业之路的：起初，她是个"无聊的家庭主妇"，因为希望让自己的兴趣超出"果冻和《芝麻街》"的范围，报名参加了一门课程。[131]

在尝试学习某样东西的时候，不应该忽视沿途出现的有趣的小弯路。与其说学会行走是个目标，倒不如说在解锁行走带来的所有美好的事情和地方。

现在，让我们试着学点儿什么吧。

第三章

尝试歌唱：它跟天赋
没有太大关系

我不会因快乐而歌唱，我快乐是因为我歌唱。

——威廉·詹姆斯

人人生来会歌唱

你上一次歌唱是什么时候？

如果你跟大多数人一样，那可能是在不久之前。我指的不是到卡内基音乐厅去开独唱会，而是各种兴之所至的歌唱：洗澡时的低声吟唱，踩着心中歌曲的节拍轻快地走路去地铁站，跟着超市广播传来的流行老歌哼唱——那曲调一传来就在你脑海里回荡。

别忘了汽车，它简直就是一间私人录音棚。① "边听音乐边开车，"一位研究人员推测，"可能是人类有史以来最普遍存在的音乐行为。"[132]

这使得汽车内几乎成了我们默认最可靠的唱歌场所，尤其是在私人或半私人场合。一项研究报告了许多例子——就像是从我自己的生活里摘取的片段，在汽车里，孩子"强烈要求"家长别再边开车边跟着音乐唱歌。[133] "车上唱歌"太普遍了，甚至有人在调查它会不会导致人们开车时分心。[134]

《唱着歌的尼安德特人》（*The Singing Neanderthals*）一书的作者、考古学家史蒂文·米森认为，我们的歌唱欲望，以及广而言之的对音乐的热爱，从进化角度看似乎"非常奇怪"。他指出，除了性和食物，似乎很少有其他东西比音乐更叫人觉得"深为吸引"。[135]

歌唱对我们有好处，它可以增强我们的免疫力、刺激内啡肽和

---

① Shazam 是一款能够识别正在播放的歌曲的应用程序，据报道，它的绝大多数查询发生在时速 30 千米的运动过程中。

催产素（所谓的拥抱激素）的分泌。[136] 它能改善呼吸功能，降低心搏骤停的风险。它激活名为"迷走神经"的关键纤维束，有助于大脑调节心率、血压、消化能力等身体功能，甚至能对抗抑郁。[137]

这样一件能使我们感到愉快、让人频繁参与、对身体十分有益的事情，它的存在难道不是进化有意为之？

米森认为，人类的音乐能力是"嵌入人类基因组的"。早在我们拥有语言之前，我们就已伴着音调和节奏玩耍，这是一种交谈的同时表达情绪、建立社会联系的方式（有趣的是，歌唱刺激催产素分泌，也有助于我们与他人建立联系）。米森认为，随着语言逐渐承担起日常人际交流的责任，歌唱得以专注于各种让人感觉良好的情绪和联系一类的东西。

当我们歌唱时，我们唱的是一首古老的歌。当你初为人父母，搂抱着自己的孩子，凝视着他们的眼睛时，你不知道拿这蠕动的小肉球如何是好，而他们带给你的喜悦又难以诉诸文字，于是，你发出了令人愉悦，也因此无法表达的咕咕声，或者说，你在歌唱。

毕竟，婴儿在能说出第一个词之前，他们就是这么做的。[138] 你可能会唱一首毫无意义的歌，或是一些完全随兴的东西。（我们经常唱摇篮曲《我的小牛仔》来逗女儿。）你就是感觉需要这么做，如同打开一扇原始的门，这失传已久的语言、这通往心灵的后巷（你通常不会跟朋友或伴侣使用这种语言），折射出生命之光。

不需要有谁告诉我们怎么做，我们就会用一种让人本能感觉温暖的特殊方式为婴儿唱歌。一项针对"婴儿歌"的研究要求母亲给婴儿唱一首歌，然后在婴儿不在场的情况下唱同一首歌，听到这两首歌录音的人能够判断婴儿是否在场，哪怕歌谣是用不熟悉的语言哼唱的。[139]

原因之一在于音调。母亲和父亲给婴儿唱歌的音调比平时更高（女性的音调似乎提高得更多），婴儿也喜欢他们这样做（大概是它不怎么吓人）。在一项研究中，只要把陌生人的声音提高半个八度，就足以引起婴儿的注意。[140] 此外，我们可以通过微笑来提高音调，显得我们更友好。[141]

婴儿不仅喜欢歌声，实际上，他们是在要求父母这样做：婴儿喜欢母亲唱歌甚于说话。[142] 如果父亲唱歌，婴儿也喜欢。一项研究表明，婴儿甚至更偏爱父亲的腔调。[143] 这倒不是因为父亲的歌喉更美妙，而是因为大多数的宝宝歌谣是母亲唱的，男性唱歌吸引婴儿纯粹是因为它足够新奇。①

我深有同感。初为人父的我发现，在很多方面，我又成了一个初学者，手忙脚乱地学习各种稀奇古怪的技能。我知道怎么唱歌——有谁不知道呢？但当我在脑海深处翻找依稀记得的摇篮曲时，我感觉如同重新拾起了某种残存的技艺，为它掸去灰尘。

然而，身为初学者，意味着我享有一定程度的自由，因为我尚未挑起专业知识和期望的担子。父亲给他七斤多重的宝贝女儿唱歌？多么可爱！我是否记得所有歌词、能否唱出每个音符，一点儿也不重要。我和女儿只是两个业余爱好者，在用这种古老的语言说

---

① 研究人员指出父亲的表现往往比母亲更具自我意识："例如，他们倾向于'假装'手持麦克风，就好像是在为除了婴儿（或自己）之外的听众表演。"

话，我们凝视彼此，我们的身体漂浮在一条振奋人心的激素河流里，我们互为对方最包容的听众。

用更高的音调唱着这些温柔的小曲，我突然感觉身上仿佛卸下了重担，我不禁诧异，我为什么不经常这么做呢？

我不认为自己有什么声乐天赋，音乐天赋就更没指望过了。不管小时候在学校学过些什么音乐理论，我差不多都忘光了。我不会演奏任何乐器。我不是天生的表演者，除了在智能手机时代到来之前，在朋友的单身派对上当众表演过一次（谢天谢地，大家早就忘了这件事），我甚至连卡拉 OK 都没碰过。

但我确实喜欢在家里唱歌，在洗澡的时候唱歌，在车里唱歌。妻子偶尔会对我说，我"有一副好嗓子"，但她也小心翼翼地指出我有时会走调。她说，我自己不太在意的时候，反倒情况会好些。

但对这种完全源于自我、似乎如此有力地表达了自我的行为，你怎么可能毫不在意呢？我们在打长途电话时说"听到你的声音真好"，我们的意思其实是"和你通话真好"。为人父母把我带回了歌唱的世界（尽管为时短暂），但我突然意识到，我唱歌一直都是漫不经心的——跟着广播电台里放的歌一起唱、观看演唱会跟着一起唱。我如果尝试带着更强的目的性去唱歌，会发生些什么呢？

欢迎初学者

我认定自己需要一位老师。虽说声乐技巧类图书数不胜数，很多也有着出色的见解，但它们似乎都是针对基本上已经知道自己在干什么的受众。

互联网上也不乏教学视频，引导你欣赏重金属音乐的喧嚣或百老汇的高歌，但这些视频的质量显然参差不齐。和书籍一样，它们也有一个关键的弱点：除了不甚专业的你自己，没有人能告诉你，你做的是否正确。

"歌唱吧，就如同没人在听。"一首歌这样唱道。我认同这种精神，但你如果想变得更好，拥有另一对耳朵可贵至极。

幸运的是，身在纽约，我有机会接触大量的音乐人才。我到网上搜索了一番，仅在布鲁克林就有数百位教师。社区商店的公告栏上贴满声乐教练的传单，写着似乎可以改变人生的大胆承诺："找到你从不知道自己拥有的声音！"

一天，我读到了演员伊桑·霍克的简介，他就住在我家附近。霍克当时正在宣传他的新电影《生为蓝调》（*Born to Be Blue*），这是一部传记片，主人公是声名狼藉的天才冷爵士小号演奏家、歌手切特·贝克。我饶有兴致地读到霍克决定为这部电影录制自己演唱的曲目，他还在布鲁克林找了一位声乐老师，参加了集训式声乐速成班。

我很早就是贝克的忠实乐迷，尤其喜欢他的歌声。大学时，我拉着不喜欢爵士乐的朋友去看导演布鲁斯·韦伯 1988 年的电影《让我们一起迷失》（*Let's Get Lost*）。在我和妻子开始认真约会时，我经常柔声低唱《切特·贝克歌曲集》（*Chet Baker Sings*）中的《如坠爱河》（Like Someone in Love），她深为所动。（一如刚交往的情侣大多喜欢借助唱歌表达爱意。）我在生命的不同时期还多次碰到人们说我长得有点儿像贝克，大概这就是缘分天定吧。

更重要的是，对想要唱歌又欠缺安全感的入门者来说，贝克可以说是一个完美的精神向导，因为他自己在技术层面就面临巨大的挑战。他难以保持音准，录歌时会做无数次尝试，据说声音平淡且缺乏感情，虽然有一位传记作者说他有着"雌雄同体的甜美男高音"[144]，可他是出了名的跟这不怎么沾边的。哪怕是在贝克声名和影响力最巅峰的时期，外界的批评声也不绝于耳。有人说他"有一副贫血的嗓子，听起来就像是一个喝醉的人在努力朝着无法达到的高音奋斗"。[145]

其他许多人，包括我自己，从这种不完美和表面的平淡中感受到了某种东西，是一种情感上的辛酸，无论真假，都给人留下了不可磨灭的印象。说到底，很多歌手在技术上无可挑剔，但让人听完就忘。"歌唱的 80% 在于怎样推销歌曲，"一位声乐专家告诉我，"而不是乐器方面的才华。"[146]

我从网上找到了霍克的老师丹妮尔·阿梅迪奥（Danielle Amedeo）。我在她的网站上看到"欢迎初学者"的神奇字样，还得知她就住在这条街上。

一个星期后，我们相约在附近一家咖啡馆见面。38 岁的阿梅迪奥几个月后就要生第一个孩子了（她提醒我，她的产假会中断我们的课程），她在纽约大学学习了戏剧和唱歌，在企业界工作 9 年之后开始全职教学。她一半的学生是学音乐剧的，满心指望打入百老汇。另一半人形形色色：有想要增强声音表现力的演员，有想要增强演唱技巧、胸怀抱负的歌手，也有像我这样的纯新手。

她有一双充满好奇的明亮的眼睛，伴以优雅的形体和演员般的姿态（反映出她的表演生涯），共情地听着我结结巴巴地说出自己的希望和担忧：我是不是太老了？要是我唱不准音怎么办？我如果发现自己嗓子不好怎么办？

听到这最后一个问题，她笑了，仿佛以前就常常听到这个问题。她说，有一小部分人可能出于生理原因很难发出准确的音，他们应该先去看医生，再来找她。幸运的是，她认为我"没理由担心"。

但我继续追问，如果我能发准音，却不喜欢我的声音，那怎么办呢？

"有人会来找我说：'我的声音就是这样，我一辈子都是这么发音的，但我不喜欢——我就只能接受这唯一的声音吗？'"但是，阿梅迪奥认为，我们只挖掘了自己声音的一小部分。解剖学给了我们一套默认的发声设置，但赋予我们声音的是模仿、习惯和意图。"人们认为这是一种特征，就像拥有蓝眼睛一样。"她说，"但这跟使用情况和习惯有很大关系，而且这是一种可以学习的技能。"

这将是一种贯穿全身的学习。虽然唱歌是一种运动技能，但它的独特之处在于演唱者看不见大部分正在发生的事情。"面对动作娴熟的运动员，你能看到他们在做什么。"她说，"可对唱歌而言，一切都是隐匿的。"就算你的高尔夫球杆握得不怎么样，你至少能看到自己的手，可在高唱"我的路"的时候，你看不到自己的环甲肌或甲杓肌在做错误的动作。

因为我们很难控制好歌唱技巧所涉及的个别肌肉和其他身体结构，声乐教学在很大程度上依赖隐喻和意象。[147] 为了让学员发出特定的声音，教练会请他们想象鸟儿落在树枝上，或是喷泉将球高高地托举到空中。

不管我的声音怎么样，阿梅迪奥坚持认为，我只利用了它的一小部分潜力。"我们可以打开它、扩展它，让它变得更丰富。"她说。虽然我年近五十，不可能像十来岁时那样轻松地做到某些事情，但除非对嗓子有长期的滥用史，否则这并不意味着我的歌唱能力差。

"你应该完全走进这个开放的领域，把它当成一场快乐的体验。"她说。她希望我只看重探索，而不是自己的局限性。"我们往往会这样开始，在精神上给自己设定限制，一般也会给自己带来身体上的限制。"

*

让我重新表述一下我之前问过的问题：你上一次唱歌给别人听，或者当众唱歌，又或者是跟别人一起唱歌，是在什么时候？

我敢打赌，除非你是音乐家或给教堂唱歌，否则，你去年当众唱歌的次数用一只手就能数出来。

我问妻子这个问题时，她停顿了一下，然后说："呃，有一次我们在拉伊市蒂娜办的聚会上，围着钢琴唱圣诞颂歌来着。"那可是将近 10 年前的事情了，我提醒她。我妻子从小在教堂度过了许多个星期日，隐隐约约一听到赞美诗的声音，就会立刻跟着唱。如今，因为很少唱歌，10 年前发生的事，她仍记忆犹新。

人们很容易意识到歌唱在公共生活中越来越少。

几年前，我在美属维尔京群岛的圣克罗伊岛，以记者身份跟随谷歌地图的一支团队采访。一天晚上，我们在当地一家餐馆喝完啤酒，注意到角落里摆着一架钢琴。恰好，团队里有个人正在努力学习弹钢琴。早些时候，他给自己设定了一项非常务实的任务，那就是学习一整首歌，以便当众表演。他学的那首歌是旅程乐队（Journey）的《不要停止相信》（Don't Stop Believin），在聚会场合特别受欢迎。

　　我以为其他人知道这首歌，我当然也认为自己知道。但一件有趣的事情发生了：一唱完开头的乐段，一切就开始崩溃，我们抓狂地面面相觑，寻找歌词提示，磕磕绊绊地往下唱。我们以为自己知道怎么唱这首歌，但其实我们只知道怎么跟着唱。这可是有区别的。

　　还发生了另一件事：邻座一个十几岁的小姑娘站起来，开始给我们录视频——谁知道那天我们登上了谁的社交媒体个人主页。从前每天都会发生的事情，现在似乎值得记录下来，就跟发现一只稀有动物似的。

　　唱歌比以往任何时候都更有存在感，这要归功于飘荡在我们周围似乎永不间断的录音音乐。但作为一件你跟其他人一起认认真真、不开玩笑做的事情，它已经淡化了，虽说无法精确测量，但可以凭直觉感受到。

　　"那时候，村里到处都是歌声，"在罗纳德·布莱思关于英国小镇的经典著作《阿肯菲尔德》（Akenfield）[①] 中，一位上了年纪的

---

① 布莱思的书虽然是虚构作品，但以大量口头采访为基础。

英国马术师回忆起20世纪初的情景说："孩子们在田野里唱歌，到了晚上，我们聚在铁匠铺唱歌。教堂里充满歌声。第一次世界大战来临时，人们总在唱歌，随时都在唱。"

但一如手写书法或看地图，集体唱歌的技能和实践也出现了缓慢而明显的下降。[148]

为什么我们唱得更少了？原因之一是有了唱片、广播和电视，人们不再需要自行"产出"音乐娱乐，无论是单独的还是集体的。音乐从"人人朝前迈一步"变成了"人人往后缩一缩"。[149]

每个人都有机会接触世界上最了不起的歌唱天才，就在每家的客厅里。当专业人士近在咫尺，干吗还要跟业余人士混在一起？很遗憾，这也暗示着人们自己的歌唱相形见绌。我们开始形成一种民族性的声乐不安全感情结，它的潜在信息是：如果你不是真的擅长唱歌，何必自找麻烦？

唱歌的衰落还有其他原因，比如去教堂做礼拜的人数普遍减少。在这里，我们同样看到了那个险恶想法的身影：我们不够好。即使在最热闹的教堂，唱诗班也在缩水。为什么？"要怪我们的表演和专业技能文化，"路德会的一位牧师说，"让我们在生活中的其他任何地方都不像从前那样唱歌了。我小时候在家里、在学校、在教堂，每个星期都唱歌。可如今，人们总觉得自己唱得不好。"[150]

唱歌逐渐在我们的生活中占据了一个奇怪的位置，它成了一种偷偷摸摸、近乎丢脸的行为，很少有人敢当众唱歌了。

加州大学旧金山分校的科学家们想要研究人们感到尴尬时会激活大脑的哪些部位，为此，需要一种能立刻叫人感到尴尬的活动。于是，他们请人们演唱诱惑乐队的《我的女孩儿》（My Girl）。一名研究人员说，对大多数人来说，看着自己唱歌会引发"相当尴尬的反应"。[151] 不足为奇，卡拉OK厅是我们为数不多的当众唱歌的据点之一，毕竟它有大剂量的酒精和讽刺性幽默作为助推燃料。

另外，我们将歌唱升华成了一种近乎空灵的艺术形式，大多数凡人都无法企及。我们会说"唉，我不会唱歌"，仿佛这是一种疾病、一种固定的状态。

"我们把歌唱和演唱者神话化、浪漫化，"音乐家特蕾西·索恩说，"认为它是一种罕见的技能，比实际上难。"[152] 在找不着调的大众群体和歌声曼妙的声乐精英的两极之间，没有多少水平"还凑合"的演唱者。

当然，事实上，人们通常唱得并不怎么样。学者们询问人们歌唱得如何，所得结果不怎么乐观。一篇论文的标题几乎透露了你想要知道的一切——《唱得不准的情况普遍存在》[153]。一般用来测试的歌曲是《生日歌》，没什么好奇怪的，吉尼斯世界纪录显示这是人们最熟悉的英语歌曲。

但我们对它的了解程度怎么样呢？"听一群人唱《生日歌》，"两名研究人员评论，"会让人感到好奇——似乎不是所有人一开始都准确学会过。"[154] 和大多数歌曲受到的待遇一样，人们往往唱得太快。[155] 或许他们只是想快点儿唱完。

如果你知道《生日歌》其实并不是最容易唱的歌，你或许会感到些许安慰。"它从主音开始，"美国西北大学的音乐学教授史蒂文·德莫雷斯特写道，"并辅以若干不同长度的间隔跳跃，跨越了一个八度。"也就是说，歌唱者必须多次从低音到高音做相当大的跳跃，而实现精确的着陆需要练习。

讽刺意味十足的是，这首人人都必须唱的歌，很可能也是你最近一次当着别人面唱的歌，"相当具有挑战性"，德莫雷斯特说。[①]也许 19 世纪末肯塔基州的两位教师在创作这支小曲时，人们的歌唱水平更高。[156]

我们如果生来就会歌唱，为什么觉得它这么难

我们的第一节课在位于布鲁克林高地一楼复式公寓的临时录音室（也是阿梅迪奥的卧室）进行。课前，她让我带一首歌来表演。考虑到我找她学习的原因，我选择了萨米·卡恩和朱尔·斯泰恩创作的爵士乐代表曲目《一次又一次》(Time After Time)，它也是 1947 年弗兰克·辛纳屈的第 16 支热门歌曲。10 年后，切特·贝克翻唱了一个更简短也更令人伤感的版本。

这是我最熟悉的翻唱——熟悉得不能再熟了。在上这节课之前，我一直在认真地听并跟着唱。等阿梅迪奥坐到电钢琴跟前弹奏并演唱了几个音符（从音乐上它们听起来都是正确的），我却只能想："那不是切特。"

因为我把这首歌跟贝克的版本紧紧挂钩，一时之间，我甚至听

---

① 对美国人来说，弗朗西斯·斯科特·基创作的美国国歌是另一首更常唱的歌，尤其是在体育赛事等场合，同样出了名的具有挑战性。

不出阿梅迪奥弹的是什么。"这听起来有点儿……跟我习惯的不一样。"我说。她体验了几次我的快慢，转过身来对我说："让我听你唱唱看。我会弹几个音符。"

"一次——"我压低声音号了出来，紧接着是一连串的咳嗽。对唱歌无能为力的焦虑，往往从喉咙表现出来。

"喝口水，慢慢来。"她宽慰我。

"从头唱。"我开玩笑说，接着，我甚至没有意识到她不再用钢琴为我伴奏（后来，她告诉我，这是因为我中途换了调，琴声反而会让我糊涂），我沉浸在歌曲里，从头唱到尾，甚至还用八度跳跃来了个"收官"，一如演唱者用戏剧性的繁复歌词热情重申自己之前的想法："一次次次次又一次 / 你会听到我说 / 爱上你我真幸运。"

我如同一条冰上的蛇，曲曲折折地穿越这句歌词，并在唱到"幸运"这个词时，用仿佛垂死的尖叫将声音往上拉。

有几件事似乎在同一时间发生。阿梅迪奥鼓掌喝彩说："干得好，你完成了！"我汗流浃背，她催我把脸贴到旁边的空调上。我试图把这归咎于纽约潮湿的天气，但正如我突然发作的接连不断的咳嗽，几乎可以肯定，这是一种身心反应：猛然间，我必须在一个房间里，耳朵里没有切特·贝克的录音伴奏，当着一个相对陌生的人的面唱歌。

对非初学者来说，这听起来浅显，甚至有些幼稚，但把你的声音作为音乐，发送到一个没有电台或其他人陪伴的房间，会出现一件带有深刻转变意义的事情。你不仅听到了从未以这种形式听见的歌，还听到了从未以这种形式听见的自己的声音。

跟着录制好的音乐一起唱，会给你提供各种各样的掩护。研究表明，跟着录制音乐一起唱歌时，人们不会唱得那么准确，因为他们不需要这样做——自然有人来收拾残局。[157]

可当你的声音孤零零地飘在房间里，你会突然意识到它是多么陌生，这寄居在你身体里的东西只有在脱离你之后才有了生命力。[158]从前掩盖在电台跟唱当中的一切技术性缺陷，如今赤裸裸地暴露出来。

还有一件更深刻的事情发生。

你感觉自己就像暴露在外面，情感上很脆弱。在展示自己无能的同时，我以一种陌生的方式敞开心扉，这种体验比我最近首次尝试的单板滑雪要强烈得多。就单板滑雪而言，我只是跟别人一起在新手斜坡上跌跌撞撞，就像受地心引力牵扯的木偶，不够熟练。而就歌唱来说，作为一个不习惯自由表达情绪或放声歌唱的人，我感觉就像是刚刚摘下了自己的某个重要器官，把它血淋淋地递给了阿梅迪奥。

大多数人听到录音里自己的声音会感到吃惊，甚至有些不快。通常的解释是，当我们听到自己的声音时，我们听到的不仅是从嘴里发出的声音，我们还听到了体内的声音，通过骨骼的振动传递，又在内部声腔产生共振。

这套自带的高保真音响系统让我们误以为自己的声音比实际上更深沉、更丰富。[①]但麻省理工学院研究员丽贝卡·克莱因伯格指

---

① 你可以按照声乐教练克里斯·比蒂的建议，用一个简单的技巧来了解自己的声音在外界听来是怎样的：拿两个文件夹或杂志，垂直放在耳朵前面，分别在有文件夹和没有文件夹的情况下说话。

出，依靠身体和大脑中的各种过滤设备，我们基本上把自己给屏蔽了。"你听到自己的声音，"她说，"但你的大脑实际上从未听过你嗓子里发出的声响。"[159]

等我们真的在听，它可能会让我们感到不安，不仅是音质的原因。[160] 心理学家菲利普·霍尔兹曼和克莱德·鲁西曾描述，在进行这种"声音对抗"时，我们可能会突然意识到自己的声音在说些什么：我们听到自己在表达自己并未意识到在表达（甚至根本不想表达）的东西。[161]

说到底，我们看不见的不起眼的喉咙包含着"所有功能系统里比例最高的神经纤维与肌肉纤维"。[162] 我们的声音——这股汹涌的气流，从我们的胸腔里跳出来涌入世界——说明了有关我们的大量信息，从我们的健康到身体特征，再到我们身为配偶的吸引力。[163] 一项研究表明，仅仅从"你好"这个词的短促发音，听众就能对说话人的性格形成一致的印象。[164] 想想看，一整首歌能揭示出多少东西。

"你的声音听起来真迷人！"阿梅迪奥说。后来我听了录音，我觉得她鼓励错了人。"你说这是你用了一辈子的东西，只是为了好玩，但我得说，它显然属于你。"她说，"你能告诉我哪些地方还不错吗？"

"呃，"我结结巴巴地说，仍然很慌张，"有一点儿颤抖，似乎弄错了节拍。我感觉我得多唱，而不是被动地听歌词。"

她满怀期待地看着我："有哪些地方，你觉得不错的？"

"还有那些高音，"我继续顺着自我批评的方向说道，"唉！"

我犯了初学者常犯的错误，认为"高音"的"高"指的是垂直层面上的那种高。阿梅迪奥说："演唱者会做各种各样的身体动作来达到目的，比如抬头，收紧肩膀和脖子，仰望天空，想象音符从高处飞到这儿，然后伸手去接。"

这些事情最终没一样能让你唱出高音，它们都是有待改正的习惯。

我还尝试用胸音（也就是说话时常用到的低音区）来达到高音。虽然名字是"胸音"（因为你能在胸口感受到它），但实际上，它是喉咙的肌肉发出的。

按照之前的设想，我会是个男中音，我知道这种方法完全超出了我的音域——至少现在是这样。为了避免潜在的破坏性张力，我需要用较轻松的头音来搞定这些音符。头音在脑袋里感受更强（没错，你猜对了）。至于假声，有些是较弱的头音，有些根本不是头音——这取决于你听的是谁的演唱。此外还有一个"混合"音域，它可以将头音的轻盈与胸音更大的共鸣结合起来。

贝克是男高音，拥有似乎毫不费力的清晰头音，这对男性来说并不多见。让我感到安慰的是，阿梅迪奥另一名也想模仿贝克的学生霍克在这件事上也不算一帆风顺。"他必须学会使用自己的声音中完全不同的部分。"她说。

"你已经有了些头绪，这很有趣。"她说，我的耳朵竖了起来，"听你说话的声音，我还以为你是个男中音。但你有一些非常迷人的高音，这是大多数男性原本没有的。"

一股奇怪的自豪感涌上心头，就好像我突然间参加了一场争夺切特·贝克之魂的歌唱比赛。接招吧，霍克！我可是有了几分头绪呢。

声音不安全感的根源

为什么我们中有那么多人（包括我）唱歌都不怎么样？

在我们对此加以解释之前，你或许对自己的歌唱能力有些好奇。我强烈建议你参加史蒂文·德莫雷斯特教授协助设立的在线测试。[①] 它以音高准确性为基础，这是歌唱特质中最容易测量的、最基本的变量。无论你得了多少分，你都要记住一点：它是可以提高的。

对于为什么我们许多人都是蹩脚的演唱者，德莫雷斯特有个设想：它跟天赋没有太大关系。他测试了不同年龄群体的歌唱能力，发现了一个令人吃惊的模式：从幼儿园到小学六年级，孩子们的歌唱能力有明显的提升。

但测试大学生时他发现，他们的歌唱能力基本上相当于幼儿园水平。为什么会倒退呢？

德莫雷斯特认为，这是因为大多数人不再唱歌了。唱歌像所有音乐教育一样，小学六年级之后通常就成了一门选修课。音乐活动的参与减少了，尤其是唱歌。也许是因为，跟小提琴或钢琴不同，家长们不会把声乐与学习成绩等同起来。（顺便提一句，加拿大皇家音乐学院的一项研究发现，与钢琴专业的学生相比，声乐专业的学生的平均智商更高。[165]）

起初，孩子们似乎随时都在唱歌，有哪位家长听到自己的孩子

---

① 参见 Seattle Singing Accuracy Protocol，网址是 ssap.music.northwestern.edu。

在学前班甜甜地唱出"我想徘徊……"时不曾激动地抹眼泪呢？全班的孩子（不止"合唱团"）都会集体唱歌，有小孩的家庭里洋溢着歌声。直到今天，每当听到歌手菲斯特演唱的《1234》，我就本能地想起她在《芝麻街》节目里演唱的那一版。我清楚地记得，在三年级的一次历史剧表演中，我戴着一顶蓝色的"联邦军军帽"，迈着大步走过舞台，唱着："跟着我们的弹药车勇往直前！"[①] 那是我最后一次使用"弹药车"一词，也是我记忆中最后一次上台唱歌。随着孩子年龄的增长，一种微妙而深刻的变化发生了。他们开始获得一种"音乐自我概念"，他们逐渐认为自己要么有，要么没有。

这里的关键词是"认为"：德莫雷斯特等人的研究发现，孩子们对歌唱技巧的自我认知与其实际的歌唱技巧之间并没有很强的关系。[166] 就像俗话说的那样，"演久就成真"。但自我认知的确会影响将来对音乐的参与度，心理学家阿尔伯特·班杜拉写道："不相信自己的能力，就会在行为上得到相应的印证。"[167]

于是，孩子们分成了两类：音乐类和非音乐类、会唱歌和不会唱歌。"我的同事们制造了一部分问题。"德莫雷斯特提到音乐教师同行时这样说，"他们认为，教一个不可能在别人面前唱得很好的人唱歌，是在给他们虚幻的希望，浪费他们的时间。他们不认为自己应该指点一个想要获得指导的人。"

---

① 这是美国陆军的军歌，创作于南北战争期间，故此，作者戴着当时的联邦军的蓝色军帽。——译者注

我告诉德莫雷斯特，我女儿7岁时通过了本地唱诗班的试唱，这让我情不自禁地感到自豪。他却深深地吸了一口气，说："让一个想唱歌的7岁孩子试唱——到底应不应该这么做，我有点儿怀疑。"

他回忆说，他在他女儿的小学课后唱诗班执教，有两个小姑娘"真的没法唱准"，但他留下了她俩，尝试给她们一些指导，又不能让她们感到难为情。"两个小姑娘，"他对我说，"后来升到初中和高中都参加了合唱团，她们变得更好了。"

我们经常在人们的初学阶段就打断他们，忘了天赋也需要时间来培养和展现。

毫不奇怪，孩子们开始把音乐能力视为一种天赋，甚至觉得它先天的成分比运动能力还多。[168] 我们说某人有一副好嗓子，但我们不会说他们付出努力才得到（并保留）了这副嗓子。

我们中的许多人基本上都放弃了歌唱，成年后，我们不会特别为自己的歌唱能力感到自豪。我们满心钦佩地倾听娴熟的歌唱者，并突然被与其能力上的巨大差距所震撼，对他的天赋进行了近乎神秘的解释。我们感知到自己的能力有所欠缺，而"音乐能力与生俱来"这样绝对的解释能让我们好受些。[169]

在生活中，你大概也听到过有人说自己五音不全，找不着调（你自己可能也说过）。事实上，所谓的"先天性乐盲"极为罕见，比自称存在这种问题的人少得多。[170] 举例来说，有一项实验表明，如果一首流行歌曲中的某个音符发生了变化，我们大多数人都能注意到。

加拿大皇家音乐学院的研究主任肖恩·哈钦斯告诉我，"乐盲"一词的广泛使用掩盖了真正的问题。我们在分辨音高方面极为敏锐。哈钦斯说，问题不在于感知正确的音符①，而在于发出正确的音符。[171] 我们往往会忽视如下事实：歌唱固然是一种令人惊叹的情感表达方式、一种充盈的喜悦感，但基本上它仍是一项运动技能，而运动技能靠的是协调肌肉以达到预期效果，跟射箭或投出快球没有本质上的区别。

这也跟其他的音乐技巧一样。②"如果一个人从小学五年级起就再也没有拿起过小号，没人会指望他多么娴熟地演奏。"德莫雷斯特说，"可我们总认为，唱歌的嗓子与生俱来，我们要么有，要么没有。"

我们发现自己陷入了恶性循环：我们不擅长唱歌的原因在于我们不怎么唱歌，我们不怎么唱歌的原因在于我们觉得自己唱得不太好。

因此，一旦告别了童年早期神奇的日子（那时候，孩子和父母主要通过唱歌这一音乐语言交流，发出平常较少触及的声音——我们唱歌时使用的音域比说话时宽广得多），我们就慢慢地恢复到和

---

① 不过，一个有趣的例外来自著名的《美国偶像》节目。2004 年的选手孔庆翔，媒体都说他"跑调""走音"，可许多观察人士指出他的音高其实是准确的。不管听众感受到了怎样的不和谐，跟音高都没有关系。

② 人们常常会把乐手和歌手区分开，例如，美国劳工统计局把"乐手和歌手"划分为同一就业类别，可它的网站又列出了"如何成为乐手或歌手"的信息，如同两者是互相排斥的一样。

谐的单调生活：说话在一边，唱歌在另一边；唱歌的人在这一边，不唱歌的人在那一边。

我们失去了自己的声音。[172]

对歌唱舍弃所学

正式开始学习唱歌之后，我想象它会像在阿梅迪奥录音室的第一个下午那样：我先唱，老师听并指出问题，然后我试着再唱一遍，唱得更好。事实证明，它既比这要简单得多，也深刻得多。

首先需要对乐器进行基本的调音。这是一件多么棒的乐器啊！

我们在说话或唱歌时，把空气向上推至喉咙。气流遇到声带时，便将它推开，接着急速冲过硬币大小的 V 形声门，再次将其关闭。就像你给气球放气时，它会喷出气体、发出声响一样。拉长气球或者拉长声带，音调就会变高。

这一切发生得比眨眼还快：男性平均每秒 120 次，女性平均每秒 210 次。女高音在歌剧咏叹调中演唱高亢得吓人的 F6 调时，声带每秒振动近 1 400 次。[173]奇怪的是，小声低语对声带的压力通常比正常说话更大。[174]

如果空气的涌动止于声带，那么它听起来就只是一种"嘎嘎"声，类似刺耳的鸭子叫。随着气流澎湃地涌入声道的"共振腔"（喉部、咽部、嘴部），我们的声音就有了个性。一旦产生真正的共鸣，你的脸会振动。不过，大部分气流从未抵达我们的嘴唇。[175]要想唱歌唱得好，就是要帮气流抵达嘴部。

通过这种肌肉的复杂编排，我们成为发声的强者。正如美国犹他大学国家声音和语言中心执行主任英戈·蒂兹（Ingo Titze）所指出的，靠着两根不起眼的"琴弦"，人类能覆盖钢琴需要88根琴弦才能演奏的音乐范围。有些人的发声范围甚至超过钢琴。"想想看，你能用自己的声音做多少不同的事，"皇家音乐学院的哈钦斯对我说，"跟你的猫或者狗比比看。我们能同时模仿猫叫和狗叫，它们什么也模仿不了。"

令人惊讶的是，这一构造的主要"设计"目的不是说话或唱歌，而是避免食物或其他物体意外落入呼吸道。就像两扇小小的活板门，当我们吞咽的时候，声带会"啪"地关上——以防止东西"走错管道"进入肺部。

只不过，在随后的进化过程中，我们"学会"了用这套器官来唱歌。或许这就是为什么，一如一个神经学家团队指出的，我们有时很难发出准确的音调：我们对喉咙的神经控制不像对嘴的那么多。一般而言，我们吹口哨的音高 [176] 比唱歌更准确 [177]。

当我为《一次又一次》挣扎时，我感觉自己就像日本人所说的音痴一样。除了学习如何发出与音符一致的音，我还需要学习另一种关键的歌唱技巧：倾听。阿梅迪奥在钢琴上指定了一个八度音阶，从C3到C4，C3是1，C4是8。这是唱名的简化版，也就是通常所说的"do-re-mi"（哆来咪）。

在接下来的几个月里，这八个音符将成为我的"大调"舒适区。阿梅迪奥会在钢琴上弹一些简单的模式，比如do-re-sol或do-sol-do，我就会跟着哼唱："do……sol……do……do……

sol……do……"晚上，我会用女儿的钢琴重复这些练习。在淋浴的时候，在街上走的时候，我会把这一模式唱出来，就像自言自语地重复以免忘记一样。我要把这八个音符内在化，让"do-sol-do"变成本能，做到能脱口而出。

阿梅迪奥要把我拆掉再重建，剥离我几十年来的惯常行为。W. 提摩西·加尔韦在《网球的内心游戏》一书中说过，克服旧习惯的最好方法是"建立新习惯"。[178]

对《一次又一次》而言，攻克难关的最好办法就是不再尝试唱它。相反，以八个音符的安全空间为锚点，我们开始发出孩童般的声音。有覆盆子状的嘴唇颤音，也有延伸成长元音的颤音。有"啦"、"嗒"和"吗"（婴儿发出这些声音时，叫作典型的"咿呀学语"）。有蹦蹦跳跳快活的小乐段，比如"咪—梅—吗—么，咪—梅—吗—么，么哦哦哦哦哦"（me-may-MA-mo，me-may-MA-mo，mooooooo），还有呼声和哭声、嘶声和叹声。

我最喜欢的一项练习是这样的：把舌头慵懒地耷拉在前嘴唇上，放松下巴，接着说"布拉、布拉、布拉……"（Blah Blah Blah）。这局部麻醉般的喃喃自语感觉出奇好，我想象着让这简洁的话语在日常生活里流行起来是多么叫人惬意。

舌头据说是"演唱者最大的敌人"，因为它容易妨碍声音的发出，在有些日子里，它似乎消耗了我们大部分的时间。[179] 除了牙医，再没有什么地方对我口腔内部进行过这么仔细的检查。但有一点很重要：舌头翘起会把空气导向鼻孔，让我们的声音听起来带有鼻音。根据研究，没有人喜欢听到这种声音。[180]

在做这些练习时，我想象自己倒退回了识字前的婴幼儿时期，摆脱了文字的负担。这也很关键，因为哪怕是同一器官在执行两种功能，说了一辈子话，对唱歌来说也是蹩脚的预备活动。

"我们在说话时有些根深蒂固的习惯，妨碍我们按照想要的方式发出声音。"阿梅迪奥告诉我。我说话时，会耸起肩膀，下巴向前突出，喉咙肌肉收缩，下颌紧绷，舌头像弹簧一样紧张。

对日常聊天来说，这完全没问题，但要把我说话的声音变成唱歌，就像把一辆习惯了在低速车流中走走停停的老式含铅汽油车改装成流线型一级方程式赛车一样。[181]

我需要无遮挡地快速推动空气，所以我主要发的是元音：元音容易发出，它们去掉了辅音的减速带，顺着张开的声道往下流动。

"元音是声音，"一位声乐教师写道，"辅音是声音的中断。"[182]在英语会话中，我们发元音比发辅音的次数多 5 倍，在唱歌时，这一比例可以达到 200：1。[183]

要避开歌词，它们内嵌着坏习惯。所以，阿梅迪奥会让我唱一些只有简单元音的歌。有一回，我独自驾车旅行，用"哦"和"啊"唱了一套完整的切特·贝克之歌。这种练习有一种令人愉悦的纯粹感。

随着我不再对唱歌想得那么多，一件好玩的事情发生了。在一项练习中，阿梅迪奥一边在钢琴上弹奏连续上升的三音符音阶，一边让我说出"不，现在不行"几个字。她不希望我用唱的，而是用说的，就好像我真是那个意思。

"不，现在不行！"

"来吧，我真的想去。"

"不，现在不行！"

"想象你正在对女儿这么说。"

"不，现在不行！"

"试着让它传到窗外！"

"不，现在不不不不行！"

"让它传到街对面！"

当我们专注于传递信息，会轻松地达到甚至超过我在歌曲里一直难以唱上去的音符。倒不是说我的音域神奇地扩大了，只不过我不再去想它，我只想保证自己的声音能被听到。

日常习惯带来的麻烦

像我们说话的声音这么习以为常的东西，实在不太多。我们每天要讲大约 16 000 个词，却很少想过自己是怎么做到的。[184] 然而，对我们的声音来说，说话有可能很难。似乎总有人在对我说，我说话的声音需要改善。如果说话这么叫我难受，我又怎么可能唱歌呢？

罗杰·洛夫是洛杉矶的一名声乐教练，曾与格温·史蒂芬妮、约翰·梅尔和杰夫·布里奇斯等歌手合作过。他安慰我说，说话常常也是歌手声音问题背后的根源。我自己的情况就很有启发性。洛夫说，我有时候会拖音，变成低能量的吼叫，也就是俗称的"气泡音"。我的声带在没有足够空气通过的情况下尝试发出声音，结果是"像一扇从没滴过润滑油的铰链门"，吱吱呀呀地"关上了"。说话时，我的"胃空气进来得不够"，产生了不一致的气流，增加了张力。

"你注意到没有，你说话总是语速过快？"波士顿的声乐教练马克·巴克斯特在一次电话交谈中向我提出了这个问题。他曾与史密斯飞船乐队、艾米·曼等歌手合作。他说，我在挤出"准短语"的同时，用喉咙"夹住"了空气，这可能会导致肿胀，产生摩擦。"与在人行道上行走相比，"他说，"在雪地里行走阻力更大，所以你迈步会更用力。"

我说话时似乎还会"打磨同一音调"，我有重复性语言损伤。"你经常失声吗？"巴克斯特问道。是的，跟朋友聚餐或者做完演讲之后，我的声音经常会变得沙哑。他说，演讲的时候，"你会感到自己来到大庭广众之下，你想打动观众，这是不一样的汤姆！所有运转失常的行为都被挂到旗杆上放大了"。

但我开始对这种张力感到好奇，可能不是技术上出了问题，而是我本身有问题？

于是，有一天，我前往迈克尔·皮特曼位于曼哈顿的办公室。皮特曼是哥伦比亚大学欧文医学中心声音和吞咽研究所的主任。他身着白大褂，面带微笑地大步走进来，一副精力充沛、意志坚定的样子，就跟纽约所有忙碌的医生一样。没过多久，语言治疗师、长期的声乐表演者卡莉·坎托加入了我们。

我告诉皮特曼，我最近收到了对我的声音可怕的评价。"你说话的声音当然不是最优状态。"他说。我心想："我到49岁了才知道这消息？"我注意到，皮特曼的声音似乎很清脆，没有任何柴油发动机的怠速杂音。

　　我的主要问题很常见："人们用喉咙说话，没有把足够的气流送到嘴唇，声音没能抵达脸部的前方。"而且，我对自己的声音要求太多了。"就跟跑步一样，你可以轻松跑 8 公里，完全没问题。但如果你想跑马拉松，任何一个方面达不到要求，你都会受伤。"他的许多客户都是教师，"他们频繁使用自己的声音，但没人真正教过他们怎么用"。

　　很可能造成伤害的是我的习惯。不过，他建议我用喉镜做一番检查。"我们可以从鼻子或嘴巴穿过去，"他说，"从鼻子穿过跟从嘴穿过一样，而且不会让你产生呕吐感。"于是，一根透明小管子弯弯曲曲地从我的左鼻孔穿了进去。

　　坎托让我读一段文字，又让我唱出若干元音。他们两个人谈论着呈现在屏幕上的东西。"你确实有一小点儿缺口。"她说。"看看他那边多僵硬。"她对皮特曼说。管子抽了出去，我们像体育评论员一样开始回放录像。

　　如果你从没看过，我想先提醒一句：喉镜影像，不适合胆小的人观看。想象一下，你是一名自然科学家，你将一根顶端装有照明摄像头的细电缆放入雨林中一个幽暗的洞穴。你在黑暗中蜿蜒前行，进入了一处张着口的密室，密室的墙壁疙疙瘩瘩、纹理丰富，还散发着幽光。突然，你发现自己直盯某种可怕生物没有眼睛的面孔，两颗骨白色切纸刀片般的牙齿闪着阴森的光泽，一开一合，流出两股浓稠的黏液。远处，除了气管隐约可见的斑驳表皮，什么也没有。这台令人厌恶的设备竟能发出地球上一些最美妙的声音，实在是了不起的奇迹。

我正盯着自己的声带在慢动作辉光下的颤动，坎托告诉我："你的声带确实有一点儿萎缩，它的闭合不太好。"我似乎得了"声带麻痹症"，这种情况并不少见，通常是疾病引起的。一侧声带近乎瘫痪，使得两侧声带的振动失常，尤其是在高频率上。

这倒不是说我没法演唱歌曲——因为没有人的声带完全对称，但这确实意味着我必须更加努力。"你会更容易因技术效率低下而受到影响，"坎托说，"所以你必须比别人做得更准确才行。"

通过换声点（也就是声音中断的地方）会更难。人们通常会通过动态肌肉或呼吸调整来补偿声带麻痹，但它可能给声带造成更大的负担。我可以做手术，但更常规的做法是接受声音治疗。坎托向我描述其中的一些技巧时，我意识到它们与我在歌唱课上的练习类似。

诊断结果让我感觉，我还没扬帆起航，风就从帆上（或者说我的声带上）泄了劲。我还没张开嘴巴，就要面临一个潜藏在内的障碍。

但希望还是有的，能帮我让嗓音恢复到全盛状态的正是学唱歌。

*

如果说唱歌成了一种物理治疗，我还有另一种挥之不去的感觉：其中还暗含着其他形式的治疗。

我从未真正谈起自己的感觉如何，但那些长达一小时的课程似乎触动了我的情绪神经。研究表明，唱歌比说话更能激活大脑中与情绪相关的区域。[185]

而且，下课之后，我几乎总是兴高采烈，回家时一路不停地随意哼唱着和声。一个简单的舌部练习就能让我发出一阵阵几乎歇斯底里的笑声。有时，我会躺在铺着地毯的地板上，像个无助的婴儿，吐出无意义的、孩提般的语句——"哦、呜、布拉、布拉、布拉"（ooh wooh blah blah blah），我会奇怪地感到脆弱和暴露，如同我向阿梅迪奥展示了自己从未有人看到过的部分。虽然没有说任何话，但那很像是在忏悔。

这些简单的练习是声乐健美操，让我的声音保持良好的状态，以便完成日后的重头戏。它们也是在努力让我放松戒备。正如阿梅迪奥对我说的："我们只要尽情享受就好，让声音自己出来，别再那么理性。"后续，在尝试打开声音的同时，我也在打开其他被压抑的东西。

这就是声音的奥妙：你就是乐器。也就是说，声音不仅是事关工程学和物理学的问题，也是潜伏在一个完整的、乱糟糟的人身上的一切。

阿梅迪奥休产假后，我去上了一节马克·巴克斯特的歌唱课，就是那位我电话联系过的声乐教练。那个周末，他来纽约授课（他经常这么做）。他留着一头摇滚乐手般的飘逸长发，态度专注。如果说，阿梅迪奥的谆谆教导有时让我感觉如同慈母，那么巴克斯特似乎更像一位严厉的父亲。

"我称自己为声乐治疗师。"他坐在市中心一家排练室的钢琴前这么说。巴克斯特写过一本书——《摇滚歌手生存手册》(*The Rock-n-Roll Singer's Survival Manual*），曾帮许多大名鼎鼎的歌手缓解焦虑。"我还从没见过哪个歌手对自己的声音感到满意呢。"他告诉我，"人人都觉得自己是个冒名顶替的骗子，人人都担心自己的假面被揭穿。"（比方说，U2 乐队的主唱波诺就经常说，他对自己的声音很"恼火"。）

要评估声音，你就必须评估发出声音的那个人。"我只管等着有人进门来，看看他们处在什么样的境况中。"一位熟悉的客户说不定生活中正经历着一件没遇到过的事情，比如离婚。"什么样的问题都有，所有聚集到一起，成了呼声。"

我身上潜伏着些什么呢？我很好奇。他让我完成了一系列练习，注意到我的声音"有些颤抖"，便带着强调意味地点了点头。"这主要是因为你做得太轻柔了。就跟骑自行车一个道理，如果你骑得慢，前轮就会摇摆。"

随着练习往前推进，他越来越生气："你说话的声音比你唱歌大两倍！"他想知道我的童年：我是在一个不鼓励发出声音的环境中长大的吗？说不上吧，我回答。但话说回来，我本来就是个安静、害羞、有点儿书呆子气的孩子。

他让我尽可能长时间地稳定吐气，我大概坚持了 15 秒。"目标是 60 秒！"他喊道。他提醒我，我可是个自行车手呀，我的肺活量是很大的。问题在于恐慌，不是气不够。我必须控制呼吸。"真好笑，我们居然要回过头来教呼吸，"他说，"呼吸可是人天生就会的！"

障碍来自心理。我在阻挡"不受阻挡的水流"。如果我气都接不上，怎么可能唱歌呢？他打开钢琴盖弹了几个音。"它以同样的音量演奏，但发出了更多的声音。"他说。[①] 我给自己盖了个盖子，压制了声音。

＊

妨碍我的并不总是不安全感或者拘谨。有时，碍事的是我的身体。比方说，我总是紧张得下巴僵硬，这是一个普遍认为妨碍唱歌的关键问题。

我们的下巴非常有力[186]，但闭颌肌群几乎比开颌肌群强壮 4 倍[187]。这就难怪我们没那么容易让下巴自由摆动以辅助歌唱了。

阿梅迪奥经常让我躺在地板上，找些东西集中注意力。这种"建设性休息"是为了缓解日常生活中积聚的紧张情绪。"声音是我们身体的一部分。"她说。紧张的肌肉会妨碍我们发出最佳的声音，它挤压了空气的流动，关闭了共鸣器。

每当我让大块肌肉放松下来，她会要求我尽可能不费力地发出微小的声音。起初，我的声音（"嘛"和"啊"）小得几乎听不见，就像是"雪花从竹叶上划落"。接着，随着"意图"的提升，声音逐渐响亮，但一定要始终想着"为了发出这个声音，我还可以少做点儿什么"。

---

① 在唱不同的元音时，也会出现类似的情况。用同样的音量先唱"food"（食物），再唱"father"（父亲）。因为在发"a"时嘴巴要张得更大，"father"也就更大声了。

几乎无一例外地，发出正确音调的声音变得更容易了。进步的关键还是那句话：少做。

一个多世纪以前，澳大利亚演员 F.M. 亚历山大发现，在朗诵莎士比亚作品后，自己的声音越来越嘶哑。他在说话时观察镜子里的自己，注意到自己"往往会把头往后扯，压低喉头，用嘴吸气，以便发出喘息声"。[188]

亚历山大尝试纠正这一行为，但很快又重拾旧习。最终，他发现诀窍不在于"做正确的事"，而是不再按从前的方法做。他不再把注意力集中在最终目标上（比如正确地歌唱），而是集中在过程上，即他所谓的"实现的途径"。

亚历山大著名的"技巧"，日后以"舍弃所学"为人所知。但是舍弃习惯比按照习惯做要难得多。"如果有人要你不再做某事，你会试着阻止自己那么做，而不是决定不再那么做。"他写道，"但这只意味着你决定还是要做，接着用肌肉紧张加以阻止。"[189]

舍弃所学很难，因为旧的行为永远不会完全消失。它表现为亚利桑那州立大学感知与行动实验室主任罗伯·格雷描述的"行动失误"[190]：星期六你开车去杂货店，一不留神却朝着办公室的方向驶去。尤其是在"高压"关头，行动失误尤其容易出现。格雷举了美国职业橄榄球大联盟前四分卫蒂姆·蒂博的例子。众所周知，蒂博在比赛时总是投出低球，这让他备受困扰。投低球在大学阶段是可行的，但在节奏更快的职业比赛中被视为不利因素。

就唱歌而言，我有很多东西需要舍弃所学，尤其是在高压关头。每当我尝试唱一个高音，我都会为努力攀登音乐的顶峰而绷紧身体，就像长颈鹿伸长脖子去够高处的树叶那样，把脖子往上伸。这只会抬高我的喉头，让我更难发出那个音。

阿梅迪奥并未尝试打压这一习惯，而是想出了一种简洁优雅的解决办法，也就是《网球的内心游戏》中暗示的做法：用新习惯取代旧习惯。

每当我在乐句里唱到高音时，阿梅迪奥会让我做一件有违直觉的事情：往下。她要我略微弯曲膝盖，借此从身体上暗示要压低喉头。突然间，我想的更多的不再是唱歌而是弯膝盖——音符也变得更容易唱出来。

唱得好听之前肯定会唱得很难听

你想过为什么边洗澡边唱歌这么让人感到满足吗？

你一个人，暖呼呼的，空气潮湿，滋润着喉咙。你站得笔直，水流让你彻底感到放松，神清气爽。没有什么别的事让你从手头的简单任务中分心。你定好了节奏和音调，浴室瓷砖提供了美妙的共鸣。

现在来想一想边开车边唱歌。你坐着，一条拉紧的安全带绑着你，这种姿势抑制了空气的自由流动。没有任何热身，你兴许会直接开始唱听到的第一首歌。空气更干燥。为了让自己保持清醒，你可能会喝咖啡（它自带脱水作用）。通勤的压力、安全所需的警惕性，让你置身紧张的边缘。受周围环境的干扰，你跟着收音机唱，声音淹没在电台歌声和周围的汽车噪声里。

我慢慢地意识到，在练习时，不仅要全神贯注，创造适当的条件同样重要。练习不够理想的技巧可能会导致不够理想的结果。这个观点跟棒球赛前击球练习的传统做法大相径庭：击球手尽其所能地用力挥棒，不管投球的好坏，也不管球速比真正比赛时慢得多。[191]

我逐渐把自己的目标想成这样：不管在哪儿，我都要努力创造出边洗澡边唱歌的感觉。

热身。和其他肌肉活动一样，热身是避免受伤、提升表现的关键。少许唇部颤音，或者如果手边有吸管的话，对着吸管发出音符（俗称"吹管发声"[192]），有助于快速消除声带疲劳。

放松。静静地躺一会儿，按摩下巴，让舌头吐出几句"布拉、布拉、布拉"。

振作精神。阿梅迪奥会让我把脸"亮堂"起来，这是一种小小的神经肌肉调整，有助于为声音"注入能量"。

共振。为了在嘴里创造"空间"，我会做一些约定俗成的小练习，比如打哈欠（但不必把整个哈欠打完），或像卡通人物瑜伽熊那样说话，有助于放低喉头。还有一种我喜欢的方法是呼气发"k"音，再吸气发"k"音，借此提升我下垂的软腭，让声音更圆润、更洪亮。试试看，发出"咔—咔—咔"（kuh-kuh-kuh）的声音，接着吸气时发同样的音。在你这么做的时候，试着想象嘴巴后部轻轻地鼓气，就像青蛙那样。

立正。要是看到我手插进裤兜懒洋洋地站着，阿梅迪奥会不断叫我注意姿势。她想知道，直立的身体弯起来还能发出正确的声音吗？

*

后来，我们的课程换到了曼哈顿一处叫 CAP21 的排练场，那里的主要人群是年龄不及我一半的戏剧和音乐剧学生。

走廊里持续不断地"嗡嗡"飘荡着飞扬的能量。透过排练室薄得惊人的墙壁，我惊叹于四周包围着的声乐杂技，也担心自己单薄而沙哑的声音会透出去。这些人都正朝着职业道路发展，我有什么资格来这儿？

在学习唱歌的过程中，我还学到了很多东西。我在学习运动技能，用正确的方式活动自己的身体。我在学习怎样有效地热身和练习，学习怎样观察并纠正自己的坏习惯，学习了解自己的声音：它是什么、它的局限性和潜力怎样、我是什么人、我的局限性和潜力怎样。

我还在学习关于音乐本身的知识。我们现在会练习一些引入了全新复杂层次的歌曲，我很快意识到，有意识地唱一首歌是要突然听到它、理解它，这是单纯聆听无法做到的。我原以为很熟悉的歌曲突然变得陌生起来，就像打乱了的拼图。

在说话时，哪怕我们暂时屏住呼吸，也从不担心有没有足够的空气来说完一个短语。[193] 我们本能地知道怎样把握自己的节奏。

可在唱歌时，我却常常感到力不从心，通常是因为我在一句唱段中太早吐完了气。熟悉的词语开始给我下绊子。在唱 R.E.M. 乐队（快转眼球乐队）的《夜游》（Nightswimming）时，我想像平常说话那样发出"clearer"（更清晰）一词，也就是"clear-er"，可这么唱出来相当刺耳，改成"clee-ruh"要好得多。"r、g和k这几个音，对演唱者来说往往是很难的。"阿梅迪奥说。

唱歌让母语对我来说再次成为全新的东西。正如《音乐教育家杂志》所说："演唱者有两种语言要掌握——音乐和文本，而乐器演奏者只需要掌握一种。"[194]

我仍然困扰于明显的发声中断，在那一刻，产生"胸音"的肌群达到极限，所以把任务交给了"头音"肌群。"这就像是一次仓促草率的换挡。"阿梅迪奥说。在我听来，这就像是青春期的真假嗓音互换。

我们试着用简单的音阶练习，如"嘛—哦哦哦哦—啊啊啊啊"（ma–OOOO–ahhh）来"连接"两种声音。我想唱的时候尽量不"换挡"，但通常都挺不过去。"唱得好听之前肯定会唱得很难听，"她说，"一定得先唱得难听。"

我们从来没法确定我的声音会处在什么状态。就像一把没能得到妥善保管的古老的小提琴，再微小不过的东西也有可能让它四分五裂。我可以理解歌手伊恩·博斯特里奇的悲叹："痰主宰了"他的生活。[195] 回到家，妻子就为我"难听"的声音和对痰的抱怨所苦，她突然爆发了："你就不能去学学做舰船模型或者其他什么事吗？"

尽管如此，我仍有所进步，我的音唱得更准了。我能唱出更多的音符，偷偷摸进了男高音的领域。我可以猛地冲上G4。［阿特·加芬克尔在《忧愁河上的金桥》的结尾唱到"I will ease your MIND"（我愿抚慰你的心灵）时，那就是G4。］

我建立了全新的自信。我会偷偷观察一些看似不可能的挑战，比如挪威乐队 A-ha 在《接纳我》（Take On Me）中的 E5（就是"in a day or twooooo"那一句）。他是怎么做到的？（优兔上有讲解相关技巧的长视频。）

阿梅迪奥向我保证，总有一天，我能唱上去——而且不伤着自己。更重要的是，我开始能够诊断和纠正自己的问题。我能听到自己的鼻音，试着"腾出空间"，或是察觉自己缺乏热情，尝试把面部表情"唤醒"。

有一天，她推断我进入了稳定期。"你已经取得巨大的进步。我不断听到你取得进步。当开始实现进步的时候，我们就不再是初学者。"刚开始的时候，我只是试着跟上练习，或者努力在家里重复排练室里做过的事情，但并不懂得怎么做。现在，我更清楚地认识到自己想要取得什么进展，以及为实现这一目标需要付出怎样的努力。

我还有更多想要实现的目标，并不打算停止课程。但我觉得，是时候跨出排练室的舒适区，投身广阔天地了。

第四章

加入集体：我不知道自己在做什么，但我还是在做

跟着一群人现场学习的好处

合唱团的和声效果

　　每个星期一晚上，我都会从布鲁克林的家出发前往曼哈顿下东区。我避开德兰西街露天市场般的喧嚣和呼啸而过的车辆，来到它背后街区一座巨大的 19 世纪新哥特式建筑跟前。

　　这里曾经是第 160 公立学校，但过去几十年，它一直是克莱门特·索托·贝莱斯文化教育中心的所在地。我爬上楼梯，经过剧场空间，穿过正在跳"专注的卡波耶拉"（难道说还有走神版的）的教室，来到 203 室坐了下来。油漆已经褪色，窗户勉强抵挡寒气，古老的木地板上有一些有规律的凹陷，大概是躁动的学童们在课桌下蹭脚的地方。

　　这是英伦摇滚合唱团的排练场地，顾名思义，他们主要表演近年来英国的一系列流行音乐，比如绿洲乐队、阿黛尔、大卫·鲍伊、皇后乐队，甚至包括接招合唱团一类的"男孩乐队"。合唱团大约有 50 人，不过大多数晚上，房间里只聚集着 30 来人。人们会沿着一排围成半圆形的椅子，围在指挥查理·亚当斯身边。亚当斯在纽约出生，在伦敦长大，在利物浦住过一段时间，10 年前回到美国。她总是生气勃勃地出现，似乎充满了无限的热情和毅力，她得靠着它们朝喧闹的人群唱歌和喊叫。

　　接下来的 90 分钟，发生了一件神奇的事。人们从黑暗的街上结队到来，因为繁忙的新一周才刚开始，不免有些压抑，肩膀都耷拉着。亚当斯让大家站起来热身，使劲摇晃身体，做各种伸展动作，用脸部做一连串的怪相，还有唇颤音——满屋子都是这种声音，听起来就像变异麻雀在发出打着旋儿的刺耳鸣叫，这里有音阶和小和声。接着，排练正式开始。合唱团的成员构成常发生变化，短短10次排练（每次持续一个半小时）必须学会6首左右的新歌（并辅以现有曲目），以便排练周期结束后上台演出，通常是在曼哈顿某处做现场音乐表演。人们清清嗓子，紧握着歌词单，在亚当斯的提示下，第一串试音响了起来。

在那一个半小时里，房间里的气氛全然改观。开始时以为会是一场业主大会，结果一下变成了一场热闹的聚会，如同某种病毒释放到了那温暖而僻静的房间里，感染了房间里的每一个人。有时候，大家的声音融为一体，还带着脉动，似乎产生了一种声学、情感甚至精神上的超然状态。作曲家爱丽丝·帕克曾这样描述："就好像我们所有内部离子被安排在同一时间朝着同一方向移动。"[196]

有时，嗡嗡作响的离子太多，为了让人们完成任务，亚当斯会发出一声"嘘"，就像安抚吵吵闹闹的幼儿园小朋友那样。到了晚上9点，该把折叠椅放回角落的时候，房间里充满了正电荷。人们经过热情的高音过滤，散到下面的街上时仍兴奋不已地聊着天。这股充盈的能量将持续好几个小时，演唱者们甚至会难以入眠。

随着我们的离开，房间重归安静。没有证据证明那里曾发生的一切，创作出了什么样的音乐作品（除了我偶尔记得用苹果手机录下的排练场面）。有时，就在我努力稳住和声或记住歌词的时候，我甚至对我们所发出的声音感到无法置信。那感觉就如同众人掀起了一股庄严的风暴，亚当斯站在这股猛烈的声浪风暴的风眼里，在她的带动下，整个房间在拼命地遏制它。

我们不仅让自己发出声音，我们还站在别人面前，帮忙传播他们的声音。房间成了噼啪作响的"扩散场"，声压在每个地方都一样。唱歌时，我们各自声音的冲击力减弱，而在集体共鸣中却增强了。这种现象就是俗称的和声效果。①

声学研究员斯滕·特恩斯特伦写道："从认知的角度看，和声效果可以神奇地将声音与声源分离开，并赋予它一种独立的近乎缥缈的存在感。"[197] 有几次，我感觉自己不像是在唱歌，更像是把我的呼吸哺育给某种弥漫在空气中的无形的超级生物——它蒸腾着，颤动着，具有杂食性。

尽管每个人都在努力准确而完美地唱出音符，奇怪的是，这并不能解释声音的力量。恰恰相反，和声效果来自人类偏离完美音调的必然倾向，哪怕非常轻微，有时也偏离得比较多。

在我们的合唱团里（所有合唱团都一样），如果人人都完全以相同的、完美的音调，完全一致地唱歌，结果只会离完美更远。它会更响亮、更大声，同时带着点儿单调。

但当每个人之间略有差异（由俗称的颤振和走音的微音高变化导致），一种迷人的"准随机"的声音就产生了，它比单一来源的声音更饱满、更丰富。如果这种"混音"混合得恰当（这需要指挥和合唱团的努力），并且没有一名演唱者能与其他演唱者区分开，听众就会愉快地沉醉在一种似乎处处都在又似乎哪儿也不在的声音

---

① 例如，吉他手可以使用和声效果器来提高声音，如涅槃乐队在《保持本色》（Come as You Are）这首歌里就采用了这一做法。

当中。

我觉得比这一切更了不起的地方是，我竟置身其中。参加之前，我从不认为自己会是合唱团的一员。我跟家人和朋友提及此事，他们不少人都扬起眉毛，从这一点来看，他们显然与我想法一致。

然而，我可以如实相告，星期一已经成了每个星期里我最喜欢的一天。合唱团不仅改变了我对日程表的感觉，还改变了我的整个生活。

＊

我想过要超越声乐课上只对着一个人唱歌的体验，我想押更多的赌注，我想把实验室环境培养出来的小东西带进真实的世界。阿梅迪奥建议举办一场类似独唱会的活动，我一听，立刻感到毛骨悚然。

我是个整天孤零零地待在家里写文章的人，尽管有时要面向数百人发表演讲，但每当置身拥挤的会议室，我连话都不敢大声说（虽说我置身拥挤会议室的机会不多，但只要碰到必定如此）。我经常试着把自己觉得痛苦无比的现实世界互动外包给我那性格更外向的妻子。我连杂货店的客户服务柜台都应付不了，怎么可能上台唱歌？

我想，合唱团可能是一条理想的妥协之道，尽管坦白地说，这个念头仍然让我感到有点儿畏惧。到时候，我会唱歌，只是跟别人一起唱歌，这样就能避开刺眼的聚光灯（研究发现，合唱团里的演唱者比独唱者承受的压力小 [198] ）。

当时，我对集体演唱并没有更多的想法（也就是说，它涉及些什么，以及它可能意味着什么），我只知道这是个集体活动。我记得最近一次看到合唱团是在大都会艺术博物馆，一队人马合唱亨德尔的《弥赛亚》。他们棒极了，但对像我这样的新手来说，那些飘逸的长袍、长长的歌曲集、天使般的女高音和浑厚的男低音，简直就如同来自另一个星球。

一个偶然的机会，我得知朋友凯瑟琳（她是西雅图的一位设计师）也一直在寻找一条唱歌之路。虽然她很欣赏人们对卡拉 OK 的"爱好"，但她认为这并不适合她，她说："我总感觉卡拉 OK 跟喜欢唱歌没关系，那似乎更像是炫耀。"

与此同时，她考察过的许多合唱团要么水准太高，要么有点儿"呆气"。朋友们告诉她，他们很喜欢当地的一个业余合唱团，该团是在管弦乐伴奏下表演流行歌曲。不过，跟我一样，她同样感觉自己需要接受一些训练，便也上起了声乐课。

后来，有一天，她终于鼓起勇气去参加合唱团的排练，结果却"超级吓人"（她是这么说的）。她本想站在不起眼的位置，却发现参加排练的人寥寥无几。她不会读乐谱，很难记住自己的部分。

她说："对我这样人到中年的新手，转身走出去，无限期地继续练习，要容易得多。"

但她想要有个目标，她希望自己的声乐课程具有针对性。学习歌曲（她使用了"Notability"这款程序，它能读出输入的音符）能让她集中注意力，同时，恰如其分地把该唱的部分唱出来，这样的需求也能带来动力。

合唱团还提供了另外一种我完全认同的东西。"在家庭工作室里做个自由职业者，让我感觉与世隔绝。"她说。她的朋友都是早些年结识的，或是一起工作、一同创作的人。"他们都是可爱的朋友，但我期望跟他人一起做事情，而不是只跟他们吃饭。"

受她对合唱团的喜爱的鼓舞，我上网搜索了"纽约市业余合唱团"一类的词。我很快意识到"业余"有着千差万别的含义，而且肯定不是"初学者"的同义词。在纽约这样一个音乐人才济济的城市，它的意思可能是"做得尽量优秀，而不真正领取报酬"。

搜索结果中出现的合唱团似乎超出了我的能力范围，比方说有试唱环节。有一家合唱团要求演唱者唱一首非英语歌曲，我连唱英语歌有时都觉得像是第二语言，所以不用唱就知道自己不合格。

"请不要唱咏叹调。"一家合唱团的试唱说明上提醒道。我要是会才怪了！说明上接着说，它不要求演唱者是"试唱高手"，这显然是一种安慰人的姿态，但也毫不避讳地暗示演唱者应该对这一技能有所掌握。我几乎读不懂乐谱，更别说唱了。再说了，什么叫试唱？那就是一个人唱歌——这正是我想逃避的事情。

我正要开始另一轮搜索，比如"纽约市非常非常业余的合唱团"，就在这时，英伦摇滚合唱团的一份歌单抓住了我的眼球。

我本来就是绿洲、污点和纸浆等乐队的歌迷，这下立刻着了迷。有一句话异常显眼："无论你是专业人士，还是只在淋浴时幻想自己碧昂丝附身——无须试唱即可加入。"恐怕就是它了，我想。但我又开始分析这句话，且慢，它是说也有专业人士在场吗？还有，就算在淋浴，我也从没奢望过自己的水平能跟碧昂丝搭上边。

我点开了一些视频样片，看到整屋子的人似乎都非常开心，看上去和听起来也都超有信心。我把每一段视频都看了好几遍，试图在脑海中把自己安置到他们当中，但我实在无法实现这一观念上的飞跃。

尽管如此，受本书口号的鼓舞，我仍然发送了一封询问邮件，这让我第一次见到了查理·亚当斯——城市合唱团项目的创始人。

我在电话里告诉她我想要找什么，并且承认自己没有经验。"我们最引以为豪的一点，"她说，"就在于我们质量高且雅俗共赏。"

融入这个地方似乎有些棘手。"'业余'是个奇怪的词语，"她说，"我们会说'社区合唱团'，而且它有自己独特的内涵。"英伦摇滚合唱团不用乐谱，亚当斯说："我们靠耳朵学习一切。"这会叫很多人长出一口气，也会叫很多人绷紧心弦，察觉到危险的气息。"一开始，"她说，"有几个人来过我们这儿，但觉得这没能达到他们渴望的标准。"

我寻找的是某种非常特别的东西。我想去能接纳像我这种初学者的地方，但又不见得身边全是低级新手。我希望随着自己水平的提高，去一个相当不错的地方。

在社区合唱团这样倡导平等主义的世界（对此，我完全表示支持），哪怕是上面最后这一个看起来完全没害处的观点，也隐藏着少许争议。我联系过"不能唱合唱团"的负责人，向他们解释了我的打算，并提出有意拜访，他们的反应很谨慎。这个合唱团推崇包容而非技巧，近几十年在英国颇受欢迎。"我们这算不算'终身学习'，我有点儿说不准。"对方写道，"我们只是想带给人们唱歌的自由，又不必承受非要进步的压力。"我想象自己身陷电影《修女也疯狂》(Sister Act)里那种不和谐的蹩脚合唱团（直到乌比·戈德堡饰演的主角到来之后才让它焕发光彩）：一个不上不下的永恒结界。

英伦摇滚合唱团似乎走了一条折中之路。

一方面，正如亚当斯对我所说："我所有的努力不是为了把团员培养成明星。它更多的是用歌唱来把人们凝聚在一起。"

另一方面，她又说："如果听起来很糟糕，那对任何人来说都不好玩。"她暗示，虽然并不教授声乐技巧，但只要给予时间，加以鼓励，人们就会唱得很不错。她回忆起几年前加入合唱团的一位女性。"她陷入了完全的恐慌，"她说，"连和声都唱不稳。"如今，她已经成为她那一声部的事实主唱了。

虽然"把人们凝聚在一起"始终是亚当斯的重点，但她承认最近英伦摇滚合唱团一直在演变。他们为一支商业广告片做了配乐，与一家舞蹈公司开展合作，为一位知名的录音歌手自发充当背景伴唱。"他们很棒，"她说，"虽然并非前提条件，但我们发现，大多数到这儿来的人的确是有点儿经验的。有的人上台演唱过，有的人进过录音室，兴许还有一两个首席女高音。"从他们的副业纷繁多样这一点来看，英伦摇滚合唱团正朝着半专业业务发展转型。

突然间，我对这样的演变失去了兴趣。排队等着加入的人原来很多。接着，亚当斯告诉我，她其实还操持着另一个团队，叫布鲁克林合唱团。它更有"邻里的感觉"，她说。照我的理解，这话的意思大概就是"新手感"吧。它离我家更近，也更接近我的水平。我可以马上加入。我感觉，亚当斯似乎是在提醒我远离英伦摇滚合唱团——趁早打消这个念头！

我加入了英伦摇滚合唱团。在像我这般任性的人生旅程中，似乎是命运把我硬塞给它的，哪怕我正要一头撞到礁石上，更何况我也没有更合适的船长。

✳

在一个暖和的春夜，我走进里文顿街的排练室（我在视频里见过它），开始新一轮的演出前排练。人们互相拥抱，兴奋地打招呼寒暄。在这间从前充当教室的房间，我悄无声息地坐在一把椅子上，仿佛回到了八年级我转入新学校的第一天，一个人也不认识。我突然认出了网站视频里的几个人，不由得产生了一种灵魂离体的恍惚感：我是真的在这儿吗？

房间里绝大多数是女性，男性一只手就能数过来，好像其他人全都去打仗了。这是世界各地合唱团普遍存在的现象，至少在美国是这样。情况并非一直如此，历史学家 J. 特里·盖茨指出，在殖民时期的美国，唱歌（还有大多数公共活动）是由男性主导的。20 世纪 30 年代，一项针对高中合唱团的调查发现，男女团员人数相当。可最近一项对高中合唱团的分析发现，这一数字已转变为70% 的女性、30% 的男性。[199] 这种文化转变的原因尚不完全清楚。

亚当斯一直在寻找男性演唱者,她半开玩笑地告诉我,她简直可以把"合唱团是单身男性结识女性的好地方"当成卖点来宣传了。在我来之前,有流言说团里会来一个不知名的"伦敦来的家伙"——听上去挺像个花花公子似的人物。

刚休完产假的亚当斯走到房间中央,屋里渐渐安静下来。"今天刚刚加入我们的各位,欢迎大家来到英伦摇滚合唱团!"她边说边朝我的方向看,"我叫亚当斯,是合唱团的指挥,"接着,她声音稍微变得低了些,"——我猜算是吧。"但她谦虚的背后隐藏着惊人的效率,她对新来的人(除了我,还有几个人)迅速说了一通消除紧张感的话:"我不会让你们站到独唱的位置——除非你们想。"亚当斯让我想起了学校的老师——那种你认为很带劲、日后愿意成为的老师。我比她年长得多,但在这种有趣的师生关系中,不知怎么地,我觉得自己成了年轻的晚辈。

她很快就把大家分成了几组。根据我们的电话交谈,她已经把我定位为男低音,不是古典合唱团里的那种真正的男低音,而是说,凡是比男高音低的都算在此列——实际上大多数男性都算。

"汤姆被女士们包围起来了,"她开玩笑地说,"汉克,快帮他一把,把他捞出来!"我很快得知,汉克是亚当斯的副手,是个演员、歌手、老师,也是只能横跨多个八度音的"喜鹊",能像液体创可贴一般包扎声音中的痛点(包括我的)。没过多久,甚至没做任何介绍,我们便唱了起来。

我们的第一次排练全都在练习英国珊瑚乐队的歌曲《梦见你》(Dreaming of You)。趁着中场休息,我试着跟低音声部的另外两名男士短暂套近乎（我很快了解到，在合唱团里，你所在的声部基本上就是你的大部分世界了）。

其中一个叫罗杰的亚裔美国人身材高大，声音深沉嘹亮，笑的时候会发出一种讨人喜欢的奇怪的声音，比他平时的音调高得多。他很快就成了我在合唱团里的指路之星。他几乎从英伦摇滚合唱团成立之初就在这，也是本声部事实上的领导者。我能感觉到，他知道自己在做什么，所以在那次排练（以及事后的多次排练）中，我会努力模仿他的每个动作。

在第一次排练的大部分时间里，我都面带微笑，每当亚当斯抛出类似"低音区，你们要唱中音部分了，降低八度"的指令，我也会跟着点头。因为我一直都是自己唱歌，对音乐理论的掌握也很有限，最近才跟着弹钢琴的女儿学到了一鳞片爪，这简直就像是在战场上听人指示拆卸突击步枪。我只能试着去做一些直觉上感觉对头的事情，做一些听起来别跟罗杰有太大的区别的事情。

*

虽说当时并没有意识到，我让自己投入了一个高度沉浸式的学习环境。如果说，我们在很大程度上是通过观察来学习的，那么我此刻有了几十个人可供观察。如果说，反馈对学习有帮助，那么我能够通过周围人的声音判断自己的（或者他们的）演唱是不是跑调了。如果说，学习受动机的推动，那么成为比自己更宏大的集体的一部分，这种感觉极大地激发了我。

一个多世纪以前，心理学先驱诺曼·特里普利特分析了自行车比赛的记录，在表现心理学的历史上得出了一项开创性的观察：与对手（也就是所谓的"领骑"）竞速的自行车骑手比独自骑行的骑手骑得快。

他称之为"社会助长"[200]，揭示了一件我们现在视为平常的事情：人类似乎在他人面前表现得更好。在优秀演唱者的包围下，我必须提高自己的水平。然而，社会助长也自带一个陷阱：它似乎只适用于简单或者熟练的任务。有时候，如果我参加排练前没有学习，或是没练习好某个部分，有其他人在场会让我表现得更差。我猜，这只会增强我尽快学习的动力。

第一次排练最让我吃惊的地方是，我现在听录音时，其实听不出自己的声音。我只是在对口型，在无关紧要的地方填充一下。这叫"社会惰化"[201]，跟社会助长正相反：有其他人在场，反而怂恿你工作不那么卖力。

我要花些时间才能找到自己的声音。

歌唱：原始的社交网络

每星期一晚上在 203 室进行的仪式，全世界都很熟悉。

根据 2004 年的一份报告，在美国，"参与公开合唱演出的人比其他任何艺术形式都多。事实上，没有任何一种公开的艺术表达形式能与之相提并论"。[202] 在英国，合唱团的数量（包括"能唱"和"不能唱"这两大类）据说达到了"空前高峰"。[203] 一个名为"放声唱"（Sing Up）的全国性项目特意为让更多的学生唱歌而设立。2000—2012 年，英国大教堂的出席人数有所上升[204]，其实主要是因为，早在 17 世纪中期，人们就开始唱圣歌。我们也不要忘记，在一系列英国流行真人秀节目中，镇定自若的合唱团指挥加雷斯·马龙把不和谐的职场、一群群的军嫂甚至整座小镇，变成了欢快润滑的歌唱机器。澳大利亚合唱团总排着长长的候补队伍[205]，而社会资本殷实的瑞典，在合唱团唱歌是一种"全国性的消遣"[206]。

这一切都有着充分的理由。就像我在前一章讨论过的，如果说独自唱歌让你感觉舒服，跟其他人一起唱歌会让你感觉更好。

研究人员发现，在合唱团里演唱（我应该强调这么做只是为了好玩）可以提升人们的幸福感、使人们更健康。与别人一起唱歌比独自唱歌调动了大脑活动的更大范围。[207]研究人员还发现，在合唱团里演唱能提高人们的催产素水平，增强人们对疼痛的忍耐力。一项研究发现，集体唱歌（不是集体谈话，这挺有意思）可以降低压力激素皮质醇的水平。[208]另一项研究邀请与压力相关的胃肠道疾病的患者加入合唱团，一年后，与不唱歌的另一组患者相比，前者报告的疼痛更少，与病情相关的激素水平更低。[209]

一起唱歌是通过另一条途径进行预防性保健。不仅事关身体健康，合唱团已被成功地部署为心理健康项目的"治疗工具"。有针对无家可归者的合唱团，有为亲人失踪的家属成立的合唱团，有"抱怨合唱团"（由两名来自赫尔辛基的芬兰人在一个冬天发起，希望将人们的抱怨转化为积极的内容），有监狱合唱团，有致力于临终关怀的合唱团，有为孤独症儿童和成人设立的合唱团。在卡特里娜飓风过后，甚至还出现了一个"飓风合唱团"，旨在为那场灾难性风暴后流离失所的人们提供应对和恢复机制。[210]

为什么这些合唱团看似有帮助呢？"歌唱本身就令人快活。"一份报告指出。更重要的一点是，合唱团似乎借用音乐的力量来帮助满足一种更强大的人类冲动。[211] 简单地说，唱歌是一种社会黏合剂，它有助于人们凝聚在一起。

英伦摇滚合唱团以 50 人为上限，这恰好是我们的狩猎采集祖先所青睐的集体规模上限——兴许这也是社会凝聚力最强的群体人数。正如人类学家所指出的，其他灵长类动物依靠一对一的理毛来建立社会纽带（同时释放内啡肽）。

但人类群体规模太大达不到这种程度的关注，所以我们需要其他手段——比如那些一起唱歌、一起做音乐的原始母语。[212] 用所谓的破冰效应来说，一组研究人员发现，相较于其他社交活动，新成立的歌唱小组"能更快地形成纽带"。[213]

原因之一是同步性。人们发现，在同一时间按同一节奏一起成功地做事情是一种有力的亲社会行为。诚然，其他一些活动也能够促进社会关系。我毫不怀疑，大厅里那些正跳专注的卡波耶拉的人也因此产生了类似的感受，任何参加团队运动项目的人都一样。但是齐声歌唱需要人们一起工作、一起呼吸，真正和谐发声，就连演唱者的心跳都开始同步，似乎特别有效。[214]

社会学家罗伯特·帕特南在一项著名的研究中调查了为什么意大利某些地方政府似乎比其他地方政府运转得更好，你大概能料到的原因（比如政党政治、富裕程度）似乎无一重要，真正重要的似乎是"公民参与的传统"，而这些传统之一就是"成为合唱团的团员"。[①]

随着我在英伦摇滚合唱团度过的时间越来越长，我开始把合唱团视为一种小型模式，展现了真正正常运转的参与式民主是什么样子：每个人都要努力投入，让它运转起来。你得出场，背诵歌词，打磨你要唱的部分。我们在所谓的实践社区中一起学习，你必须与人合作，以预测其行动。如果你在某个环节里有一点儿弱，或许有人能顺道搭你一程，你兴许会在下一首歌里回报。

每个人的声音对达成最佳的集体声音都很关键，没有哪个人或哪一群人的声音会太强。声音的多样性并不是障碍，而是声音的力量所在。不同年龄、不同种族、不同背景、不同经验水平的人们聚集在一起，共同投入某件事情，他们自己就是其中不可分割的一部分，但又比他们中的任何一个都更伟大。正是汹涌澎湃的人声掀起了一艘大船。它就像一个共同富裕的小小乌托邦。

我们发出的声音美妙极了。

*

就在这一时期前后，我开始对着手机跟陌生人一起唱歌。

---

① 我并不想把合唱团当作解决全球问题的灵丹妙药。例如，有人指出，纳粹德国政权就曾用合唱团来创造"社会资本"。见 Shanker Satyanath, Nico Voigtländer, and Hans-Joachim Voth, "Bowling for Fascism: Social Capital and the Rise of the Nazi Party," *Journal of Political Economy* 125, no.2 (2017).

我发现，在合唱团跟其他人一起唱歌会产生积极的影响，几乎让我上瘾。我开始琢磨，在没有排练的日子里，还有什么办法来满足这种需求。一天，我在网上闲逛，发现了一款有着奇怪名字的唱歌应用程序，叫"Smule"。

　　很简单，只需把耳机插入手机，在网站的数据库里找一首喜欢的歌，就可以开始唱了。录完之后，你可以使用各种自动调音过滤器和效果来美化自己的演唱。你可以录制视频，也可以只录音频。我录了几首独唱的歌曲。这很容易，听起来也挺不错，好玩，虽然有些乏味。

　　接着，我发现了"二重唱"选项，这才解锁了这项服务的魔力。我会先把自己的"原创内容"录好（差不多是一首歌的一半）后发布，然后紧张地等待有人加入。我也可以加入其他人发布的"二重唱"，希望他们满意。

　　所以，突然间，我仿佛在跟整个世界一起歌唱了。我和一位戴头巾的印尼女士一起唱了约翰·列侬的《想象》(Imagine)，我和一个来自弗吉尼亚的家伙（他的用户头像是一张他端着突击步枪射击的照片）一起唱了 R.E.M 乐队的歌，我和中年人一起唱 20 世纪 70 年代的歌曲，和一二十岁的年轻人一起唱当代歌曲。有些人使用配备大号麦克风的准专业录音设备，不少人在停着的车里唱歌，还有人在行驶的车里唱歌（我总是会避开这类人）。有些人是放声高歌，有些人近乎呢喃低语。

　　我把 Smule 当成游戏来玩，练习不同的声带肌肉，处理饶舌说唱，或是用生涩的西班牙语唱歌。我女儿试过之后说："现在我明白你为什么会躲在房间里那么久了。"

跟合唱团一样，它带有乌托邦的气息：人们跨越时间、距离、语言和文化，唱着同一首歌曲。和其他社交软件一样，你可以写评论、点赞和收藏，并获得关注。我对轮唱很警惕，但总是非常尊重跟我一起唱歌的人。对一个初出茅庐的演唱者来说，他人的赞美令人心驰神往。我长时间地在家里唱歌，有可能烦到妻子和女儿——当然她们嫌烦也可以理解，而 Smule 上的玩家不会嫌我烦，他们似乎很高兴我能和他们一起唱歌，并给我留下大量的"哇，你唱得真好"的评价，这让我志得意满。它成了我背后的秘密支持网络。

出于对这款应用软件起源的好奇，我联系了 Smule 的首席执行官杰夫·史密斯。他是硅谷的资深企业家，也是音乐人，有一天，他的头脑中冒出了一个创意：像智能手机这样的电子设备可以帮助人们制作音乐，甚至一起制作音乐。

"音乐是一种原始的社交网络。"他告诉我。起初，Smule 创造出像智能手机钢琴弹奏软件这类的东西，但是没有一种乐器像人类那样天然富有表现力。"声音就是你。"史密斯说，它是最基本的表达形式，"你看蓝调吉他手，弹琴时嘴巴也会动，那是在模仿声音。"他自己曾是个不得志的歌手，想让唱歌这件事变得没那么吓人。他认为，要做到这一点，就得和别人一起唱歌。他说："相较于跟自己认识的、就站在自己身边的人一起唱歌，我们更乐意跟自己不认识的、地球另一端的人一起唱歌。"

把音乐这种古老的连接力量引入社交媒体的游戏化世界，两者似乎是天生一对。唱歌通常以唱歌结束，但有时也会引发更深层次的连接。他告诉我，多亏了"二重唱"功能，通过 Smule 做红娘，已经有 100 多个"Smule 宝宝"诞生。

我无意寻找爱情，甚至也无意结识朋友，但我逐渐感觉自己跟那些经常和我一起唱歌的人产生了连接感。在这里，时间和距离虽然隔开了我们，但我们以奇特的方式打开自我，一同塑造了这场共同的经历。有一位来自得克萨斯州的女士，她是一名资深演唱者，十几岁的时候曾跟合唱团一起来过纽约。她把 Smule 当成一种跟歌唱重建联系、在工作之余放松的方式。我最固定的搭档之一是一个来自英国的男人，他以前是讽刺剧演员，上过一次传奇广播节目《约翰·皮尔秀》。他告诉我，Smule 出人意料地成了他治疗自己的临床抑郁症的工具。"它能唱走你的忧愁。"他对我说。

有一位女士，我特别喜欢她的声音，我跟她唱了一阵，后来得知她因为心搏骤停去世了。我们一群人（完全是因为在网上唱歌才认识的人）为了纪念她，集体唱了一首歌。考虑到我们从未真正见过面，这悲伤似乎来得有些奇怪。

爱、失去、生命本身，歌唱所包含的东西完全不逊色于音乐本身。不管是什么样的情感，和别人一起做似乎就是会更有意义，也更有趣。

＊

与此同时，我逐渐了解到，英伦摇滚合唱团里的一些同伴除了爱唱歌（这一点自然是毋庸置疑的），还有其他许多理由留在团里。一天晚上，有个人在一家酒吧不经意地告诉我，她参加原本是为了找点儿乐子，随后她几乎立刻就意识到"这就是我渴望从生活里寻找到的东西"。

主题之一似乎还包括过渡时期——新的开始。我在低音声部的同伴罗杰告诉我，他从小就在合唱团唱歌。变声之前，他曾在纽约郊区的一支中文合唱团中做过几次独唱。合唱团解散后，他经历了一段"自我探索和更新"的时期，重新开始唱歌。

他先是在另一个更传统的、成员全部为男性的合唱团唱了几年，之后才加入了英伦摇滚合唱团。"如果你加入一个只有男性的合唱团，"他开玩笑说，"你要达到的优秀程度就会降低。"他在生活里还有其他消遣方式，比如打网球和画画，但他告诉我，合唱团对他而言太重要了，如果另一座城市向他发来工作邀约，他一定会拒绝。

萨拉是位活泼开朗的女低音，我们很快就交上了朋友。她一辈子都在演唱，参加过几个合唱团，在纽约的众多卡拉OK酒吧引来观众的赞叹，还在一个"技能分享"项目中给同事们上歌唱课。她目前正在向自己的声乐老师学习"重金属嘶吼"。过去10年，她一直是一个被戏称为"全女子手风琴管弦乐团"的一员。她一边笑着一边说，喜剧演员乔恩·斯图尔特在一场慈善音乐会上介绍她们，问的是："那你们还有什么噱头可言？"只可惜，几年前，导师似的乐团指挥过世了，乐团不再像从前那样定期演出。"我从没意识到，我是多么怀念有规律的排练呀，"她说，"对我的大脑真的有好处。"

当时我们的合唱团让人感觉像是一种社交活动，仍然需要付出努力，才能结识自己所在声部之外的人。排练非常密集，而每当排练结束，人们就会急着回家。有人组织过一两次聚会，但在星期一的晚上，响应者屈指可数。

我和劳伦斯成了朋友，她是一位法国女士，笑起来很有感染力，有一种常见于法国女性身上的看似从容的风格。我所在的社区刚好因为公立学校开办了备受推崇的沉浸式法语课程，挤满了慕名而来的法国侨民，我常在社区里碰到她，便开始跟她聊天。我们年龄相仿，孩子都在本地学校就读，而且刚开始时我俩都是新手。我感觉自己碰到了合唱的灵魂伴侣。

一天晚上，在社区咖啡馆喝茶时，她告诉我，她是在给孩子们报名参加课后唱歌社团时第一次见到亚当斯的。"因为孩子还小，每次排练我都会陪同旁听，"她说，"从某种意义上说，我对亚当斯有一种迷恋，想看看她的精力到底有多充沛。"

一天，劳伦斯问亚当斯有没有成人的社团。"我以前从不唱歌，连卡拉 OK 都没唱过，"她说，"我到场只是为了陪孩子。我不知道自己喜不喜欢、能不能坚持。"第一次排练时，她几乎陷入恐慌状态。"我吓坏了，"她说，"我感觉很多人都有唱歌经验，我不适合唱歌。我很担心他们会想：'这个没声音的法国姑娘，她到这儿是干什么来了？'"

星期一晚上成了她逃离家庭生活的临时避难时间。她的婚姻正处于紧张状态，没过多久又恶化到了分居状态。每到星期一，或许是因为重新上班带来的压力，紧张情绪会变得更加明显。她在合唱团里逐渐感到更舒服，并开始珍视它给每星期带来的振奋感，此外还有一种获得新生的新奇感。她说："我总是在想，'什么时候开始做新的事情都不晚，这感觉太好了'。"

她突然之间唱起歌来，让朋友们小小地吃了一惊，唱歌变成了她的拿手好戏——一座身份之岛。"它来得正是时候。"劳伦斯说。随着她维持了 20 年的婚姻似乎走向不可逆转的破裂，唱歌不仅让她精力充沛，而且让她觉得自己可以独立做事情。"当你有了孩子，你就会忘记自己需要什么、想要什么。"她说，"你成了一件附属品。"或许很能说明问题的一点是，据她回忆，丈夫虽然没有劝阻她参加合唱团，但也不曾观看她的任何表演。

我们正说着话，她突然想起了一件事：婚姻快走到尽头时，丈夫"总在抱怨我的声音"。或许是因为承受着压力，他变得"很难容忍各种噪声"，但她的声音成了靶子。"我的声音有点儿大，"劳伦斯说，"这又不是什么错。通常，我说话声音大，或者笑得很大声，那是因为我兴奋、我高兴。"她甚至开始考虑找一位声乐教练："如果我想改变自己的声音，或许这就是解决办法。"但费用高得让人望而却步：在纽约，一名好的声乐教练每小时的收费可能超过 100 美元。相反，英伦摇滚合唱团的费用却比看一场电影贵不了多少。见到亚当斯，劳伦斯觉得唱歌可能有助于自己"调整"声音。

劳伦斯记得，在她和丈夫决定分居的那个星期，排练的时候她忍不住哭了起来。

"我在街上没有哭，"她对我说，"但唱歌让人情不自禁。亚当斯事后走过来说：'我从没见过你这样。'"

几年过去了，劳伦斯如今在亚当斯的两个合唱团演唱，最近甚至还参加了亚当斯主办的一轮非正式试唱。亚当斯想通过试唱从英伦摇滚合唱团的团员中选出一群人，一旦有演唱机会，随时能叫上他们。"亚当斯太贴心了，"劳伦斯说，"她说她很高兴能听到我独唱的声音。"

我们来自五湖四海，有着不同的人生故事、不同的参与动机，但我们都是初学者，尝试做一件新的事情，尝试从头开始。有些人在寻找新的方向，有些人试图重拾旧日激情。对一些人来说，利害牵扯甚至更大：他们在努力夺回自己的生活。

＊

一天晚上，那时刚好是排练周期的前半段，我惊讶地发现，在我们小得几近于无的低音声部来了一位新成员。因为他剃着光头，脚踏阿迪达斯运动鞋，穿着弗莱德·派瑞马球衫，我产生了一种印象：他大概是那种会出现在英超足球赛看台上的人。果不其然，阿德里安是来自伦敦北部的教练，到美国来为红牛学院工作。一个星期后，我开始跟他闲聊，以为他会说自己是多么喜欢英伦摇滚这种音乐流派。

"我长了个脑瘤，"他说，"我的语言治疗师认为唱歌对我有好处。"

后来，我们约了在早餐时间见面，他说他本来不想把病情告诉任何人。他不知道自己为什么会信任我，或许他感觉我是个专业的倾听者。倾诉似乎减轻了他的心理负担，他决定继续把故事讲给我听。

去年 8 月一个炎热的下午，他从曼哈顿格莱梅西公园社区自己公寓附近的游泳池回来，突然癫痫发作。

"我开始抽搐，"他说，"我还以为我心脏病发作了。"附近的一家杂货店里冲出来一名医生，叫来救护车。急救医生立即检查了他的心脏，但没有发现任何异常。他现在感觉很好，两分钟的癫痫痉挛已经成为记忆。救护车把他送到另一家医院做了脑部核磁共振检查。他等了好几个小时，终于出现了一名医生，告诉他，他必须留院观察。他说："我当时还想，我没什么问题。"

第二天早上，医生告诉他，他的大脑里有个肿块，那是个肿瘤，必须立刻切除。手术安排在当周晚些时候进行。在跟父母通电话时，他又一次轻微癫痫发作。他的家人连忙赶到纽约。等他醒来，医生告诉他已经切除了 90% 的肿瘤（他被告知全部切除会造成"严重损害"）。可他发现自己答不上话。"我没法说话。我能理解房间里发生的一切，我就是说不出话来。"

这是所谓的非流畅性失语症在作怪。西奈山医院的外科医生雷蒙德·杨向我解释，病变位于阿德里安大脑的左额叶，靠近布罗卡区，那是大脑的主要"语言中心"之一，另一个是韦尼克区，与理解语言相关。

切除肿瘤时，许多通往大脑其他部分的连接（类似内部有数百万条线路的光纤电缆）必然会遭到破坏。阿德里安并没有失去怎样说话的知识，但失去了执行实际说话所必需的运动指令的能力。

其他运动功能同样遭受破坏。他尝试通过书写来和父母沟通，但因为右手的大部分手指无法活动，他做得很费劲。他也很难测量距离。"这是永久性的吗？"他想。

一天，一位朋友到医院探望他，播放了他最喜欢的绿洲乐队的专辑。他的喉咙突然迸发了活力。"我可以跟着大声唱出来，"他说，"我记得所有的歌词。"他甚至无法进行一轮简单的对话，但他能唱歌。

失去语言能力时，由于歌唱通常与大脑的右半球有关，往往得以"保留"。[215] 唱绿洲乐队的歌曲时，他并不是在说话，而是在检索经旋律编码的语言。后来，杨医生告诉我，大脑右半球有跟左半球连接并相对应的区域，可以充当"后备"。

或许，唱歌是一座桥梁。奥利弗·萨克斯在《恋上音乐》一书中指出，歌唱似乎既能有益地"抑制"新近过度活跃的右脑，又能帮忙重新激活"进入抑制状态"的左脑，形成一个良性循环。[216] 阿德里安的大脑利用两个脑半球的资源互相补偿。奇特的是，随着年龄的增长，我们每个人其实都会这么做。

"就像一条生命线，"提到他自然而言地发出声音，阿德里安这样说，"突然间，我想：'好吧，它可能会回来。'"但他才开始接受强化康复治疗，包括认知疗法、语言疗法、群体疗法和物理疗法。"这太不可思议了。"他说。

原本简单的任务必须重新学习。这不是认知出了问题，因为他"脑袋里"知道怎么做事，而是必须重新搭建能够促成大脑和身体之间必要协调的神经通路连接。例如，他可以清楚地看到东西，但很难把眼睛转到大脑想让它们转的地方（一位视光师给他布置了"眼睛俯卧撑"任务）。想一想，你是否有过这样的瞬间：看着打开的冰箱，却找不到摆在面前的东西。阿德里安的一天充满了诸如此类的"冰箱瞬间"。

他是个经验丰富的人，却困在了一具初学者的躯壳里。一天，一位治疗师手里拿着购物清单，带着他来到超市。阿德里安要做的任务很简单——买东西，置身过道，商品琳琅满目，购物者熙熙攘攘堵塞了狭窄的过道，再加上多彩的灯光和背景音乐，这一切都让他不知所措。他说："我头一次居然没法完成购物。我的协调性没了，一团糟。"

纽约市喧嚣的街道、拥挤的地铁更让他虚弱不堪，无力应付。他不得不缓慢而谨慎地穿行，有时会让路人感到不耐烦，因为他们不明白这个看似健康的年轻人为什么不能移动得快一些。阿德里安发现，自己参加的互助小组里大多是中风患者，他是这几十年来最年轻的组员。

过了几个星期，他的语言治疗师提出，唱歌或许有帮助。除了其他方面，唱歌的节奏和较慢的发音似乎有助于启动语言的流动。[217] 所以，基本上跟我一样，他上网发现了英伦摇滚合唱团。他和自己将来的妻子、鞋类设计师罗兹一起加入了合唱团。罗兹加入本来是为了对阿德里安表示支持，但她很快就成了忠实的团员，尽管她开玩笑说自己不会唱歌。

在密集的治疗日程中也搭配着其他治疗，他此刻和人们一起唱着绿洲乐队的歌。他的语言表达基本上恢复了，虽说似乎仍然有些慢、有点儿机械，有时候，他会停下来，突然露出茫然的神情。"那意味着我的思路又丢了。"在互助小组里，他热情地告诉同伴们唱歌的好处。"他们都觉得我疯了。"他笑着说。

但到了夏初，他已经恢复到足以发起"踢球吧"组织，该组织用足球来帮助受癌症折磨的孩子们。随着世界杯的临近，他在网上发起了"冰桶"式挑战，人们要用脚连续颠球 10 次。

这是一件他从前闭眼都能做到的事情，可如今，他不得不"从零开始"自学。虽说我是个糟糕的颠球手，但我报名参加了这项挑战。为了让自己在镜头前显得有模有样，我练习了好几个星期。最终，我们都完成了 10 次颠球。

但我们俩掌握这一技能的过程很不一样。我是要在大脑中开辟一条通往目的地（颠球技能）的道路，这个目的地，我从前从没到访过。而他知道通往娴熟颠球沃土的道路，但在他的大脑里，原有的路径被不可逾越的障碍堵住了，所以他要寻找新的神经通路，抵达自己从前到过的地方。

合格的业余爱好者

虽然我很喜欢合唱团，但我经常感觉自己好像在逃避什么。人们迟早会发现我天赋不足。就像置身某种陌生新文化的人类学家，我有时觉得自己只是在礼貌地模仿周围人的行为举止，实际上却不明白发生了什么。

在排练的过程中，亚当斯通常会站在中央，随着歌声在各个声部之间游走扫视整个合唱团。我就像是班上那个不知道答案的孩子，总是会尽量躲开她的目光，但如果你是教室里个头最高的人，这不免有点儿困难。有时，她那遮挡在眼镜反光下的眼睛，会因为注意力集中而眯缝起来，停在我身上，盯着我的嘴，脸上却没有任何反应。我会暗自恐慌：是我做错了什么吗？我甚至做过噩梦，梦见她说："好吧，汤姆，我们都来听听你在这部分是怎么唱的，免得你拖累大家都努力为之奋斗的事业。"

谢天谢地，这一幕在现实中从未发生过。她只会针对声部提出温和的批评，因为责备范围较大，具体的个人就可以逃过一劫，可即便这样仍让人感到害怕。亚当斯让低音声部单独练习的每一分钟，感觉都像是五分钟（哪怕其他大多数人都在低头看手机）。

在一次排练中，罗杰指出我在一个唱段上"有点儿平"。后来他告诉我，他曾以标准严格"吓跑"新成员而出名。当然，专业人士能从容应对，调整音高即可。而我作为初学者，自尊心本就脆弱，这一下，我感觉自己存在的全部理由都遭受了质疑。

但我仍然很感激这些反馈。在合唱团里唱歌，有一点会变得很明显，那就是随着音响效果的变化，你有时几乎听不到自己的声音。你可以唱得更大声，但这样你的声音就有可能盖过其他人。此外，由于"隆巴德效应"[218]——如果周围的声音变大，我们说话的声音也会变大，你声音的提高说不定会让所有人提高声音。在合唱团里放声唱歌，可以掩盖很多错误，说不定你美滋滋地唱得跑了调，却几乎没有意识到。

我本以为上声乐课可能对这一切有帮助，但事实要复杂得多。

声乐教练是为了培养个人的声音，发展其独特的表达能力。合唱团指挥却需要一具温暖、称职的躯体来完成融合。个人的需求和团队的要求不一样，就像一篇文章里说的："合唱指挥来自火星，声乐教练来自金星。"[219]

和阿梅迪奥在一起练习唱歌时，我尝试让自己的声音带点儿颤音。可对亚当斯来说，颤音让人分心。有一种传统的观点甚至认为，在合唱团里唱歌对"独唱"不利。[220] 这两项活动并没有太大的相似之处。歌唱课里充斥着反复的练习，旨在磨炼单项技能，就像无休止地面对守门员射点球。在合唱团里唱歌，就像突然被推进足球比赛现场，你必须懂得比赛，知道自己需要去哪里，预测其他球员的行动，而所有这一切还得当着一大群观众的面去做。

我意识到，跟独自唱歌比起来，在合唱团里唱歌是一种非常不同的技能，只可惜为时已晚。我们排练小红莓乐队的《徘徊》（Linger）时，我经常会从指定的低音声部溜号，唱起旋律来，因为旋律部分才是我从电台里听到的那首歌。坦白说，我有时会忘了我身在低音声部。这种越轨行为随即会钻到罗杰的耳朵里，他后来告诉我，他并不是个定力足够强的演唱者，不能够完全抵挡这种影响。不管身边有多么诱人的多声部和声，都能坚守自己的声部，这是专业合唱团歌手的专长。

我不是专业歌手。我一只耳朵听着低音声部的罗杰，另一只耳朵听着高音声部的汉克，有时感觉就像是在参加声音拔河比赛。有一半的时间，我可能会两头不靠。

偶尔亚当斯会让我们"即兴表演",这时候,我是真心觉得自己不太行:我们从一首歌的某个部分开始唱,接着在房间里边唱边自由走动,如果喜欢的话还可以现场创作。这本是为了好玩,利用和声开展社交活动,但我通常会觉得没有着落,没遮没挡的。

研究表明,原来,像我这样的新手更喜欢站在相同的位置、挨着相同的人,站得和其他人很近地唱歌(专业合唱团歌手往往喜欢相反的条件)。[221] 在合唱团里混杂地安排演唱者、打乱声部,据说可以产生最好的声音,但也容易让业余人士感到不安。

即使走出了舒适区,我们仍然需要自己的舒适区。

✱

10 个星期后,我们登台演出的时间到了,地点是格林尼治村一家著名的音乐俱乐部。就像期末考试一样,几个星期,它都隐隐压在我们头顶。我慌乱地背歌词,为高音而挣扎。

就连为当晚演出设计的衣服——乐队 T 恤,也让我感受到了挑战。我上大学的时候有很多乐队 T 恤,但过了几十年,它们已经从我的衣柜里消失。我只好走进平价服饰品牌 Urban Outfitters 的地下室,在铺天盖地的粉红色和与说唱歌手 Dr. Dre 联名的 T 恤里翻找。我带上了女儿,好让自己没那么扎眼。我找到了一件适合我这个年纪的人穿的新秩序乐队的 T 恤。

演出的日子到了。由于舞台的设计很紧凑,我们的安排是这样的:罗杰在后排,我隔了几个人在他前面,站在几个通常我都离得很远的演唱者当中。

更重要的是，当我们开始唱第一首歌——传声头像乐队的《无路可走》(Road to Nowhere)，我发现自己产生了跟通常在合唱团唱歌恰好相反的体验：在这一刻，我只听得见自己的声音，就像我在对着整个地方独唱似的。该死的音响！

更糟的是，我们要和布鲁克林合唱团一起表演托托乐队的《非洲》(Africa)。两个合唱团都知道这首歌，但从未一起排练过。一下子，我们当中出现了陌生的面孔和声音，就好像我们这个小小的狩猎采集部落里新加入了一个敌对部落。这些人是谁?

但此刻，人到中年的我站在这里，这是我自小学三年级以来第一次登台唱歌。

事有凑巧，我当时 7 岁的女儿参加了亚当斯的课外项目"百老汇热门剧"。几个星期前，我和妻子，还有其他家长，观看了孩子们的小型演出。他们的表演跟几乎所有孩子的表演一样，似乎是一个奇迹。看到女儿上台，我们热泪盈眶。因为都是孩子，他们出再多的错，我们都能原谅。他们看上去满怀希望，他们的声音充满了毫无杂质的纯粹的喜悦。

现在，到了属于我的表演之夜，场地里同样挤满了人，有朋友和家人，大家总体上都表现出极大的热情。看到我和合唱团，女儿两眼放光，几乎着了迷。

但也有一丝免不了的伤感。我们是一群 30 多、40 多、50 多、60 多岁的家伙，我们不再有无限的进步潜力。没有人在规划，甚至梦想着以歌唱为业。我们的失误，不像孩子们那样是轻率的热情所导致，而是一目了然的能力不足。观众席上，永恒包容的家长式微笑让位于一种更复杂的表情：人们对我们正在做的事情表示尊重，有少许宽容（毕竟，我们不是专业人士），甚至可能还有一点儿怀旧——因为这些观众兴许也曾在舞台上做过我们正在做的事情。

但这场表演颇为成功（虽说是以观众宽容的标准来看），我感到自己内心有某种东西发生了不可逆转的改变。我继续唱了下去，一场演出变成了两场、三场、四场。我加入了偶尔能接到副业活动的"专业"小合唱团，我们为布朗克斯区举办的一场混合荷兰和波多黎各乐手的音乐会充当合声，我们和那些真正发行过唱片、有歌迷的乐队一起唱歌。在罗斯福岛的一家医院里，我们为一群坐在轮椅上的老年人唱歌。我不知道他们之前是否听过我们唱的歌，但他们微笑着，用脚打着拍子，我们似乎短暂地照亮了疗养机构那晦暗的氛围。我们在纽约港务局巴士总站中心的舞台上，为过往的通勤者唱歌，以此传播节日的欢乐气氛；在整场演出期间，一直留下来的只有身着卡其色制服、手握自动步枪、在咖啡烘焙连锁餐厅 Au Bon Pain 附近站岗的海军陆战队队员。他们没有跟着唱，没有微笑，也没有用脚打拍子，但我希望他们想要这么做。

在一个没有止境也没有意义的音乐世界里，我们用自己的呼吸来填充这些空间，感觉就像是对生命的确认。在和布鲁克林合唱团一起表演时，他们的一名队员告诉我，她"嫉妒"我们低音声部发出的丰富而浑厚的声音，我自豪地笑了。

我变得经常要跟"姑娘们"一起出去喝两杯，我们会闲聊合唱团里的各种角色：有个女团员似乎并不真的唱歌，但从不错过排

第四章　加入集体：我不知道自己在做什么，但我还是在做

练；有个家伙从不参加排练，可奇怪的是，每当有演出，他总会来，而且完全明白自己该怎么做；一个新来的合唱团团员突然消失了，我们猜他的声音不太适合。这种情况的确会发生，尽管不太频繁。

我越来越喜欢合唱团。跟罗杰说的一样，每当家人们在餐桌上讨论离开纽约搬到别的地方去（这是常有的事），我冒出的第一个念头就是：那地方离得够近吗？方便我回来参加排练吗？

不知不觉中，英伦摇滚合唱团满足了我生活中的各种需求：只需要走出家门，作为团队的一分子，做一件算不上是工作的事情。每次排练结束，我的精神总是很振奋。同时，我还进行了高强度的声乐训练。尽管我很喜欢声乐课，但它们可真不便宜。加入合唱团是除此之外最佳的选择。你的高音技巧会提升，你的时机感会更敏锐，而且你总是在欢天喜地的气氛里做这些事——至少在英伦摇滚合唱团是这样。

一天晚上，又到了一轮排练周期的尾声，我们即将开始另一场表演。趁着喝酒的时候，罗杰转头看着我，表情严肃起来。"在合唱团唱歌是有技巧的，"他说，"我们来参加是因为喜欢，但音符就是音符。你不会因为参加合唱团而得奖。从第一轮排练到现在，你越来越好，你做足了功课。我不知道这对你的声乐生涯意味着什么，但你上道了。"

没有试唱，但我感觉自己总算合格了：我差不多算得上业余爱好者了。

第五章

U 形冲浪：另一种任性而顽强的热情

高级初学者的痛苦与狂喜

冲浪店店员：嘿，伙计，你这个年纪的人学冲浪，酷极了，没什么不好的。

约翰尼·犹他：我 25 岁。

冲浪店店员：瞧，我就是想说——永远都不晚。

——电影《惊爆点》（*Point Break*），1991 年

监督下的乐趣：在洛克威海滩

冲浪让我损失了两枚结婚戒指——好几千美元，还有脊柱上几毫米的椎间隙。然而，我仍然玩得不怎么样。

和大多数中年新手一样，我受了它的蛊惑：我很早以前就迷恋它，想趁还来得及，尝试一下。它兴许会给我带来新的考验。

我是在 20 世纪 70 年代美国中西部长大的小孩，附近可没有海洋。就像很多东西一样，通过电视，冲浪逐渐进入了我的意识：《体育大世界》里的一两个影像片段，《脱线家族》(*The Brady Bunch*)特别版"夏威夷三部曲"里，格雷格被一道可怕的浪头卷到了一块礁石上（我仍能听到提基大魔头开始施展邪恶魔法时那诡异的音乐）。

我好像是直到快 30 岁，才亲眼看到一名冲浪者。当时，我接到一家杂志社的任务，到橘子郡去采访著名的冲浪者和冲浪板制作者唐纳德·高山——这绝对是一个我从没想过的任务。我跟他一起在海湾待了一上午，看到一群孩子踩着小型冲浪板，像敏捷的水鼋般在亨廷顿海滩的码头边劈波斩浪。

此后数十年，我对冲浪一直保持着一种低强度的秘密迷恋，就像我读大学时曾对一位在大学城一家时髦咖啡店工作的年长女性动过心。和她一样，冲浪似乎也笼罩在神秘之中，或许有点儿危险，最终难以企及。

冲浪并不总挂着"欢迎初学者"的大招牌。在像 Beach Grit 这样的圈内人士常用的网站上，"脆弱的成人学习者"，尤其是那些带着神经质般的狂热讲述自己一个星期前第一次踩在浪头上的家伙，总是会遭到无情的嘲笑。澳大利亚职业冲浪选手巴顿·林奇曾观察到，冲浪者"比世界上任何一群人都更自大、更好评头论足"[222]。即使你很少关注冲浪，也肯定听说过愤怒的当地人（无一例外总是男性），在令人梦寐以求的冲浪点威胁那些 kook。从各个层面看，进入门槛似乎都很高。

尽管我已经搬到四面环水的纽约——我甚至听说这里有不错的冲浪点，我的迷恋仍然仅限于理论层面，那是一种柏拉图式的爱恋。纽约的生活可能很褊狭，洛克威海滩就像另一个国家。我怎么到那儿去呢？我该去哪儿呢？谁来给我指点迷津？我认识的人都不冲浪。

所以，我只好沉浸在神奇的传说故事里，狼吞虎咽地读书、看电影，了解各种冲浪点意味深长的名字——巨浪（Mavericks）、大白鲨（Jaws）、栈桥（Trestles）、马蹄铁（Horseshoes）和荒野木屋（Outer Log Cabins）。（一名冲浪者坚持说，最好的浪头以 S 结尾，这是个很容易推翻的理论，但不管怎么说，还是很诱人。）

我试着把自己想成一个富有哲理的隐士般的冲浪者，天不亮就起床去查看浮标的读数。冲浪的这种苦修部分——全身心投入的目的感、严肃的仪式、与自然力量的牢固结合，比阳光底下躺在沙滩上的享乐部分更吸引我。

总有一天，我会扮演我为自己设想的这个"冲浪者"角色。我把它囤积在想象当中，作为逃避生活苦差事的避难所。在我的头脑里，我总想着收拾行李去某个海滨小镇生活，早上冲浪，下午写作，晚上读书。然而，"总有一天"是可以无限延后的，现实不断打断我的冲浪美梦。或许，正因为冲浪是个美梦，我无须让它变成现实。

＊

就这样，几十年过去了，在冷飕飕的 11 月底，一个工作日的下午，我发现自己站在洛克威一片呼呼刮着大风的荒凉海滩，即将躺到一块 9 英尺长（约 2.74 米）的蓝色泡沫板上。在深灰色的海面上，不到一米高的海浪在远处拍打。成群的海鸥喧闹地站在杂乱的岩石堆砌的防波堤上。我头顶上，一架又一架大型喷气式飞机正顺着航线飞往肯尼迪机场。

洛克威一家小型冲浪机构当地人冲浪学校的教练狄龙·奥图尔突然出现，仿佛是从雾里钻出来的。他只带了几块冲浪板，背着一个沙漠迷彩背包，上面别着一枚刻有 "Bernie"（伯尼）字样的徽章。狄龙 20 来岁，高个子，皮肤黝黑，留着胡子，有令人舒服的低沉嗓音。跟大多数当地的冲浪教练一样，他在洛克威长大，从小就站在冲浪板上。他的年纪足够当我儿子，但面对他的权威，我感觉自己像个孩子。

我放低重心屈身靠近冲浪板，上演了一个从夏威夷威基基到悉尼邦代所有新手冲浪点都很熟悉的场面。你可能也见过：一圈穿着黑色冲浪服的人，站在固定在地面的冲浪板上对空比画，脖子不舒服地拱起，看起来就像不停拍打双鳍搁浅了的海豹，旁边守着一个看起来很无聊的红鼻子管家。这么做的思路很简单：一旦下了水，冲浪板就会变得不稳定，乱晃。为此，下水之前，最好先在干燥的陆地上体验一下基本的动力学，也就是你该站在什么位置、怎么转弯、正确的姿势，等等。当然，还有起乘动作，也就是从俯卧滑水的姿势迅速过渡到半立蹲姿，膝盖弯曲，打开双臂以保持平衡。"假装你是个正在拉弓的弓箭手。"狄龙对我说。

起乘是件好玩的事情。对初学者来说，这是冲浪的关键动作。教练会小心帮你挑好柔和的海浪，并把你推进去，你要做的就是从冲浪板上撑起来，并在颠簸中幸存下来，这样你的任务基本上就完成了。如果你能设法定在那块又大又宽、适合初学者使用的泡沫冲浪软板上不掉下来，那么按照字典上的说法，你就是在冲浪。早在1908年，作家杰克·伦敦在威基基海滩头一回看到浪头上的一个夏威夷本地人，便被这套把戏迷住了："他踩着带翅膀的冲浪板，踏着白色的浪尖，径直飞向岸边。"

很久以后，当你能做一些更接近实际冲浪的动作，你就不会过多地想着起乘，而是会本能地做出来，你会考虑其他事情。但在最初，起乘就是一切。我会在脑海里想象它，还会在客厅的地毯上练习。

用冲浪界的行话来说，洛克威是一处左撇子海滩冲浪点或防波堤冲浪点。在某些方面，它非常适合初学者。水下没有暗礁、岩石或其他危险，水域里也幸运地没有鲨鱼。你不需要滑水太久便能到达浪头。

但它同样有着独特的挑战。这片海域水深意味着浪头往往会很陡。"如果浪头又大又是中空的，它会呈90度的直角。"狄龙说。你起乘的速度需要比在马里布那样的冲浪点快得多。此外，由于帮忙形成浪头的沙子本身一直在变化，就跟在沙漠中一样，你永远不知道自己会碰到什么样的浪。

等我在沙滩上的起乘做得熟练了，我们便转到海上。"也没那么糟糕啊。"我告诉狄龙，并缩在自己带有风帽的冬季厚冲浪服里。紧接着，一个出人意料的大浪头朝我打来，水墙仿佛朝我射出了无数根锋利的小针，扎在我脸上。

狄龙拽着我的冲浪板的板头，领着我穿过海浪。他在海里抬起脖子，转向地平线的方向，用手掩着额头。我看到一片无边无际的漩涡平原，深深浅浅的绿色，深深浅浅的影子。他看到了自己喜欢的东西。"好啦，"他说，"做好准备。"

我弓着背，用脚趾抓着冲浪板，望着前方。"慢慢滑水，"他用低沉、舒缓的声音说，"使劲儿些！"我艰难地滑着水，感觉朝脚后跟使的劲大了些，冲浪板稍微倾斜了一下。"起乘！"他喊道。突然间，陆地上那个身手灵活的忍者没了影，我跟跟跄跄地爬起来，手还使劲抓着冲浪板的边缘，翻倒栽进了海里。冰冷的海水狠狠地涌进了我的鼻腔。

在第二次尝试时，我短暂地站了起来，但又犯了个"看着脚"的错误。冲浪跟骑自行车或赛车转弯有着一样的口头禅："想去哪儿就看哪儿。"这就引出了一个在技能学习中常见的现象：初学者总是关注自己。新骑手骑自行车会看握着车把的手，新司机会看汽车的引擎盖。你做得越好，就越会朝远看。低头看着自己的脚，你会下意识地编排一连串向下的肌肉动作。在冲浪时，人们常说："如果你向下看，就会栽下去。"

事实的确如此，我的重心转向了板头，冲浪板和我一起向前倾。这叫采珠，或者"倒栽葱"。一旦它发生，你会更加关注它，情况只会变得更糟糕。

按体育心理学家加布里埃尔·伍尔夫的理论，我们在一项活动中如果关注自己而不是某个外部目标，表现相对较差。这一理论几乎适用于每项运动。如果飞镖手专注于镖靶，而不是自己的胳膊，他们会投得更准；如果高尔夫球手专注于球洞，而不是自己的手肘，他们会击打得更精准。研究表明，就连乐手，如果专注于整个乐曲，而非弹奏乐器的手指，似乎也会做得更好。伍尔夫说，这些研究结果已经在 180 项研究中得到验证，他认为对自我的关注会引发"微窒息"（micro-choking），妨碍自动运动（我们在谈论熟练行为时讨论过它）。

所以，在洛克威，狄龙希望我不要把注意力放在眼前的冲浪板上，而是要看岸边的建筑物。理论上，看着远处，剩下的自然就好了。

然而，我的起乘以无数种方式功亏一篑：我尝试起身时，胳膊朝前伸得太远，造成重心前倾；我起乘得太晚，感觉到海浪从身旁流过的起伏；我站得太高，或是背弓得太厉害而膝盖弯得不够，这两种姿势都会让我失去平衡。有时，较大海浪的湍流让我心烦意乱，我根本无法起乘，而是一直趴在冲浪板上，直到水流把我带到岸边。如果是在其他情况下，这本身就很有趣。只可惜，在这里，它散发着失败的味道。

感觉就好像我脑子里有一份对照表，我狂乱地试图在一秒内把所有东西都捋顺，实时地把答卷交出来。恰当的冲浪板位置？完成。眼睛看着岸边？完成。弓箭手站姿？完成。可紧接着，我就会把注意力放在冲浪板位置上，忘记看岸边。记住了这条规则，总是会忘掉那条规则。

这是典型的初学者行为。几十年前，加利福尼亚大学教授斯图尔特·德雷福斯和休伯特·德雷福斯两兄弟代表美国空军科学研究办公室，研究人们怎样学习复杂技能。他们以飞行员、第二语言学习者和国际象棋棋手为研究对象，提出了影响深远的"成人技能获取的五阶段模型"。技能学习者从"新手"发展到"高级初学者"，接着来到中间点——"胜任者"，进一步攀升到"精通者"，最终到达"专家"这一顶峰。两人指出，专家往往会跟技能融为一体。飞行员不会再思考怎样驾驶飞机，他们只是在飞行。身为行走专家，我们不再像第二章提到的婴幼儿那样，思考怎么让身体在人行道上行动起来，单纯地走就可以了。

在"新手"阶段，学习者严格遵守"背景无关"（context-free）规则。[223]教练会告诉新司机，看到红灯就停车。刚开始下国际象棋的棋手要学会"总是"这样做或那样做（例如，不要把马移动到棋盘边缘）。但是，如果一个司机来到交通信号灯失灵的十字路口怎么办？（这是自动驾驶汽车"初学"阶段的经典问题。）如果对面的棋手对你教科书般的棋路做出了在你意料之外的反应，你该怎么办？德雷福斯兄弟认为，初学者会以规则遵守得好不好来判断自己的表现。

在冲浪板上，我尝试遵守一套基本规则，而不管现实世界里发生了什么，因为光是遵守规则就耗费了我所有的脑力。我在一个浪头上做得相对成功，但等狄龙把我推向下一个浪头，我又彻底失败了。他会说，"嗯，在那个浪头上，你的冲浪板应该翘得高一些"，或是"那个浪头没后劲了"。

为进入下一个阶段，即"高级初学者"阶段，我需要将情境（或者说背景）融入冲浪。我需要知道在什么时候应用规则，以及怎样根据情境应用规则。在任何一项活动中，这都是非常艰难的转变。冲浪难就难在情况总是在变化。

你可能认为，冲浪类似于单板滑雪，简单来说，就是保持平衡地站在一块板子上，从斜坡上冲下来。现在，你再想想看，随着冲浪板往下冲，你必须跳起来，落在适当的位置。而且，你冲下的不是一座基本上静止的雪山，而是一个不断颤动变形的果冻般的海浪。你必须瞬间做出正确的动作，要不然机会就再也没有了。如果你掉下去，冲浪板会变成一颗致命的、反弹回来的炮弹。此外，你不是舒舒服服地搭乘索道回到山坡上，而是必须从挤满了颠簸的浪头和其他冲浪者的"冲击区"穿过去。用冲浪跟在轻微的雪崩中单板滑雪进行比较，才算公平。彼得·海勒在其关于冲浪的作品《冲浪新手》一书中写道，曾有一位睿智的冲浪者告诉他，冲浪不是一件用一年就能学会的事情，而是一条"生活道路"。[224]

我的"生活道路"只有几步远，我知道这并不容易。杰克·伦敦第一天在水里待了4个小时，然后说："我下定决心，明天一定站起来。"

等我在第二次课上终于学会了起乘，当晚，我自豪地对妻子和女儿说："我冲浪了！太神奇了！"

当时，我并没有充分认识到自己真正能解开的密码是多么有限、有所收获会多么困难，以及在我有望真正有所提高之前，技能的下降将多么令人沮丧。

*

我很快就开始珍视差不多一周一次的洛克威之行。我会把女儿送到学校，逆着涌入市中心的通勤车流，开车去海滩。每当我的职业道德感发出抗议，我会告诉自己这就是在工作，但我其实从来就不信这套说辞。在 45 分钟的车程中，我会跟着《切特·贝克歌曲集》低吟浅唱，练习声乐。

除了驾驭浪头带来的兴奋感，我也期待着下水。我尝试结交冲浪伙伴，既是为了安全，也是为了作伴。我认识了戴安娜，她的孩子也在我女儿所在的学校就读，但她后来搬去了夏威夷。还有亨里克，一位来自丹麦的坚忍的现代维京人，他是优秀的冲浪手，而且优秀得有点儿过头（那些日子我根本没法跟他一起玩），可惜他搬回了哥本哈根。如果说遇到能力相当的伙伴很难，那么协调彼此的时间安排就更难了。我通常只能一个人去，而这不符合推荐做法。但不管怎么说，只有我和大海——光是这一点，就令我开心。

当我面向陆地时，洛克威，或者更确切地说，洛克威的阿弗恩区（Arverne），会呈现出一种奇特的明信片景观：一片公共住宅区，紧挨着一处新城市主义风格的高档开发项目，看起来更像是佛罗里达而非纽约。那里有一块广告牌，上面是一套全新的豪华公寓，有个身着西装的男子却拿着冲浪板。一些冲浪者笑着对我说："那是错误的表达。"

洛克威自带一股魅力，首先，它有一种小镇的感觉。有一次，亨里克和我结束了一轮冲浪，回到存放装备的冲浪用品店。门锁着，我们穿着还在滴水的冲浪服站在人行道上。突然，狄龙骑着一辆沙滩自行车过来了。"他们把钥匙放在街对面那家药店里了。"他说完又骑着车走了。我们收拾好东西，锁上店门，把钥匙还了回去。

然而，当你登上冲浪板，转向大海，寻找海浪——远方的风暴残留的奄奄一息的风状痕迹，你会突然感觉城市消融了。按照当天浪潮模式的频率，有节奏地起伏，从智能手机中解放出来，你看着无边无际的海平面，你的思想陷入这一片苍茫。

作家、冲浪者艾伦·韦斯贝克说这叫"海洋嗜好"。[225] 我不知道是否需要动用科学知识才能说服你相信冲浪会让你感觉更好，但我只想说反正没有研究发现大多数人冲浪后感觉更糟。[226] 跟合唱团一样，冲浪也可用于治疗，适用于所有人，不管是患有神经系统疾病的儿童，还是患有创伤后应激障碍的退伍军人。[227]

我有时会想，我怎么没早点儿这么做呢？用不了一个小时，我就可以从喧闹的布鲁克林来到一片广阔的"荒野"，这里的海豚和海鸟往往比人还多。这是用另一个途径实现冥想，你有足够的时间沉思。一项对冲浪比赛的分析发现，积极冲浪的过程往往只占典型冲浪轮次的 4%。[228] 剩下的时间，有一半用来滑水，另一半用于等待。

冲浪和人生一样，耐心会迎来回报——这是冲浪教给人们的另一课。

有时，在一次课结束的时候，我会碰到跟我一样的人——刚来的初学者，他们看起来既兴奋又有些迟疑，就像一只第一次在雪地里行走的小狗。到了夏天，随着游客的涌入，各类冲浪学校会在海滩上和水里展开激烈的竞争。经常会看到四五个初学者在同一个浪头上起乘。大多数地方不允许这么做，但这里的氛围不仅容忍，还鼓励，人们会大声喊："浪中聚会来啦！"

这都是近期的情况，当地人冲浪学校的创办者迈克·莱因哈特和迈克·科洛扬向我介绍说。20 世纪 90 年代，莱因哈特在该地区长大，当时周边并没有冲浪学校教成群结队的初学者"从早冲到晚"，冲浪运动的受欢迎程度并不像现在这样一浪高过一浪。和大多数当地的孩子一样，他只能走出街区去尝试自学，而且经常学得很辛苦。莱因哈特告诉我："2012 年，他俩（为了方便学生称呼，他们自称"金发迈克"和"黑发迈克"）最初创办学校时，听到好些当地人发牢骚，他们说'哦，那些冲浪学校呀，它们培养出了越来越多的怪人'。"

他坚称，大多数学生都是"冲浪游客"，他们不会挤在水里太久。"他们或许会选择我们的 5 节课套餐，但只上 5 节课，往往不足以达到一个人安全冲浪的水平。"

莱因哈特说，对短期学员有利的地方在于，跟另一些运动或活动不一样，你用不着冲得有多好，就能感受到它带来的无与伦比的乐趣。"如果你学的是跆拳道，最初 6 个月，你会被教练狠揍。你必须做得很好，才能体会到一些成就感。"

第五章　U 形冲浪：另一种任性而顽强的热情

狄龙说，冲浪的学员有几种"典型"。他说，有像我这样冬天来的人，"这种人全身心投入，不管生活中发生了什么，他们都想要学习"；有的人来是为了"玩得开心，确保自己安全，能轮到几波很好的浪"，他说这叫"上上休闲课"；还有一些人，通常是夏天来，大多是游客，来这儿"坐坐过山车"，"他们并不真心想吸收些什么东西，只是想稍微站起来一点儿，身上弄湿一点儿，仅此而已，这样上课的很多人都是为了在 Instagram（照片墙）上炫耀"。

作家尼克·卡罗尔引用了自己对澳大利亚冲浪学校做的一些研究，发现只有 5% 的客户会再次回来上冲浪课。"大多数人，"他说，"都满足于自己试过了一次。"故此，几年后，大部分冲浪学校都倒闭了。

*

我能理解原因，因为前进的道路并不平坦，年纪越大似乎越是如此。莱因哈特告诉我，教孩子们冲浪往往是为了帮他们克服非理性的恐惧。"他们会冲着一道很小的浪惊声尖叫，可转眼间，他们就为能驾驭浪头放声大笑了。"

可成年人有着理性的恐惧。"他们知道，如果扭伤了胳膊，没法工作，或者不得不去医院支付账单，他们将失去些什么。"

莱因哈特说，孩子们学冲浪只是为了好玩，而成年人往往是带着严格的目标而来。他对此提出了警告："冲浪可能会让人沮丧，你不能在这方面施加太大的压力，毕竟，如果你不打算享受它，那干吗这么做呢？"按照他的说法，女性往往是比男性更好的学员。"我想，她们对自己更有耐心。"他说，"男人们太自负了，总想着'我要碾碎那道浪'之类的。"

这道出了初学者面临的一个经典问题：设定不切实际的期望。如果新手还几乎不理解一门学科是怎么回事、需要些什么、会有什么样的实际进展，提前设定严格的前进目标是没有意义的。虽然目标能带来动力，但实现不了目标也会消磨内心的动力。

目标应该是学习本身。学习权威芭芭拉·奥克利建议："关注过程，而非结果。"[229] 她认为，我们在学习上感受到的大部分痛苦来自过度执着于结果。

除了年龄和体能，学习冲浪的主要决定因素是日程安排。莱因哈特告诉我，人们会预订一个套餐课，前两三节课按时来，逐渐有了一定的感觉，然后因为一些与工作相关的事情而错过一两个星期，随着天气变冷，投入度下降。他说："他们错过了整整一个冬天，不得不等到来年春天重新开始。"一个人的时间表必须与海浪情况相匹配，而海浪情况要么不够好，要么压根就不存在。洛克威的天气报告经常充斥着没法打动人的限定词，类似"如果你不顾一切地想下水试试，那还是有些浪头可以冲的"。而我，通常都不顾一切地想下水。

冲浪往往偏爱有钱又有时间的人。最重要的是，学习冲浪需要三个条件：动机、练习和反馈。除非你就住在海滩上，否则光是等到有浪头，就得费点儿工夫。如果一连好几个星期都没有浪，就不可能反复练习。

第五章　U形冲浪：另一种任性而顽强的热情

而即便有教练指导，冲浪也很难得到反馈。狄龙告诉我，很多时候，他一把我推进浪头，我就消失了，他根本看不见发生了什么。他花了好几年的时间，逐渐培养起一种判断力，能从冲浪者肩膀的姿态看出他脚部的大概动作。即便如此，碰到我从冲浪板栽进水里的情况，有好几次他跟我一样摸不着头脑。

或许，这也是件好事：反馈太多，会妨碍学习。[230] 学习者可能会淹没在反馈里，或是过分依赖反馈，他们无法对自己的失败做出回应。就跟冲浪者们说的一样，你要用自己的方法找到可行之道，还需要弄清为什么。

冲浪让人谦卑。人体的自由度，加上海洋不可预测也无法阻挡的巨大动能，造就了极不稳定的神秘力量。再加上我的年龄和过高的重心，可以说，我天生就不是块成功的料。

大约就在这段时间，威廉·芬尼根红极一时的作品《野蛮人的日子：冲浪生活》出版了，我和我认识的所有冲浪的人——还有许多不冲浪的人——对它爱不释手。有一句话冷酷地拦住了我："以我的经验来看，那些试图在高龄（也就是 14 岁之后）开始冲浪的人，几乎没有机会精通于此，反而会频频遭受痛苦和打击，直至放弃。"什么？ 14 岁以后？他在接下来的一句话里勉强让步："不过，在监督之下，在合适的条件下，也可以获得乐趣。"[231]

芬尼根听上去简直像个上了年纪的嬉皮士，唠叨着从前的日子有多好，我也相信他说得有道理。我并不是要质疑他的冲浪资历，更何况我的确正在监督之下获得乐趣。我需要精通吗？那是德雷福斯模型的第四阶段。如今的我处于第三阶段就满足了——胜任者。

很快，我就有足够的信心隔周上课了，我觉得自己一个人就行。我站在泡沫冲浪板上，乘着浪头一路冲到海滩，自以为弄清了奥妙，之后却听说这是个疯狂的举动。我瞥到海里迈克正跟学生在一起，我朝他严肃地点了点头，就好像我是个头发花白的同队老手，紧接着我就被一个浪头掀翻。而且因为海水把手指泡缩了，我的一枚结婚戒指就这么遗失在了大西洋。

诗意地说，另一枚，将遗失在太平洋。

＊

我并不知道，自己即将沿 U 形曲线陡然下滑。

这是学习过程中一个迷人的、或多或少不可避免的环节。它的发生方式不一，原因多样。

例如，在国际象棋的世界中，随着棋手的学习和练习，评分通常会迅速提升。新手下象棋往往比的是谁犯的错误最少，只靠一点点初始策略和战术就能走得很远。而当你开始遇到懂得这些策略和战术的棋手，你便开始输棋。专家级的初学者很快就会变成中级的新手。U 形发展的一个经典案例来自儿童学习语法。一开始，孩子说话基本上靠模仿，他们往往能把动词时态用对，但并不知道为什么。随着他们慢慢学习语法规则，他们开始自信地全面运用规则，"过度概括"。所以，从前他们会说"spoke"［speak（说）的过去式］，现在却会因为学了语法而突然说成了"speaked"（生造的单词）。

在一个有趣的实验中（我在 7 岁的女儿身上成功复制），孩子们看似正确地理解了一个常识：如果你把一杯 10 摄氏度的水加到另一杯 10 摄氏度的水里，你会得到两杯 10 摄氏度的水。可事实证明，6～9 岁的孩子经常会弄错。为什么他们似乎出现了倒退呢？因为他们现在懂得了加法，受这种闪亮新能力的鼓舞，他们突然认为水会变成 20 摄氏度。

在德雷福斯模型中，新手生活在一个需要学习和遵守规则的世界。进入"高级初学者"阶段，需要实际应用这些规则。这也意味着知道什么时候不应用规则，或是在规则不适用的时候知道怎么行动。

这并不像看上去那么容易。对我来说，出现麻烦的第一个迹象是，有一回，我去葡萄牙出差，在里斯本南边的一个冲浪点报名参加了为期一天的课程，这是我第一次在洛克威以外的冲浪胜地冲浪。因为那附近有座发电厂，海水很温暖。

我刚向教练保证我在水里可花了不少时间呢（是的，这些我都懂），可很快我就让他发出了惊叹：我根本就没法从冲浪板上站起来。冲浪点是新的，冲浪板是新的，海浪的时机和形状似乎全都不一样。

这里有一条非常宝贵的经验教训：除非你已经非常精通，否则每个新的冲浪点都会让你再次变成初学者。你在一个地方做得很好，可到了另一个地方兴许就不管用了，甚至就连在同一个地方，不同的时间段也会把你打回原形。对海浪来说，唯一不变的只有变化本身。

教练对我的尝试越来越不耐烦，他告诉我，我的起乘完全错误。他向我展示了一种方法（虽说我觉得有些笨拙）：单膝跪在板上，然后拖着另一条腿，站起来。我后来得知，这叫作两步起乘式。它似乎奏效了。

回到洛克威，狄龙摇了摇头说："他们就是靠这一招让只上一天课的人站起来的，但长期而言，这不是你想要的效果。"记住前面的教训：做得好并不等于学会。

等我决定购买自己的冲浪板时，更多的麻烦来了。我觉得那种软板（冲浪学校的主打产品）标志着我是个无能的初学者，其实我或许应该接受它。狄龙对泡沫冲浪板的固有趣味性深信不疑，哪怕是在重要的日子，我有时也会看到他出门，高兴地踩着板头，连续不断地绕弯。

我在当地一家商店挑选了一块大约2.3米长的冲浪板，这种叫作中长板，兼具短板的灵活及长板的优雅和轻松。第二天，金发迈克看到我信心满满地扛着自己的新冲浪板走向海滩。"我不太明白，"他边说边打量着我的冲浪板，"在我看来，你同时失去了长板和短板的优势。"

我试图忘掉这句评论。我跳入水中，在接下来的一个小时里，完全没冲到一次浪。新冲浪板不光短，体积也小了很多，我就像是试着在冰上跳踢踏舞。我陷入了另一种典型的新手综合征：太早选择了小冲浪板。

身为冲浪新手，我必须跨过最基本的表现门槛才能感受到成功。现在，我面临新的门槛——U形曲线的上坡。我必须开始自己识别海浪，这是一项真正需要时间和经验才能掌握的技能，必须培养对海浪的眼力。初学者急切地想抓住所有的浪头，很快就会感到疲惫。我不得不自己滑到海浪里，它需要的力量超过了我的实际体能。我必须把握起乘的时机和正确的起乘角度。

我不光停滞不前，还觉得情况变得更糟了。

实际发生的情况是，我的元认知窗口打开了：以前，我不知道我不知道什么；现在，我开始了解冲浪到底是什么。我的起乘也一样，只是现在要由我来决定何时部署它。这并不容易，冲浪者总是在迅速地扫视，直至自己抓住海浪的那一刻，因为它随时都在变化。套用古希腊哲学家赫拉克利特的话，没有人能两次冲入同一道浪。我学到的规则可能有用，但只在正确的时机、正确的海浪上才有用。

*

最终我意识到，我需要一幅更大的图景。我需要逃离自己滑出来的牢笼，超越自身知识的极限。就像在婴幼儿行动实验室，孩子们在自己能力极限的边界（甚至突破这一边界）勇敢地尝试陡峭的斜坡，我也必须前往"最近发展区"。

我从一个朋友那里听说，哥斯达黎加的一处冲浪营地对她很有帮助：为期一周的高强度冲浪、视频分析，以及较高的师生配比。在热带地区的 2 月，用不着穿厚厚的冲浪服，也不用在一群好奇的鸽子的陪伴下在路边瑟瑟发抖地脱衣服。我兴高采烈地想象着自己赤膊冲上海浪，而后在海滩上悠闲地喝着水果鸡尾酒。

12月一个寒冷但阳光明媚的下午，在洛克威，我即将结束一次课程。海浪很大，潮水退去。那天还有其他一些冲浪者，我也逮到了几道不错的浪。

突然又来了一道浪。我开始滑水，可等我注意到它比我预期的卷得更高时，已经迟了。我条件反射地试着跳起来，但接下来我便意识到自己的脸撞到了沙底。一声闷响，我能迅速地感觉到（几乎是闻到）冰冷的、颗粒状的、沙袋般坚硬的海底。一阵恶心和眩晕的涟漪穿过我的身体，我在海底翻滚了一会儿，才踉跄地站了起来。如果有人注意到了什么异样，他们并没有说。

后来，进入核磁共振成像检查舱之后，我才得知这次落水导致"C2 对 C3、C3 对 C4 前滑脱 2～3 毫米，C5–C6 和 C6–C7 处有轻度退行性终板改变、轻度椎间盘间隙狭窄，以及轻到中度的椎体边缘骨质增生"。

或者，就像我的医生轻描淡写地说的那样："有点儿撞伤和擦伤。"我的神经持续受到挤压，我的脖子几乎不能动弹。"芬尼根是对的，"我想，"痛苦和打击。"长达数周的物理治疗即将展开。

这就是成年人学习的劣势：拥有成年人的身体。

冲浪并非全无风险。《美国急诊医学杂志》刊登过一项分析，接受调查的 1 200 多名冲浪者中，大多数人至少经历过一次急性损伤——最常见的是头部，多是撞在了自己的冲浪板上。[232] 大多数受伤者都自称是冲浪专家。

尽管如此，我还是觉得自己挺幸运。如果撞击角度相差几毫米，情况会怎么样？如果我被撞晕了，附近又没有其他冲浪者注意到，或者像平常一些日子，根本没有其他冲浪者在场，又会怎么样？

距离去哥斯达黎加只有几个月的时间了。经过复诊，我的医生同意我重新开始冲浪。但在即将冲入最大海浪的前夕，我感到自信心正处于前所未有的低谷。

攀爬知识之树：在哥斯达黎加的诺萨拉

诺萨拉指的是哥斯达黎加尼科亚半岛上散布的一连串海滨小村庄。其中有座村子叫普拉亚吉翁内斯（Playa Guiones），是块尘土飞扬的小飞地，适合外国人居住。这里到处都是皮肤晒得黝黑、身材异常健美的美国人和欧洲人，开着全地形车或摩托车在基本上无铺装的土路上飞驰。这是一座纯粹的生活游乐场，有海滩精品店、鲜榨果汁摊，还有几十栋藏在热带树叶下的时髦出租屋。这里有一种柚木和茅草屋顶棚舍的强烈氛围，伴着舒缓流淌（听着听着就能忘记它的存在）、从图卢姆到库塔反复循环的背景音乐，人们做着空中瑜伽。

这里还有海滩，一片尚未被海滨开发破坏的乡土味弧形沙滩。由于地理和海洋学，吉翁内斯海滩就像一口巨大的卫星天线锅，不断接收来自太平洋的脉冲信号。这意味着，在一年的大多数时间里，这里从早到晚都有很好的冲浪条件，这使得这座原本很偏远的小镇（只修通了一条崎岖不平的土路）变成了各类冲浪者的胜地。

诺萨拉也是"简单冲浪"的所在地。"简单冲浪"是我预订的

"冲浪训练营"，我希望借此提高自己的冲浪水平。它的候补名单很长，差不多要等两年，但由于有人临时取消，我得到了一个名额，是在 2 月的一个星期。

我在一个星期日的下午抵达，这个地方——一排坐落在绿树成荫的山坡上的平房——非常安静。我把背包放进房间，正抱着一个刚砍下的椰子喝，丹尼出现了。丹尼是我这星期的同伴，后来我才知道他是一所常春藤盟校的气候科学家。

丹尼说他打算去冲浪，问我想一起去吗？

严格来说，训练营要到第二天早上才正式开营。我因为旅途劳顿，而且仍对冲浪有难以言说的畏惧，本想说不，却发现自己点头答应了。我们抓起几块冲浪板，绑在沙滩自行车的侧架上，骑了差不多一千米来到海滩。在路上，丹尼告诉我他是个回头客，希望能提升他去年学到的一些技巧。他自己也受过与冲浪有关的伤：他在自家车道上玩滑板（人们普遍推荐用滑板在陆地上练习冲浪），猛然跌倒，摔断了锁骨。

海岸边没什么人。当我们开始滑水，我惊讶地发现，与洛克威相比，这里海浪的冲击范围极大。我还意识到，这是我第一次不必穿厚厚的冲浪服下水。等我们穿过汹涌的白浪，来到一片平静的海面，我已经累得半死。

丹尼朝一个滑过来的冲浪者挥了挥手，对方是一名亚裔美国人，名叫埃迪，是丹尼上次来这里时认识的。埃迪过去是个在金融行业工作的纽约人，后来搬到诺萨拉来专职冲浪——"思考下一步"。我很快发现他是这片水域的常客，他的识别度很高，那休闲的风格和蓬松的头发让我想起了传奇的巨浪冲浪手马克·福。

我尝试了几次，但感觉并不完全有把握，我仍然认为自己离脊柱永久性损伤只有一步之遥，而且脖子朝后转过去看浪时仍然很疼。让我略感欣慰的是，丹尼自己也有点儿生疏，他的表现似乎也没比我好到哪儿去。

光是下水似乎问题就很大，我必须摆脱那种"我是在玩命"的感觉。

*

那天晚上，在度假村，这个星期的学员们聚在泳池边一套低矮的沙发上，喝着饮料，听哈里·奈特做开场介绍。奈特是"简单冲浪"的创始人之一，是个亲和力强的高个子英国人。

潮湿的晚风中，夜空下昏暗的灯光忽明忽暗，身边回荡着舒缓的音乐。人们穿着随意而时髦，脸上洋溢着温暖的笑容。整个场面感觉就像一档电视真人秀节目，或许是《黄金单身汉》吧，因为学员的男女比例大约是 1∶4。

我们绕了一圈，看到了丹尼。他有一种令人紧张的能量——似乎总是在寻找食物，外带一丝未经过滤的冷面诙谐：很像电影《侏罗纪公园》里杰夫·高布伦扮演的角色。

他开玩笑说，自己是成人进步的海报男孩，因为他就是在"简单冲浪"网站上介绍"你是什么级别的冲浪者"部分抛头露面的人。照片里，他戴着一顶遮阳帽，顺着一道适度的海浪滑行，虽然略显僵硬，但完全合格。在他身后，"简单冲浪"的一名教练完成了一次强有力的"回切"之后正冲上浪头的正面，冲浪板已经飞入半空。

这个例子生动地说明，两个不同技能水平的人在同一道海浪上的表现会有多大不同。"我可以一直这么过下去，我会觉得生活幸福极了，"他说，"但人们总是告诉我，我应该做些别的事情。"他和妻子艾伦一起来的，好些年前，艾伦也冲浪，但有了孩子之后就放弃了，她想重拾起来。

还有另一对来自蒙大拿州的夫妇迈克尔和莎莉，他们每人每年会挑选一趟旅行——她喜欢冲浪，他喜欢山地骑行。莎莉来过诺萨拉两次，迈克尔是第一次来。迈克尔身材高大，为人随和，从前住在加利福尼亚州，冲过七八年浪。他说："我总是觉得冲浪很难有进步，比我做过的其他很多运动都难得多。"

莎莉在水里很容易被认出来，因为她总是戴着卡车司机帽。她很快指出，自己住在蒙大拿州，"一点儿也不像个冲浪者"，也就是说，她不苗条，头发也不是金色。和我一样，在某种程度上，她也是在努力克服恐惧。"一大波海浪以每小时 32 千米的速度向你冲过来，你却故意要挡在它面前，平常要碰到这样的情况可不多。太吓人了。"

乌里克是我在这里的室友，一名来自德国的儿科医生，如今住在美国中西部。她一直梦想着冲浪，而她的第一次冲浪是前一年在训练营。她开玩笑说，那时她甚至不知道该把哪只脚放在冲浪板的前头。（奈特有个简单的技巧可以解决这个问题："如果你闭上眼睛，让别人从后面推你，你会先迈出哪只脚？"）她说："我记住了很多关键点，但就是无法转化为行动。"

那一星期其余的冲浪者是 6 名来自纽约的女性，她们的丈夫大多不会冲浪，所以没来。到了最后，我跟她们产生了特别的情谊，或许，这就是纽约的特点吧。她们居住的纽约跟我住的很不一样，那里由上东区私立学校、慈善活动和汉普顿的漫长夏日构成。她们的丈夫在金融业工作，她们在棕榈滩有私人宅邸，还有精品葡萄园。

其中之一是阿什莉，她的朋友们戏称她为芭比（她身材苗条且是金发）。"我是初学者中的初学者，"她说，"我很紧张，因为人人都比我强。"还有好开玩笑、自称"泽西女孩"的阿比，她比其他人年轻些，有一家刚起步的时装公司。"我已经好长时间没有坚持冲浪了，"她说，"我希望我的肌肉记忆能在第二天恢复过来。"实际上，她将成为我的搭档，因为我俩的技术水平大致相当。

还有瓦妮莎，她在海浪上来回穿梭，看上去就像是冲浪服公司的模特。为弥补失去的时间，她似乎特别有动力。"有了孩子之后，我才开始冲浪，我觉得这是我做过的最棒的事情，"她说，"可叫我沮丧的是，因为开始得太迟，我永远没办法真正做好。"

"她瞎说！她太谦虚了，她滑水滑得可好了。"这话是凯西说的。据我所知，凯西基本上是其他人来到这里的原因，她似乎是这个六人小团体的领队，活泼简单，总是渴望冒险，不管是再来一道浪，还是再玩一局"惨无人道"的纸牌游戏（我们常在深夜玩）。

"我正在练习白浪攀爬，"她说，"我兴许能完成一两次，但脚动得还不够。"我点点头，但并不太明白她在说什么，因为我对冲浪的定义基本上已经缩小到"骑着冲浪板一路踏浪冲到海滩，不被掀翻"。

我们即将经历一段奇特的体验———一群陌生人共同面对身体和精神上的挑战。我把自己想象成一个类似大侦探波罗的人物，沉浸在一出海边大戏里，观察着动态，了解着每个人，同时又有点儿冷漠。我感觉到我们来这里都有各自的原因，其中一些是简单的冲浪目标，正如当晚所说，但另一些就更深刻了。

*

在"简单冲浪"营地的一个房间，我们到那儿做一些拉伸运动，或者学习如何查看海浪预报。一幅庞大的流程图般的墙绘让我眼前一亮，立刻被它吸引。这幅图的名字叫"知识之树"，几乎覆盖了整面墙。

"知识之树"是"简单冲浪"的知识核心，也是冲浪运动完整的 DNA（脱氧核糖核酸）图谱。它似乎带点儿夸张的意味，但我尊重其中的真诚和思想。我窥视着它的浩瀚，感觉自己就像一名探险家，抵达了已知世界的边缘。

它有 5 个大标题，对应着"简单冲浪"的各级技能水平（与德雷福斯模型相呼应），每级下面分别为数十种需要掌握的冲浪技能。我很乐观地认为自己处于第 2 级（"第 2 级冲浪者可以自如地站在冲浪板上，专注地捕捉不间断的海浪"）。

这些数字只是个粗略的指导，因为技能学习可能极不稳定。有几天，我几乎达到了第3级；还有几次，我又倒退回了第1级。但叫我吃惊的是，"冲浪"这个简单的词语里包含的技能范围竟然如此之广，而我尝试过的技能少之又少（"白浪漂浮""渐弱滞后起乘""压膝转向"）。

碰到"简单冲浪"的另一位创始人、英国人鲁珀特·希尔的时候，我向他提到，我对其他学员丰富的冲浪经验有些诧异。我真正想问的是，这需要花多长时间。"一般来说，第1级需要你每天冲浪，连续一个星期或者10天；第2级，一个月；第3级，一年；至于第4级，"他稍作停顿，思考着答案，"差不多10年吧。"

整整10年，经常冲浪，我甚至都不想问第5级了。鲁珀特强调，这些数字一定要按字面意思去理解。他说，有时会遇到有些人说自己已经冲浪两年了，结果却发现他们的意思是去年冲了一个星期，今年又冲了一个星期。"他们是冲了两个星期浪，而不是两年。"

鲁（我们都这么叫他）承认，冲浪"是我学过最难的运动"。他停顿了一下又说："或许除了拳击吧。毕竟，学拳击你得记住所有的东西，可同时还有人在打你的脸。"

他在冲浪中发现了一些我在其他技能习得尝试中看到的东西：一旦你到达目的地，你所认为的胜任某事的想法跟真正的胜任就不再相符了。

"你学得越多，就越是意识到自己无知。"他说，"随着新知识的积累，终点越来越远。"

多年前，希尔和奈特在英国冲浪胜地的中心康沃尔郡学习冲浪时相遇。2007年，希尔第一次来到诺萨拉时，还是个典型的冲浪教练，开着一辆车，车顶上绑着冲浪板。奈特很快也来了，两人在镇上开了一家冲浪店，游客走进来随时可以上课。

随后，他们开始设想跟通常的一次性度假冲浪课程有所不同的模式，琢磨正确的教学方法。他们教过很多初学者，也指导过冲浪比赛选手，但奇怪的是，中间那部分（"聚集着 99% 的冲浪者"）却缺乏指导。在这个神秘的、行会式的、历史上以男性主导的冲浪世界，人们常常认为技巧就是一个年纪轻轻的小伙子从水里某个胡荏里卡着海草的神秘长者那儿吸收到的东西。

希尔和奈特想要揭开冲浪的神秘面纱。希尔说："冲浪的神秘感，有些是它本来就有的，只是吹嘘得过了头。"希尔从来不是冲浪界的"酷小子"，他说："我真的很想把这些仅限于酷小子掌握的东西拿出来，告诉大家：'你也可以。'"

他们不想创造冲浪的神话，而是想打破它。"行业常态是，"希尔说，"人们并不把冲浪视为一种运动。"相反，人们把它视为一种生活方式。希尔认为，所有这些事情——"置身海上，沉浸在大自然里"——都是自然而然发生的。

他建议，为了能更快进步，你需要把冲浪看作一项运动，并获得所需的工具：一份精心准备的严格的技能发展计划、视频反馈与分析及反复练习。

这就是为什么，第二天一早，阿比和我第一次见到教练杰茜·卡恩斯时，得知我们将在"白浪中"度过一整天，也就是说，我们要去抓住那些已经破碎的浪头——在孩子和游客们嬉闹的地方。

奈特建议我们不要感到受了轻视。"我们用'白浪'这个词，

第五章　U 形冲浪：另一种任性而顽强的热情

不是说'这是初学者去的地方，等会儿你们就可以到后面去了'。"它指的是骑过浪头破碎的地方。"我们利用白浪来实现多次重复，学习运动技能。"对我们来说，要抓住不中断的海浪，困难重重，因此一个小时里我们只能练习寥寥几次。而白浪则像一台网球发球机，就跟发球一样，不停地送出浪头。

虽然有些沮丧，但看到所有人都在白浪里，大家的心情有所缓解。那些更有经验的冲浪者往往会感到茫然，奈特记得"简单冲浪"的老学员埃迪曾问他："我要做些什么？"

奈特说，白浪不仅大有帮助，而且也更难。"冲浪板运动得越快，就越稳定。"他说，"这就像是速度很慢地骑自行车反而非常困难。"他发现，人们认为白浪是"安全地带"，这很有趣。"如果能在白浪里冲得很好，等他们到后面去，便能把浪头撕成碎片。"

于是，在做了一些基础热身运动后，杰茜带着我们下了水。她曾是佛罗里达州的顶尖冲浪选手，热情又阳光。杰茜很喜欢笑，到一天结束的时候，笑容让厚厚的防晒霜裂开的地方会显得肤色更深，所以即便她没有笑，看起来也像是在笑。她让我们一开始俯卧在冲浪板上，在翻腾的海浪里练习一些简单的转弯。她试着向我们灌输这样的理念：冲浪板就像一块控制面板，你可以按下各种按钮，让它做你想做的事。

在白浪里，我的确觉得自己有点儿像"高级初学者"受罚回到了起点——好像我真的已经从最初的日子走了那么远。但希尔告诉我，你在冲浪中所做的大部分事情其实都可以趴着完成。"我们要站起来的唯一原因是，它可以让你用更大的力量和更快的速度

'按下这些按钮'。"此外，白浪很好玩，就跟小时候趴在冲浪板上一样，我可以随心所欲地抓住一道浪，比在洛克威时更长久地骑在浪上。我们站起来，开始做动作更大的切浪。我们靠身体朝冲浪板后面倾斜来减速，向前倾斜来加速。我们抓着板边，练习一些小动作，比如跨上跨下。

我决心拥抱它，成为白浪中的传奇冲浪选手凯利·斯雷特。我努力回想起自己从所有技能中获得的一个观念：你必须先学爬再学走。在歌唱方面，我必须在唱歌之前先做音高匹配练习。在国际象棋方面，最好的做法是学习战术和策略，而不是简单地在棋盘上放松玩耍。如果我只想走过去在大浪里胡乱扑腾，那么不管是从比喻的角度看，还是从字面意义上看，我会颠三倒四。

再说，会有时间让我进入大浪的——天气预报说本周晚些时候会出现更大的海浪。

＊

我们很快就形成了一种令人着迷的生活规律。早上，我们围着一张大桌子吃早餐，面前摆着一大堆五颜六色的热带水果。旁边的电视里接连不断地播放着冲浪视频——一个广阔的蓝色地平线和航拍照片的世界，头发乱糟糟、鼻梁晒得黝黑的冲浪者，对着镜头投去忧郁而深情的目光，接着便迎着滔天巨浪，冲上半空。这些视频一直都是静音的，因为希尔不喜欢它们的背景音乐。相反，我们沐浴在爵士乐手阿斯特鲁德·吉尔伯托（Astrud Gilberto）和迈尔斯·戴维斯的舒缓溪流中。

我们会冲浪，休息吃午餐，接着再冲浪。下午会有一两节以冲浪礼仪或怎样阅读海浪预报为主题的课程，所有这些都详细写在公共空间一块冲浪板形状的黑板上。由于我们的小团体很顽皮，也略带粗俗的幽默精神，一天早晨，我走出门，并不完全惊讶地发现行程被人篡改了。不管上午 10 点原本安排做些什么，我们现在显然是要去"啃屁股"。我还记得当时奈特刚瞅见黑板时，他脸上闪过的那种特别英式的表情，一本正经，不赞成但也不吱声。

晚上，我们会到度假村或者镇上的餐馆吃晚饭，之后跟"姑娘们"就着啤酒，玩上几轮"惨无人道"的纸牌游戏。有一回，我们激战正酣，却有一只蝎子跑出来打断了我们，"姑娘们"命令我去干掉它。令人不安的是，它仓皇失措地跑进了电源插座的孔里。

要不然，颇有抱负的前歌手凯西会为我们一展歌喉。我会拿起吉他，试着跟着唱，大多是些 20 世纪 80 年代的另类摇滚歌曲。我们的小宿舍、我们的班级、我们对教练一知半解的幽默和八卦，这一切都感觉像是回到了大学。毕业之后，我大概就没这么开心过。

在水里，我渐渐意识到自己已经跳进深水区，我们终于"来到了后面"，越过了白浪。事实证明，仅仅是来到这里，就是一种全新的体验。所需滑水的距离是我过去习惯的 3 倍。在洛克威，我常常可以把身体稍微抬离冲浪板，让浪花冲过去，避开迎面而来的海浪；在这里，海浪太大了，能够直接把我撞回岸边。

所以，我不得不学习一种全新的动作，叫作"龟缩"，一天下午，我们曾和杰茜在营地的游泳池里练习过。这包括在海浪逼近时从冲浪板上滑下，迅速"像锚一样沉下去"，抓着板边躲到冲浪板底下。海浪冲过时，会把冲浪板推向相反的方向。如果一切顺利，海浪会从你身边轰鸣而过，几乎没有影响，可如果不顺利，它几乎会把冲浪板从你手里扯走。

在洛克威平静的冬日冲浪，没让我做好面对拥挤的冲浪区的准备。为了滑出去，你不仅要注意迎面而来的海浪，还要注意来来往往的冲浪者。

有时，我从"龟缩"潜水中冒出头，刚擦去眼周的水，立刻看到一名冲浪者向我冲来。在这些我愚蠢地挡了别人路的瞬间，可能出现两种情况：第一，我妨碍的是一个技术高超的人，他们会愤怒地摇摇头，但轻而易举地避开我；第二，我挡在了一个几乎不知道自己在做什么的人面前，这意味着他们不会愤怒地叫我"kook"（我对这个称呼很敏感），但也意味着他们不具备躲开我的技巧。我会直接扎回水下，指望出现最好的情况。

在进入一道海浪之前（一个小时会有数百道浪席卷你所在的冲浪点[233]），你必须保证附近的几十名冲浪者里没人同样打算冲过去。但有时候，即便有人有同样的打算，你还是会冲过去，因为你永远都拿不准那人到底会不会真的站上去——如果他们真的做到了，你只能在最后一刻退出。

这往往看起来像是高风险的博弈论，即"冲浪者的困境"[234]，指越来越多的冲浪者怎样分享数量有限的海浪。对策略家来说，冲浪是所谓的"混合动机博弈"[235]；如果至少有人抓住了一道浪，没有浪费，这是最好的，但每个人都希望抓住浪的是自己，这导致

第五章　U形冲浪：另一种任性而顽强的热情

了一种脆弱的和平，而且你不可避免地会挡别人的路。一如丹尼对我说的，他学习冲浪时最不喜欢的部分就是"水里的其他人一般并不喜欢我在那儿"。

第二天，阿比、杰茜和我终于"来到了后面"。我猛然意识到海浪看起来很大，至少是我在洛克威习惯的两倍高。幸运的是，它们的破裂高度似乎更安全些。

我们花了一些时间来学习怎样解读海浪、判断海浪的方向，或者通过它颜色的深浅来判断海浪的陡峭程度和速度。漂浮时，杰茜随口提到她偶尔会在水里看到有毒的海蛇。它们对人类是无害的，除非，她补充道，它们咬到了你的手指缝上。每当我把微微张开的双手伸进海里，我就忍不住想到这一点。有时，在平静地漂过撞击区时，所有人会突然匍匐到冲浪板上，像受惊的瞪羚般迅速滑向开阔的海面，以避开一道出人意料地涌来的巨浪。

杰茜给了我明确的指示，当一道海浪逼近，我要开始滑水（差不多滑上5次），朝着想象中的6点钟方向滑。等浪头打在我身上，她希望我把注意力转移到7点钟（或5点钟）方向，"涡轮滑水"3次。即将起乘时，我要向下推冲浪板的右板边（或左板边，取决于海浪的方向），让冲浪板与波浪面的分子张力连接起来。接下来，我要起乘，把视线集中在卷曲的波浪线上，瞄准3点钟（或9点钟）方向。

这种注意力的集中是关键。[236] 在造浪池实验中，冲浪者戴着防水的眼球追踪装置，专业冲浪手的目光会立即射向自己要去的波浪方向，而新手会关注自己，他们不是在想要去哪儿，而是在想怎样保持平衡，这只会让保持平衡变得更困难。[237]

我得到的所有指示都有比较笼统。

这正是要点所在。希尔说，教练们会建议"用更大的力量通过转弯"，但并不解释实现这一目标的基本步骤。"这就像教一个人成为喜剧演员，却只告诉他，你得更有趣些。"希尔不会对学员说什么要"更好地适应海浪的节奏"，而是跟他们一起观看一段视频，让学员尝试准确地把握动作的时间。"简单冲浪"有时会让学员带着脚蹼和潜水镜进入水中，接受"海浪的拍打"（奈特这样说），帮他们感受这一切。

在最初的几次尝试中，我完全抓不住浪。我很快就意识到，我一直困扰于冲浪板会板头朝下、人猛地被撞到海底这一念头。这种对倒栽葱的恐惧，让它更容易变成现实。

通常，在技能学习中，人们焦虑时常常出现本能反应和正确技术的脱节。比如唱歌，当你接近高音时，你唯一的想法是身体向上伸展，但实际上，弯曲膝盖、略微下沉反而更有帮助。就滑雪而言，初学者为避免摔倒会往后倾斜，但实际上，他们应该往前倾。在冲浪中，大脑尖叫着要踩下刹车的时候，你需要踩油门。

"人一担心倒栽葱，就会放慢滑水的速度，把重心放到冲浪板后面，以抬高板头。"希尔说，"但它的作用跟你想达到的目的恰好相反。"在陡峭的海浪上，你必须全神贯注，加快滑水的速度，把身体重心朝前倾斜，这样才能更快地从陡峭的斜坡上冲下来。

很快，阿比和我都能驾驭海浪了——多亏了杰茜在身后助推。

第五章　U形冲浪：另一种任性而顽强的热情

助推是学习冲浪的一个关键，要想滑得好，你需要一种只有通过滑水才能锻炼出来的特殊肌肉力量。我本来觉得有点儿不好意思，但奈特告诉我，有一群来了一个星期的澳大利亚突击队员，"他们是我见过最强壮的家伙"——他们全都需要助推。

严格意义上，我冲到的第一道哥斯达黎加的海浪是一道两米多高的右手浪，那纯粹是笨蛋走大运。那10秒的感觉就像是10分钟。对任何站在岸边旁观的人来说，我只是一个冲上了一道普通海浪的普通游客，但我感觉自己像海神，驾驭着海上战车，准备"触碰我们灵魂的底层岩浆"[238]——这是记者马特·乔治在《冲浪史》中引用的一句话。

这一切还有点儿让人手忙脚乱。在一次冲浪中，我突然发现自己朝着乌里克冲去，她正在水里，抓着自己的冲浪板。我们四目相对，我感觉自己正直直地对着她的方向。奈特喊道："左！"这时我刚好能够转弯，与她擦身而过。杰茜把阿比推到一道浪上，这时，有个家伙刚从短板上起乘。这违背礼仪的行为逼得他撤了下来。杰茜不停地道歉，说："她刚冲到了人生中的头一道浪！"那人摇摇头，微笑着竖起大拇指。

后来，我们到一个装有闭路电视监控器的小茅屋报到，接受视频辅导。在陆地上观看当天发生的情况，往往不是一幅美丽景象，视频反馈是令人清醒的现实检验。在水里，我觉得自己像是从狂浪中猛冲下去，可在视频里，我看上去就像是儿童泳池里"逗乐的爸爸"。一名熟练的长板冲浪手会站得高高的，不慌不忙地顺流而下，而我的脸却皱成一团，弓起背，又瘦又驼，于是我得到一个绰号——"冈比"。

无论这些反馈多么有价值，它并不确切。"海洋给你的反馈跟你的个人技能水平并不一致，"希尔说，"海洋是一个无法控制的巨大变量。"人们可能做好了所有事情，但仍然只冲到了很寻常的浪，也有可能，他们靠着运气好外加教练干预，冲到了人生中最棒的浪。

"我希望你们能记住这一点，"希尔说，"冲浪进展不顺利，不要自责，但若碰到真正好的浪头，也别太得意。"

这听起来像是一句很好的教诲。你用尽全力，可能成功，也可能失败，其余的都不是你能控制的。

后来，躺在床上，我仍感觉自己在海浪上滑行，背上顶着断水的压力。闭上眼睛，我看见起伏不定的海平面上，深色的海浪一道接一道地朝我涌来。我感觉自己扭动着身体，转动还在疼痛的脖子，试图把自己放到那股生命力的中心，看它会把我带往何方。

起步晚的好处

传奇职业冲浪者菲尔·爱德华兹曾经说："最好的冲浪者就是那些玩得最开心的人。"和许多新手一样，我很早就听说过这句话，并把它记在心里，虽说我暗地里疑心并非如此，它听起来太像是职业冲浪者为了让像我这样的笨蛋心里好受些而说的话。在我眼里，最好的冲浪者是那些不会随着冲来的海浪上下猛烈起伏的人，是那些不会好不容易逮住一道浪却像是被扔进了洗衣机的人。

发展心理学家哈利·哈洛建议我把等式颠倒过来："你做得越

好，就越能在各种各样的条件下玩得开心。"

我们这群人显然玩得很开心。在这一个星期的时间里，我屡屡看到40来岁的人因为学习或改进了基本技能而洋溢着喜悦的场面，深为所动。

他们在学习曲线上的位置越低，效果就越显著。他们成了更好的冲浪者，除此之外，他们在其他方面的发展也摆在了你的眼前。这些人暂时放弃了成年后的安全港湾，包括他们在工作上值得信赖的能力、"什么年龄干什么事"的熟悉借口，以及把成长的希望寄托到孩子身上，去付出极具挑战性的、有风险的甚至是徒劳的努力。

"很多人到了中年，就不想做自己不擅长的事情了，"希尔告诉我，"可不断做自己不擅长的事情，本身就是一堂很棒的人生课。"不管是从白浪练习进入连续的海浪，还是从合格的踏浪过渡到强力转弯，你都可以从人们的脸上看出变化。这个星期刚开始时的自我怀疑甚至恐惧都消退了，他们对冲浪是什么及自己是谁都有了全新的认识。

我开始察觉到冲浪对他们中的一些人意味着什么。我的室友乌里克说起自己的一个好友患了脑癌，5个月后就去世了，到海边学冲浪是她拖延已久的目标，如今有了新的紧迫感。

多里特是来自纽约的女士们中的一员，她告诉我，她想通过冲浪从痛苦的离婚经历中恢复过来，她把在海浪中获得信心等同于在情感上重获力量。如果你能应对大海带来的阻碍，你几乎就能克服任何困难。

生活和大海一样，你永远不知道它会向你扔来些什么。在哥斯达黎加待了一星期后，丹尼确诊了淋巴瘤。他仍然在冲浪，但同时"对身体所处的环境变得更为谨慎"。

凯西，我暗地里给她起了个"蜂后"的绰号，因为她似乎能靠着个人魅力和纯粹的生命活力把人们吸引到自己的轨道上，整整一个星期，她都在向我讲述她丰富多彩的冲浪冒险故事。一如她冲浪板上的累累划痕，她结交过世界各地形形色色的冲浪教练。有一个名叫"夏威夷小乔"，其实来自新泽西；还有一个冲浪手是飞行员，在两人乘坐一架小型飞机飞越印度尼西亚群岛时，他告诉凯西，自己能"在15秒内让任何女人达到高潮"。光是脱掉湿漉漉的冲浪服都不止这么点儿时间。

除了瓦妮莎，凯西是我们这群人里冲浪冲得最好的。我想知道，这位三个孩子的母亲是怎样在中年做到这么投入又这么出色的。

"我从前常常在我家附近的海滩上看别人冲浪。"凯西说。这一看就是许多年。我把她想象成简·奥斯汀小说里的人物，因为不安全感和社会期望而封闭自己。有一天，在朋友阿什莉和其他妈妈的陪伴下，她终于勇敢地下了水。"只有一次，我半站了起来，"她说，"我的肋骨隐隐作痛。我们写电子邮件，交流彼此由冲浪造成的各种损伤，之后却再也没有提起。"

就像一个你永远挠不着的瘙痒处，它持续不断。凯西说，大约5年前，她和家人在威基基度假。孩子们（成人学习的催化剂）想尝试冲浪，当地的一位冲浪"大叔"说她也应该试试。她的丈夫朝和蔼的老教练使眼色，也在鼓励她。就在这时，一个名叫特雷弗的教练——瓦妮莎形容他就像"更年轻、更可爱、身材更好的冲浪手莱尔德·汉密尔顿"——跑来给她上课。"我丈夫只是笑了笑。"她说。

整个上午，她都在毛伊岛著名的冲浪点"大白鲨"上追逐浪头，但照片日后展示的残酷真相是"海面就像湖泊般平静"。她浏览着照片，想找几张"辣妈照"，却发现有一张照片是"自己站在内陆湖泊一般风平浪静的海面上，下半身不争气地哆嗦，整条股沟都露了出来，面对着这可怜的孩子"。

"吓坏了，"她告诉我，"但也上了瘾。"就这样，她开始投入大量的时间，不知疲倦地重复练习，取得断断续续的进步。她犯过初学者的错误，起乘时总是盯着自己的冲浪板，教练干脆建议她在板头上写三个字——"朝上看"，她照做了。她曾被一块重重的软冲浪板砸中鼻子，鼻梁断了，还缝了 20 针。"我整个脸上都打了石膏，"她说，"医生要我暂停下水 6 个星期。"她第 5 个星期就又下水了。

她会在冬天的停车场哆哆嗦嗦地换衣服，免得把沙子带到车上。回首过去，她说："我当时以为自己冲浪很厉害，现在再看那时的照片，我会笑。我感觉，随着你做得越来越好，你反而会意识到自己有多糟糕。"

元认知，即你对自己所知之事的认知，是位苛刻的女主人。不管是什么学科，身为初学者，你不仅缺乏技能，还对自己所不知道的东西缺乏更宽泛的认识。突然间，就像第二章中提到的婴幼儿，你陷入了更大的波涛，有关有效运作的原有规则不再适用。凯西告诉我，害怕被海浪冲倒时，她会放慢速度，而一旦放慢速度，就会遭受海浪更猛烈的冲击。"一位睿智的教练曾告诉我：'战斗毫无意义，因为大海永远是赢家。'"

她用了好几年时间，才能在所处的环境条件超出舒适区时表现得相对镇定，但"哪怕是在风浪较小的日子"，她仍然会感到紧张不安。有一次，她在夏威夷差点儿遭遇鲨鱼，第二天下水仍心有余悸。教练故意眨巴着眼睛，不停地问："是什么鲨鱼？"

现在，她在海里会感受到身心更大的平静。"没有电脑，没有电话，没有发牢骚的孩子，你必须跟你正在做的事情完全合拍。"现在，如果她独自外出，感到不安的是她的丈夫。有朋友开玩笑说："他不介意你和一个热辣的冲浪教练去托尔托拉岛玩 3 天，却不乐意你一个人出海？"她丈夫笑着回答，"跟她有婚外情的"是冲浪这件事，而不是哪位教练。

因为喜欢待在水里，她得到了"再来一轮"的绰号。她患有皮疹，还挂着黑眼圈。有一次，她冲浪完毕后直接前往长岛，参加一场正式的慈善晚宴。她伸手去捡掉下的餐巾时，一股海水从鼻孔里喷涌而出，同桌的客人们笑得前仰后合。

凯西刚开始的时候曾想过要冲上像管道那样的巨浪。"我完全不知道这跟我的实际情况差得有多离谱。"她告诉我。

现在，在经验的磨炼下，她的目标趋于合理。由于起步的时间较晚，她知道自己需要"再被海浪敲打好些年，才能弥补错过的东西"，她也知道"冲浪带给我身体的损耗比高尔夫一类的更大"。她总是对比自己小 8 岁的瓦妮莎羡慕地说，瓦妮莎还有那么多时光可以学习。

第五章　U 形冲浪：另一种任性而顽强的热情

起步晚也有一项巨大的好处。"这让我更珍惜在海上的每一秒。"凯西说。

*

如果你在初夏去第 69 街附近的洛克威海滩，你会看到海里有一大群孩子骑着五颜六色的软冲浪板，在靠近岸边的地方嬉戏。再看仔细一点儿，你可能会看到"小人国"里有个高大的身影，脸上挂着傻笑，那就是我。

上了冲浪课后的第一个夏天，我让当时年仅 7 岁的女儿参加了当地人冲浪学校举办的夏令营。我的想法是，我可不希望她在收到美国退休人员协会发来的垃圾邮件时才确定自己真的想试试冲浪。和国际象棋一样，我感觉自己好像是本能地努力不让性别成为障碍。相较于女儿，父亲更有可能和儿子玩辛苦的游戏，也更愿意让儿子去冒险。有人认为，父亲实际上是孩子主要的"性别社会化代理人"。[239] 让女儿早些站上冲浪板，我想给她灌输一种感觉：这事儿，我也能做。

夏天，洛克威的海浪小得多，人却多得多。对认真的冲浪爱好者来说，这基本上是淡季。但一路走来，我觉得，像其他父母一样光是坐在沙滩上观望似乎不太对。我会从某个迈克手里讨一张多余的软冲浪板，下海滑水。幸运的是，女儿现在这个年纪，看到父亲在水里与自己并肩冲浪，会感到骄傲，而不是害臊。如果有一个皮肤黝黑、身材健美的年轻教练夸我，她（和我）都会飘飘然。

永远年轻的初学者

我给她报名参加夏令营还另有一番打算，如果我能让她对冲浪产生兴趣，将来我就会有一个伙伴，碰到全家人就去哪儿度假发起民主投票的时候，我有望拉拢她，一起选一个离冲浪点近的地方。（我妻子试过一次冲浪，不怎么感兴趣。）

所以，我们就去冲浪了。我们在波尔多附近的一个地方冲浪，旁边碰巧有个天体浴场（他们不冲浪），这叫我女儿喜出望外。我们在里斯本拥挤的游泳海滩上冲浪，碰到了一位前职业选手及其孩子，结束后大家一起享用了冰激凌。我们在利马的马卡哈海滩冲浪，一位强硬的巴西教练假装没听到女儿说自己累了的抗议。如果她和我单独在一起，她会更早屈服，我也会迁就她。为了不让教练觉得她软弱，女儿坚持了下来，冲上了迄今为止最大的浪头。我们在哥斯达黎加的帕帕加约半岛冲浪，那里的海面小得不像话，但这让她头一次独立抓到了浪。

在记录女儿进步的过程中，我意识到自己或多或少达到了德雷福斯模型中的第三级——胜任者。

在这个阶段，学习者开始在学习中投入感情。德雷福斯写道，在新手或高级初学者阶段，学习者遵守规则："如果规则不起作用，执行者不会为自己犯错感到懊悔，而是会辩解，说自己掌握的规则不够。"

在洛克威，我可以这样解释自己被浪打翻：面对某一类特定的海浪，我还没学过怎么应对它。但随着我进入胜任者阶段，成功或失败跟个人利害挂上了钩。你必须承认自己的错误，如果你做得好，你不会仅仅因为自己做得好而高兴，更是因为自己的选择带来了成功而高兴。一开始，踏上浪头就能让我感到兴奋，但后来，滑水滑到最好的位置并抓住浪头，更能带给我满足感。

我有一种感觉，我很乐意停留在这个水平。我知道，在这个以目标为导向、以结果为导向的时代，满足于不太精通似乎是一种耻辱。

戴维·福斯特·华莱士的小说《无尽的玩笑》中，有一个角色轻蔑地描述了网球中的"自满型"人物，"他进步迅速，直到达到停滞期，而后他满足于达到停滞期前的迅速进步"。最终，他开始输球，因为"他的整个比赛都建立在这种停滞期上"。他自称"热爱这项运动"，却带着一抹"紧绷和自卑的……微笑"。[240]

对我来说，冲浪没有那么强的竞争意味，没有马拉松的终点时间，也没有我想要超越的骑行纪录，我没有任何量化的绩效指标。除了失去做这件事的乐趣，我不知道在冲浪中"输"意味着什么。如果有一天我对冲浪感到疲惫，我可以开始尝试其他东西，我可以去没去过的地方旅行，也可以买一块新的冲浪板。

我绝不会厌倦，哪怕是冲浪摄像机拍到的洛克威最小的海浪，我也会觉得有些刺激。有朋友或许会抱怨海浪没有达到一定的标准，但对我来说，只要它们算是波浪，就足够了。我一点儿也不觉得冲浪无聊。

我希望变得更好吗？当然，但冲浪不是我的工作，不是我的副业，甚至不是我的生活激情所在。用作家詹姆斯·迪基的话来说，这只是我的另一种"任性而顽强的热情"。[241] 我想要尽量做得好，从中获得乐趣。

永远年轻的初学者

如果我注定是个平庸的冲浪者，那也无所谓。"mediocre"（平庸）这个词来自古拉丁语，意思是"到达顶端的中途"。我从一无所知的起点出发，这似乎是一次公平的攀登。陷入冲浪的停滞期，对我来说似乎意味着可以愉快地投入很长时间。

第六章

尝试杂耍：
我们怎样学习做事

让东西停留在半空的技艺

在为各种技能纠结了几个月之后，似乎是时候退后一步，多想一想我们究竟是怎样学习技能的。但我想的不仅是教科书式的练习，我想学一项技能，能更多地了解学习。

杂耍似乎完全符合条件。它几乎是一项纯粹的运动技能，跟行走不一样，让多个物体同时滞空，并没有什么功能性的理由，只证明这是一件能做到的事情。

杂耍历来是一条研究人类行为的便捷途径。它很早就出现在心理学文献当中，曾有一项普及了"学习曲线"概念的研究，受试者的任务便是杂耍。[242] 还有使用范围很广的理查德·玛吉尔编写的教科书《运动技能学习》(*Motor Learning: Concepts and Applications*)，封面上就是一个杂耍者！

彼得·贝克是阿姆斯特丹自由大学人体运动科学研究员。一天下午，在他的办公室，他向我解释有多种原因决定了杂耍是一种极其有用的研究学习的方式。

比如，这项任务可以轻松地在实验室里完成；没有人能立刻上手完成这项任务，必须学习才能掌握；这项任务也并不是难得会让人立刻放弃。大多数人练上几天就能逐渐学会三球杂耍[①]。杂耍的成功与否也很容易判断：你要么顺利地将球一个个抛出又接住，要

[①] 通常认为，三个球是杂耍的入门。广义上说，杂耍指的是人操纵比双手数量多的物体的能力。

么掉球。最后，学习需要动机助力，相较于运动技能研究中使用的一系列典型的奇怪又单调的实验任务（如用操纵杆移动光标，或按顺序敲击按钮），杂耍本身也很好玩。

与我学习掌握的其他技能不同，杂耍并不是我一直以来的梦想，我想学杂耍是为了对学习有更多的了解。尽管如此，我也忍不住会想，这是一招有趣的聚会把戏。几个月后，在我女儿受邀参加的聚会上，我发现杂耍可以变成一种值得炫耀的"老爸超能力"。

关于技能是这样的：一旦你掌握了一些有关杂耍的最基本的东西，你就从大部分人中脱颖而出了。你可以试试对朋友或同事做一番非正式的调查，他们中恐怕没有几个人能玩转三个球。四个？那就更少了。五个？除非你是在专门的杂耍聊天室里。

这是技能学习的秘密回报之一：你可能要用几年时间才能成为大师，但只要花一点点的时间和精力，你就能学会一件别人做不到——你自己不久前也做不到——的事情。就像三球杂耍这个看起来不起眼的小追求，我一度觉得不可能做到，直到突然间，奇迹般地，我做到了。

＊

第一步是找位教练。纽约市的地方公告栏上满是各种课程的广告——即兴戏剧表演、制作香肠、解读塔罗牌，这简直不成问题。我很快找到了希瑟·沃尔夫，她经营着一家名为"杂耍健身"（"学杂耍，保持身体和头脑健康"）的机构，并且她就住在一个街区外。

我们相约到附近一座绿树成荫的公园里喝咖啡，她给我讲了她的故事。在加州大学洛杉矶分校获得社会学学位后，她回归到自己真正热爱的事业上（弹奏电贝斯），并进入了洛杉矶音乐学院。有一天，她注意到公告栏上有一份工作：玲玲马戏团需要一名贝斯手。

"我甚至不知道马戏团还有乐队，"她告诉我，"我只是一直都想参加巡演。"此后的 6 年，她都住在马戏团的拖车上。有一季，马戏团宣布要上演一出新节目，所有的演职人员（但不包括乐手）都必须上台表演杂耍。她琢磨着，既然其他人都在学，自己不妨也学学看。她坚持了下来，最终学会了五球杂耍，站到了杂耍专家的起步点。

"我不是城里最好的杂耍演员，"她说，不过她又略带纽约式的张扬补充道，"我相信我是城里最好的杂耍教练。"她解释，那些成为专家的人，"兴许早就忘了一开始是什么样子"。我从各类运动技能研究人员那里都听过这套说辞：虽然听起来很带劲，但你肯定不希望乔丹执教你孩子的篮球夏令营，或是梅西教你的孩子踢足球。因为他们很难解释自己做了些什么，更别说为 9 岁的孩子掰开揉碎地说个明白。

和纽约的许多创业公司一样，沃尔夫教授杂耍是一项副业。作为一名狂热的观鸟爱好者，她把大部分时间都花在了康奈尔大学鸟类学实验室的网站上。她的室友曾经在如今已不复存在的玲玲马戏团扮过小丑，沃尔夫说："他现在没再加入马戏团了，但到处跟

第六章　尝试杂耍：我们怎样学习做事

'小甜甜'布兰妮之类的大牌明星一起巡演。实际上，纽约的小丑表演者有很多演出机会。"

一个星期后，在我家的客厅，沃尔夫带来了三条不同颜色的围巾。大概是察觉到我隐约流露的失望——球在哪儿呀，她说，"慢动作杂耍"不仅能帮助我跟踪空中的轨迹，还能增强我的信心。研究表明，让技能在一开始显得更容易掌握是改善学习的一种方法。[243]

我右手拿着两条围巾，左手拿着一条围巾（我是左撇子），沃尔夫让我把围巾一个接一个地抛到自己头顶上一个假想盒子的上角。我照做了，围巾飘到了地板上。这很容易。接下来，她要我把围巾扔出去再接住，同时做到。不算太糟糕。然后，她要我不停重复这个过程。这一切很快变得异常困难，我手忙脚乱地扔围巾，看起来就像是在梅西百货的特价商品推车里疯狂地翻找。

"在教授杂耍时，我可以解读一点儿你的心思，"沃尔夫说，"我猜你是把这想成了一种模式。"

"只管朝着上角扔，"她重复说，"别考虑你扔的整体模式，扔就行了。"沃尔夫也不希望我想着接，只要我一直往上角扔围巾，我的手自然就会移动到能接到的地方。

"学杂耍的关键就在于，"她说，"别去思考。"

为什么思考会妨碍学习

"几乎人人都能骑自行车，"物理学家戴维·琼斯说，"但也几乎没有人知道自己是怎么骑的。"[244]

问普通的自行车手怎样转弯，他们可能会回答："朝你想去的方向转动车把手。"技术上来说，并非如此。威尔伯·莱特等骑行狂热分子早就注意到，要想向左走，你首先得向右转。[245]①

几乎没有人知道这一点，因为几乎没有人意识到它。而我们意识不到它，是因为真正知道这一事实，或者至少在骑行时想到它，对骑行并无帮助。

技能之所以如此娴熟，是因为我们并不真正知道自己是怎么做到的。这就是为什么在技能学习中，书面指导往往没什么用处。[246]杰罗姆·布鲁纳曾写道："知识只有在转化为习惯时才有帮助。"[247]

初学者的问题在于他们总是在想自己正运用这项技能。按照运动学习专家里奇·马斯特斯提出的运动再学习理论[248]，如果我们尝试思考走路这类已经"过度学习"的技能，我们有可能表现得更差劲儿。

例如，中过风的人往往会出现"不对称的步态"或跛行，他们必须重新学习怎样行走，但因为他们对自己现在怎样行走有了自我意识，他们会思考行走的机制，结果反而让行走变得更机械。为了学好行走，他们必须隐性地学习。"奥妙在于，"马斯特斯

----

① 物理学家乔尔·法扬斯借助一种巧妙的方法，让自己体验到这种"逆转向"。下坡时（这样你不用踩踏板），把你的左手从车把上松开。当你这样做的时候，张开你握着右边车把的右手手掌，稍微施加压力。因为你的手掌是张开的，所以自行车只能向左转，但你会向右走。Joel Fajans, "Steering in Bicycles and Motorcycles," *American Journal of Physics* 68, no. 7 (July 2000): 654–59.

说，"要让人在不知不觉中学会行走。"[249]

当我们熟练地掌握某件事后，它就会变成自动的。我们不需要想太多，因为我们的大脑正靠着虚拟的自动驾驶仪运行，不断地做出预测，而且大部分预测都是正确的。

一天下午，我去拜访了约翰斯·霍普金斯大学医学院人脑生理与刺激实验室主任巴勃罗·塞尔尼克（Pablo Celnik）。出生于阿根廷的塞尔尼克亲切地告诉我，大脑这样做是为了提高效率，但也是因为存在固有的时间滞后。

"你的大脑收到关于你正在做什么的反馈，这需要 80~100 毫秒的时间，"他告诉我，"我们生活在过去。我们现在所看到的东西，实际上出现在约 100 毫秒前的运动区域。"

这些预测帮助我们应对日常生活。如果它们失效，我们会寻找原因。[250] 我们在人行道上绊倒了，大脑在 100 毫秒后得到这个信息，然后我们怨恨地盯着地面上令人不快的裂缝。这个意外违背了我们的模式。但如果我们试着挠自己的痒痒，我们不会咯咯笑，因为我们已经知道它会是什么感觉。我们的小脑已经"取消"了感官输入，抑制了神经元。[251] 这里没有意外，模式完好无损。

当你刚登上停止运行的自动扶梯时，会小心翼翼地走上几步，你甚至可以"感觉到"扶梯在运动。这是因为你的大脑通过多次重复进行了自我训练，它已经为自动扶梯做好了准备，它有了预测。我们的头脑知道，扶梯坏了，但我们的身体不由自主地觉得它在正常运转。

做个机器人，放慢时间，毫不重复地重复

我很快得知，杂耍这项技能跟我想象的不一样。

和许多初学者一样，在我看来，杂耍呈所谓的倾盆模式，即三个物体按顺时针，沿着半圆形的轨迹逐一经过。倾盆模式比多物体杂耍中最常见的层叠模式更难。在层叠模式下，物体彼此交叉，落在对侧手里。从侧面看，像一个倾斜的 8 字形。

我还设想杂耍表演者会追踪飞行中的物体，初学者也恰恰努力想要这么做。我女儿尝试抛掷围巾时，因为想要监控每条围巾，她的脑袋疯狂摆动。

但正如希瑟·沃尔夫向我展示的，与其说杂耍是在投出单个物体，倒不如说它是投给一种模式，类似投向空中的一种小算法。[①] 这就难怪许多著名的数学家，从克劳德·香农到罗纳德·格雷厄姆，都迷上了杂耍。

和大多数运动不同，杂耍时，你其实并不想盯着球。杂耍者会看物体投向的顶点（也就是外部焦点），对所有飞行中的物体只有一种外部的感知。[252] 一些研究已经证实了这一点：遮挡住杂耍者的大部分视野，只留出靠近投掷抛物线上的一小溜儿，他们仍能玩得很好。优秀的杂耍者甚至可以蒙着眼睛表演。

---

① 著名数学家、杂耍爱好者克劳德·香农甚至把杂耍表述为一个公式：

$$(F + D)\ H = (V + D)\ N$$

式中，F 是球的滞空时间；D 是停留时间，即它在手上停留的时间；N 是球的数量；H 是手的数量；V 是一只手轮空的时间。

回到我家客厅，我在围巾上有了更好的运气。现在，我可以把三条围巾高高抛出，反复接抛数次，也就是杂耍者所说的"跑动"。我们换成了球。首先，沃尔夫让我用一只手以相对较高的弧度向另一只手抛出一个球。很容易。然后，她让我一口气连抛三个球，让球直接落地。

这能帮我为自己的抛掷进行诊断。杂耍中抛掷最为重要，只要抛得好，几乎就能自动接住（仍然是靠预测）。

一切看起来太快，我简直惊呆了。我的前三个球滞空得还不错，但随后我经历了初学者的另一个常见问题：第四个球抛得太快，弄乱了模式的时机。[253] "你拥有的时间比你想的要多。"沃尔夫说。

她说，随着时间的推移，杂耍似乎会变得越来越慢。[254] 的确如此，如同你有时从职业运动员那儿听到的说法，我感觉像是有了更多的时间能用于抛接球了。模式就像特技飞行"画"出的滞空文字般清晰，球似乎悬在了空中。

脑科学家大卫·伊格曼曾研究过人们对时间的感知，为这种慢速现象给出了一个令人信服的解释。他认为，在刚开始学习杂耍这类技巧时，新手会关注一切。[255]

我最开始杂耍时是这样的："好吧，我抛出一个球。接着再抛一个！且慢！我还得再抛一个？那第一个到哪儿去了？呀，它来了！真不敢相信，我又抛出了一个——天呢，第二个球来了！我第三个球是搞砸了吗？这一次我是抛在左边，还是右边？等等，我怎么能一只手拿着两个球？我干吗又这么做了？"

你需要注意的事情越多，时间似乎就过得越快，但随着你做得越来越好，你逐渐知道该注意些什么，你对接下来会发生什么有了更清晰的预判。[256] 突然之间，你不再总想那些球了，你只是追踪着空中的模式。你甚至有了各种各样空闲的注意力，你可以一边玩杂耍一边聊天。没有其余东西占据你的时间，因此，它就显得慢了下来。

接着，你开始学习一种新技巧，一切便又加快了速度。

*

我面临的另一个典型新手问题是：抛出的球除了时机不当，还到处乱跑。在杂耍中，小错误会酿成大后果：抛出的球稍微偏了几度，落下时就完全脱离了目标。[257]

"要像个机器人！"沃尔夫说。她希望我想象自己是程序化的，我的脚保持不动，抛掷时，手臂贴近身体两侧，缓慢而谨慎地移动。我唯一的任务就是像机器人一样利索地抛球。她建议我对着墙杂耍，身旁有了障碍物，我只能控制好自己的抛掷，此外再无其他选择。

著名运动科学家尼古拉·伯恩斯坦指出，技能学习的一个关键问题是，我们的身体有太多的"自由度"。光是人类的手臂，从肩关节到腕关节，就有 26 个不同的"自由度"[258]（或者说，可以移动的方向）。为此，我们需要有效地协调身体中上千条肌肉和上千亿个神经元中的任意一组。[259] 哪怕是最简单的抛球动作，也像是一座繁忙的机场控制塔在操纵一群木偶大队同步工作。

想象一下，你正在教孩子怎样挥动棒球棒。挥棒方法多种多样，但就棒球而言，只有极小一部分是有用的。正如伯恩斯坦所说，把所有这些动作编排起来的念头压垮了新手，让他们的肌肉"冻结"，他们跟自己的身体形成对抗。

在我尝试教女儿击球时，她最初的挥棒动作看起来就像一扇门：她的双脚扎在原地，膝盖僵硬，肩膀收紧，前臂锁死，握着球棒扭动身体，努力不失去平衡。她没有把"自由度"一一打开。

最终，我们学会了"解冻"身体，利用肌肉协同工作的优势。我们把这叫作"协调"。"随着人们的动作越发娴熟，他们学到的一件事就是，"运动技能专家理查德·玛吉尔告诉我，"把大自然免费提供的东西利用起来。"

学习一项技能意味着用最少的资源做最多的事情。我们常说，专业的表演者"总是表现得很轻松"。这是有充分理由的。参加纽约马拉松赛之前，我参观了纽约大学运动中心，我惊讶地发现自己的跑步方式是多么低效。例如，我不必要地紧锁着肩膀，这似乎是件小事，但在长达约 42 千米的总里程中，它会累积起来，消耗额外的能量，干扰呼吸。

挑选任何一种技能来研究（不管是演奏大提琴，还是骑自行车）得出的结论都一样：我们做得越好，我们的动作就越有效率。[260] 这意味着"抑制"不需要的肌肉，"刺激"需要的肌肉。[261] 如果我让你攥紧拳头，只伸出小指，那么在你伸出小指的同时也要命令其他手指别动。

沃尔夫建议我"要像个机器人"，并不是要我真的像机器人般手脚僵硬地运动（我自己本来就够僵硬了），她真正的意思是让我别妨碍自己玩杂耍。

她说，有时人们会突然大叫："我做不到！"她会指出："可你正在做呢。"是"机器人"正在做呢。杂耍对身体部分的要求其实并不苛刻——只是把球从一个地方抛到另一个地方，困难的环节是执行每种模式的"心智模型"。[262] 没瞄准的抛掷往往只是时机失误扰乱了模式。

说到技能，人们经常使用"肌肉记忆"这个词。这很容易叫人以为我们把一些动作编码到了肌肉上，它们承载着某一行为的记忆。事实并不是这样，你在签名的时候，你的肌肉似乎下意识地"知道"怎样让笔在纸上运行，你也可以在黑板上画出一个巨大的签名，还可以把它喷绘在墙上，你甚至可以用脚趾把它写在沙滩上。[263] 小男孩可以调皮地在雪堆上把它"嘘嘘"出来（我小时候就打着科学的旗号这么干过）。你还可以用嘴叼着铅笔，"画"出一个相当得体的亲笔签名。

这些事情，没有一件是让相同的肌肉以相同的方式运动。相反，你是在执行存储在大脑里的一种"运动模式"。肌肉只是在做大脑告诉它们的事情（它们也在告诉大脑它应该做什么）。

肌肉记忆还表明，当你执行一项技能，你每次都是按你"记住的"相同方式执行。然而，哪怕是重复性最强的运动技能，也总是有着微妙的变化，我们需要不断适应和优化。因此，伯恩斯坦认为，在练习某项技能时，我们不应该简单地"一次次"重复"一个运动问题的解决之道"。换句话说，我们不应该在相同的条件下尝试不断完善一种看似有效的技能。这太死板了。如果一个很小的变量发生变化，这种技能说不定就不那么好用了。

相反，我们应该每次都试着求解这个问题，也就是说，我们甚至可以使用不同的技术，即"毫不重复地重复"。因此，良好的杂要练习不仅是简单地用同样的方法尝试抛要三个球，连续更长时间，做更多次。我已经知道问题的解法，但我还想做得更快、更稳定。

能让我做得更好的方法是，自己去解决一些新问题：用我较弱的那只手（它已经从惯用的手上"学习"了一些技能）开启一种模式，或者调整抛出物体的高度。我会换个房间、换些物品，我会试着边走路边玩杂要，我会试着坐着玩杂要，我边听音乐边玩杂要，我边跟人聊天边玩杂要。

针对每种细微的改变，我都得进行微妙的调整。我就像卡伦·阿道夫的实验室里学习行走的婴幼儿一样，看似毫无计划的随意之举，实际上是强大的"可变练习"学习策略。

这并不是说优秀的杂要者从不犯错，但他们不断地解决问题，也借此获得了更多的解决办法。国际象棋大师乔纳森·罗森指出，专业意味着穷尽所有不熟悉的错误。[264] 杂要高手不仅在球离开手中的那一刻就知道自己犯了错误，还知道怎样趁着球在半空中时改正。

"一旦你投得不好，"沃尔夫告诉我，"就把它控制住。要像个机器人。"她说，关键在于，"是你控制球，不是球控制你"。

观察和学习：网络视频能教会你一切吗

为了学杂要，我需要找教练吗？我不能直接登录视频网站学吗？

当然可以，视频网站上有大量的杂要视频，有些还不错。此外，观察并模仿他人或许也是人类学习的一条基本途径。

"人类生来就会观察。"蒙特利尔大学运动机能系教授卢克·普罗托（Luc Proteau）告诉我。人类的大脑有很多名为"动作观察网络"[265] 的区域，每当看到别人做某件属于我们"动作曲目库"[266] 中的动作，该区域就会被激活。（举个例子，观察狗叫不会激活该区域，因为狗叫不是人类的典型特征。[267]）

我们在模拟自己做这项任务，把真正尝试时会用到的同一批神经元激活。动作观察网络并不是行动的替代品——只有真正地做一件事才能完全地调动人的运动皮质[268]，但更像是一场彩排。

但你需要学习。班戈大学心理学教授埃米莉·克罗斯告诉我，我们观察其他人学习跳舞或打结，以期自己学习的时候（与单纯的旁观相对），动作观察网络"会更强烈地被激活"。她认为，学习"让大脑为获取新信息提供动力"。

我们越是想学，大脑的动力就越足。你越是对一个问题的答案感到好奇，就越有可能记住它。[269] 相信自己学完某一运动技能后需要教别人的人，似乎会比单纯学习的人掌握得更好。[270]奇怪的是，我们看到新手满是错误的尝试，似乎会学得更好。[271] 说到底，看到专家无懈可击的表现，我们观察的是一个并不是在学习的人。看到学习的发生，实际上有助于我们学习。[272]

当然，你不可能总是通过观察来学习，不依靠观察的学习又是真正具有挑战性的。在一项关于三球杂耍的研究中，一组受试者观看一名专业杂耍者的视频，另一组只接到简单的口头指示，要求他们"努力找出或发现抛接三球的最佳方法"。[273]

等到第三轮练习结束时，观看视频的受试者平均年能将三球连续抛接 7 次，另一组却一次都做不到。

*

对于杂耍，或者对于其他技能，只是观察别人恐怕不够，你还需要有人看着你。教练能带给你视频网站所缺乏的反馈。在布鲁克林，希瑟·沃尔夫一直关注着我胳膊的位置、我抛掷的高度，以及我在看什么地方。

如果我有做错的地方，她会指出来，更重要的是，她同样会指出我做对的地方。虽然我们往往以为反馈是纠正错误的诊断工具，但越来越多的研究表明，在学习者成功尝试某项技能后为其提供反馈，不仅让学习者感到欣喜，似乎还能让他们学得更好。

说到底，像杂耍或冲浪这类技能，犯错的概率比做得对要大多了，那为什么不把重点放在好的结果上呢？而且，积极的反馈可以增强学习者的信心和动力，可能比反复指出他们的错误（进而让人感到更加焦虑、不自在）更有帮助。[274]

当然，你可能会得到过多的反馈。从学习的角度来说，我们需要自己去犯错，再自己找出纠正错误的方法。我们必须记住，表现差并不意味着学得糟糕。每次玩杂耍的时候，我的玩法都会有点儿不同，科学家把试验之间的变异性称为"干扰信息"。

我的表现起起伏伏。有一天，我能连续抛接三球二三十次，可第二天，只能勉强抛接寥寥几次，但接着我的表现又会突然反弹。这很正常。麻省理工学院的一项针对杂耍的研究指出，几乎所有受试者都存在一系列的"突破点"，也就是他们的成功率突然大幅提升。研究指出，失误（或者"故障"）会"连串出现"。我抛出的第一个球太迟，接着匆匆忙忙地抛出第二个球，而第三个球完全没能出手。如果我设法纠正了第一个失误，那么我将获得一连串成功抛掷的奖励。早期，无非是运气，也就是我们爱说的"新手运"，引发了好坏表现的区别。

我就像阿道夫的实验室里那些学走路的婴幼儿：第一天还走得很好，第二天就又变得跌跌撞撞。但在所有这些变数中，我逐渐积累起了强健稳定的解决之道。

有时候，这些解决之道并不来自观看指导视频或教练的建议。以著名的奥运会跳高运动员迪克·福斯贝里为例，他来自俄勒冈州，年轻时在高中田径队练习跳高，苦苦挣扎。当时，他的个人最好成绩仅为 1.62 米，通常是比赛的起始高度。

失败近在眼前，他开始考虑回归一种名叫"剪刀式"的传统跳高方式，即在躯干保持直立的同时，两腿一前一后地跨过横杆，它已经被腹部朝下翻过横杆的跨越式跳法所取代。福斯贝里无法很好地完成跨越式。

由于没什么好损失的，他恢复了剪刀式跳法，勉强越过了 1.68

米的高度。这是一项新的个人最好成绩，但他意识到如果不做一些不同的事情，他不可能跳得更高。到下一次试跳时，他想："往后靠。"

这个小小的附加动作并不好看——有个作家称之为"空中癫痫"[275]，但它给了福斯贝里必不可少的杠杆作用。"我并没有改变我的风格，"他说，"是它改变了我的内心。"

福斯贝里即兴地采用剪刀式跳法，孵化出了一种名叫"背越式"的全新跳高方式，并彻底改变跳高世界。这不是模仿的结果，因为没有他人可供模仿，也不是指导的结果，因为没有人做出指导。据说它违背了物理学原理，人们还想知道它是不是犯规了。福斯贝里努力想留在田径队，通过必要的探索发明了它；他是自己学会的，而且是在半空中。

为什么技能学习就像是对大脑进行高强度的间歇训练

学了一星期的杂耍，我完全变了个人。

倒不是说我突然充满了自信，或是我对生活的看法变得更加乐观，而是说我真的变了。

大量研究发现，这种朝着空中抛球的无害小行为会改变大脑。短短一个星期，就会出现"依赖激活的大脑结构可塑性"[276]。杂耍不仅会改变灰质——大脑的"处理中心"，还会改变白质[277]——将大脑连接在一起的网状结构[278]。

这种变化往往更多地发生在视觉皮质，而非运动皮质，这强化了如下设想：与其说杂耍是熟练地移动你的胳膊和手，不如说它是要能够跟踪和预测球的去向。

在学习做某件事的时候，大脑会以一种特别活跃的方式做出反应，其活跃度比我们单纯地做一件已经学会的事要强烈得多。[279]

这并不像报道里说的那样，是大脑在"扩张"，大脑的体积和重量都没有变化[280]，相反，这是一种内部的重塑[281]。

"学习一项新技能要求神经组织以新的方式运作，"德国波鸿鲁尔大学神经学家（同时是玩杂耍的人）托比亚斯·施密特 – 威尔克（Tobias Schmidt-Wilcke）这样告诉我，"并不是说我们学得越多，局部聚集的灰质就越多，它指的是在非常有限的基础上重塑并完成任务。"

换句话说，我们并不会随着学习不断堆积灰质（因为我们总是在学习[282]）。一如我们的肌肉会随着技能的学习变得更有效率，大脑也是这样。学习新东西的初期，会伴随着灰质的爆发，但随后，它的密度就下降了。我们只使用需要的部分，完成任务要用到多少，我们就留下多少，而随着密度的降低，技能表现保持稳定。

永远做个初学者会带来一点儿好处：它很像是在让大脑经历各种高强度的间歇训练，而不是用马拉松来磨炼它。每当你开始学习新技能，你都是在重塑自己。你又一次训练大脑，让它变得更高效。

在尝试学习三球杂耍时，我产生了一种感觉：我能感受到这些过程在发挥作用。每当我努力想弄清怎么做，我的头似乎真的会痛起来。最终，我可以不假思索地完成。随后，我试着学习三球杂耍的一些花式，比如"米尔斯错综"，我的脑袋会再次随着大量的灰质和白质的奔涌而"突突"跳动（至少我是这么觉得的）。

当这种跳动变成抽搐，似乎就是暂停学习该动作的时候了。事实上，大量研究表明，睡眠[283]（哪怕只是短暂的休息[284]）是我们最好的学习工具之一，休息中的大脑会"巩固"记忆你刚才尝试做的事情。毕竟，记住怎样做是掌握技能的重要环节。就像在体育转播中一样，休息一下使大脑有机会对刚才发生的剧烈活动进行慢动作分析。

奇怪的是，学习杂耍时所表现出的可塑性似乎并不取决于一个人学得有多好。"大脑想要在困惑中学习新东西，"一名研究人员表示，"它喜欢为了学习而学习。"[285]

它似乎跟你多大年龄也没有关系。一项研究观察了一组学习杂耍的老年人（平均年龄为 60 岁），他们的大脑所表现出的可塑性跟此前一项研究中平均年龄为 20 岁的受试者类似。

"哪怕你变成专家的机会渺茫，"施密特－威尔克对我说，"你也应该尝试学点儿新东西。"

*

有一天，我和希瑟·沃尔夫去曼哈顿上西区见她跟我提过的一位学生，这条建议便一直在我脑中回响。

在一所光线充足的高楼层拐角公寓里，我们见到了史蒂夫·施拉德。施拉德头发灰白，身体壮实，行动敏捷。为我端上咖啡后，他问我从哪里来。"布鲁克林。"我说。他眼睛一亮，兴奋地说："我星期三在那儿过了生日！"他刚跨过81岁的门槛，一架大钢琴上放着一张张五颜六色的生日贺卡。

施拉德给我留下的印象是：这是位来自奇妙的旧纽约的人物。他在上西区住了一辈子，他开玩笑说："我从没去过第96街以外的地方。"施拉德的父亲亚伯是波兰移民，曾是著名的服装制造商（绰号"麂皮王"），在埃德·科赫执掌纽约市政府期间，一年里曾有一个日子是以他的名字命名的。亚伯最终卖掉了公司，并在90岁的高龄成为华尔街的日内交易员。

史蒂夫的人生之路走得更加多彩。在我看来，他简直就是终身学习的榜样。"我这辈子都有点儿像是个业余艺术爱好者。"他说。在鲍勃·迪伦的时代（20世纪60年代），他常出没于格林尼治村。他弹吉他，录制过几张唱片，他绘画，他卖过衣服，教过高中，经营过一家小型出版社。他的真爱——"我能随意摆弄的事情就这么几件"——是写作，他给了我几本他写的书：关于他的生活和这座城市的挽歌式文章，饶有趣味。

一年前，施拉德在自己的才艺中加入了杂耍。他的身体出现了些问题——切除了胆囊并植入了起搏器，他感到"非常低落"。医生建议他别再打网球，这个运动项目是他在40岁时学会的，一直以来都很喜欢。

在当地一家居家养老中心，他注意到一项关于杂耍的课程。"我发现它非常难，而且实际上那家伙不是个很好的教练。"他尝试自己练习了一阵，但不得要领，后来他找到了希瑟·沃尔夫。最初，他参加的是小班集体课。"我觉得自己没法融入，"他说，"我比其他人都大四五十岁。"他感觉人们"忽略了他"（他这个年纪的人经常会有这样的感觉），但他喜欢沃尔夫，所以每周找她上课。施拉德半开玩笑地说，自己的目标是成为学习五球杂耍最年长的人，载入吉尼斯世界纪录。

这可不容易。到目前为止，我多多少少掌握了层叠法三球杂耍，转向异步法四球杂耍。这是件让人眼花缭乱的事情，沃尔夫说，一旦能玩转四个球，大多数人甚至无法分辨出你实际上耍着几个球。

和施拉德一样，我的目标是五个球——这是杂耍胜任者的标志。沃尔夫告诉我，哪怕不间断地练习，这大概也要花一年时间，甚至可能要用两年。让我和施拉德感到欣慰的是，麻省理工学院的天才克劳德·香农在从四球杂耍进入五球杂耍时也同样感到困惑。"这是一件他没法掌握的事情，"乔恩·格特纳写道，"反倒让它变得更加诱人。"[286]

在学习杂耍的过程中，施拉德遇到的很多问题和我相同。没有找教练期间，他练习了不恰当的技巧（如把手臂扬得太高），养成了坏习惯。

经历了最初的纠结，他进入了技能提升的良性循环：学得越多，越是喜欢；越是喜欢，也就练习得越多；练习得越多，就做得越好。

他还敏锐地觉察到技能学习中的另一条真理，他说："年纪越大，你要付出的努力就越多。"前述发现年长的杂耍者和年轻的杂耍者有着同样多灰质变化的研究，还指出另一个引人注目的事实。

经过三个月的训练，年轻组（平均年龄为 20 岁）100% 地达到了 60 秒不间断杂耍的目标，而年长组（平均年龄为 60 岁）的达标率只有 23%。研究得出了一项（施拉德和他父亲终身践行的）结论："随着年龄的增长，他们不应该减少锻炼，而是应该更加努力以维持其能力。"[287]

但这里还有另一个反转：老年人学习得越多，似乎也学得越快——他们会越像年轻人。[288] 学着学习，似乎是一项终身运动。

第七章

绘画的好处

绘画如何改变了我对世界和我自己的看法

人人都应该学会画画，就像人人都应该学会读书和写字一样。[289]

——威廉·莫里斯

为什么我们不能把看到的东西画出来

2017 年，谷歌发布了一份搜索次数最多的"怎样做"问题榜单。[290] 这类问题自 2004 年以来搜索次数增长了至少 140%，这是对人们大大小小的需求和愿望的一次坦诚窥探。

位居第一的问题是"怎样打领带"。你几乎可以感觉到求职者在面试前汗津津的手指头，他想必也点击过另一个人们爱问的问题——"怎样写求职信"。排在第二位的是"怎样接吻"，这个问题小心翼翼又令人心碎。接下来，"怎样做煎饼"和"怎样做法式吐司"并列第三，一如星期六早晨，在厨房里，父母们用沾满了面粉的手指头互相戳戳点点。

排在第五位的是"怎样画画"，在它一前一后分别是当代生活的两大关注点——"怎样减肥"和"怎样挣钱"。

这份榜单收录的主要是一些重大的人生追求，外加少数更直接的小追求，然而一项自摄影出现以来可以说已经不再具有重大意义的技能上榜——哪怕在艺术界也是如此，不免叫人感到有几分奇怪。

一如唱歌，绘画似乎是一种技能的幻肢。这种技能，我们在孩提时期便抛在脑后，但日后仍然偶尔会困扰我们。我如今还记得的发生在小学的事情很少，但有一件是在学校集会上唱歌，另一件是老师挑中了我的冬季风景画作，挂在了黑板上。

和所有小孩一样，我就是爱画画，没有得到特别的鼓励或指导，我也根本不需要。我会花上几个小时绘制史诗般的错综复杂的行动场面，用蓝色的签字笔渲染敌军部队攻击山顶堡垒，或是深海潜水员受到大白鲨的威胁。作为绘画作品，它们并不怎么好——不曾尝试表现深度或维度，但我也根本没想到这些。我画画只是因为它有意思，似乎有一些故事或冲动我想用视觉形式来表达——大多数孩子同样如此。

毕加索有句名言："所有的孩子都是天生的艺术家，问题在于怎样在长大之后仍然保有这种天赋。"在满怀热情的美术老师的马克杯上，你大概能看到这种话，它蕴含的想法是有道理的。

一项研究曾要各类受试者，从儿童到青少年再到老年人，画一些意在表达"愤怒"的图画。[291] 专家评委根据"表现力"、"平衡"和"构图"等标准为这些作品排序。显然，画得最好的是那些以绘画为生的成年人。

但跟画家们做得差不多好的是哪个群体呢？5岁的孩子。其他人，不管是成年人（非画家），还是年龄更大的孩子，画得都相对较差。该研究的发起人杰西卡·戴维斯认为存在一条U形曲线（类似于我在冲浪中发现的曲线），画家和5岁的孩子分别处在两个高点，其他人则处于低谷。

该理论认为，孩子们一旦不再描绘他们的感觉，而是开始画他们认为东西应该是什么样子的，他们就进入了心理学家霍华德·加德纳所说的"写实主义的低谷期"[292]，或"学究式地看重绘画准确再现物体的方面"。他们试图在技术上更好地渲染现实，但发现自己不具备这样的技能。

儿童早期教育学教授安吉拉·安宁指出，成年人期待孩子们学习（但并没有人教他们）"表现空间、尺度和视角的技术性挑战"。[293]

孩子们为了追求现实主义，放弃了原有能力，通常会画出一些如加德纳所说的"既雕琢得更加精细又更加呆板，毫无生气"[294]的东西。在"愤怒"的研究中，成年人和年龄较大的孩子试图画出愤怒本身，而5岁的孩子画的却是愤怒的自己。

于是，大多数孩子，包括我自己，开始认为自己"没有艺术天赋"。学校教我们写作和数学，并不期待我们变成作家或数学家，但不知为什么绘画被看作一种训练艺术家的严格的职业练习。[295]

我朦朦胧胧地想保持它的活力。在大学毕业后的一次欧洲长途旅行中，那时笔记本电脑和智能手机尚未出现，我带着一个笔记本，在上面写东西，偶尔也画一些简单的建筑和街景草图。我这样做是因为我有个浪漫的想法：在维也纳的咖啡馆，就该这么做。

虽说自己没有完全意识到，但我很向往文艺复兴时期巴尔达萨尔·卡斯蒂廖内在其1528年的著作《廷臣论》中所表达的理想，这本流传甚广的书被誉为宫廷生活进阶的"终极指南"。在书中，他认为绘画是"非常重要"的技能。[296] 历史学家安·伯明翰指出，在很长一段时间里，"优雅而有用"的绘画艺术被视为与写作一样的基本沟通技能，它是一种"社会实践"，而不仅是审美实践。[297]

不管它是什么实践，我都放弃了几十年。女儿的到来，以及她最终用她无穷无尽的涂鸦和素描把厨房里几乎所有的表面都变成了画廊墙，重新唤醒了我身上的残余之痒。我决定和她一起画画。

我的动机并不怎么明确。我不认为自己有艺术天赋，也不认为绘画能开启表达或创造力的神奇通道。据说绘画是获取知识的好方法，因为画画的行为在大脑中增加了另一层记忆编码[298]，但我不见得是为了这一目的。我只是觉得，对一个整天坐在电脑屏幕前看文字的人来说，锻炼一些不同的肌肉兴许挺不错。

专注的业余画家温斯顿·丘吉尔曾指出，在"脑力劳动者的日常工作"之外，就连消遣阅读这样的事，也只是在使用同一疲倦的官能。"为了恢复心灵的平衡，"他说，"我们应该把那些控制眼睛和手的大脑部分调动起来。"[299]

不管目标是什么，我在学习之旅中发现，很难预料到尝试学习某件事会给自己带来些什么、它会如何改变你。不知道自己到底能从某一学习经历中"获得"什么，仅仅是另一个拒绝学习的理由。

但到哪儿去学？怎么学呢？

我的一个老熟人已经成为一位精力充沛的素描家，甚至还出版了一本描绘餐馆的书。他建议我看看贝蒂·艾德华的经典作品《像艺术家一样思考》（*Drawing on the Right Side of the Brain*）。过去数十年，艾德华说服了成千上万的人，包括许多从不认为自己有艺术头脑的人，让他们相信自己能够画画。在这方面，她做得比任何人都出色。

我买了这本书，试着做了一些练习。我发现它们很有意思，但感觉自己还需要更多——更强的纪律性、更多的反馈。我在网上搜索关于这本书的信息时，偶然间看到艾德华的儿子将在纽约市举办一个研讨会。研讨会长达 5 天——整整 5 天，还要画比我 5 岁之后画过的所有画更多的画。我报了名。

*

　　哪怕你是已经处于职业生涯中期的职业人士，参加培训课也有些方面能让你直接回到小学时代。第一天，你走进一个陌生的房间，试着找到该坐在哪儿，鬼鬼祟祟地斜瞟一眼同学，担心自己是否带齐了正确的材料，你担心做错事、说错话，你害怕房间里人说不定都比你强。此外也有一种奇怪的解放感：在这里，你唯一的任务就是学习。

　　于是，12月初的一个早晨，我们9个人来到纽约市曼哈顿下城区翠贝卡街一间装饰时髦的住宅阁楼里，出现了略带紧张的推搡场面。站在全班人面前的是贝蒂·艾德华的儿子布赖恩·博梅斯勒（Brian Bomeisler），他告诉我，贝蒂已经90岁，"脚步相对慢了些"。

　　他向我们表示欢迎，并告诉我们，我们即将在一个星期内完成相当于一个学期的学习内容（整整40个小时）。和他母亲一样，他也是个画家——"一个高尚但不太赚钱的职业"。博梅斯勒已经领导这个工作室几十年，他有一头波浪卷的白发，戴着厚厚的黑框眼镜，常有一种慵懒、茫然的神情，偶尔会陷入时而伤感、时而异想天开的怀旧回忆当中。

　　博梅斯勒曾在纽约市过着一种如今看来几乎不可能的波希米亚式生活。他在普拉特学院接受了立陶宛移民鲁道夫·巴拉尼克的教导。巴拉尼克的双亲是犹太人，在第二次世界大战中死于法西斯分子之手，他以抽象表现主义绘画和政治激进主义而闻名。"他只画黑白画，"博梅斯勒说，"而且只穿黑色衣服。"

他回忆起另一位住在康涅狄格州的富人区格林尼治的导师："她会穿着飘逸的雪纺长裙，来到当时有些破败的贝德福德－斯泰森特区"，她有一种本领，能用她"博学的大西洋中部口音"说出让人记忆犹新的话。一天，博梅斯勒向她讲述自己在秋天搭乘火车从华盛顿特区前往纽约市的旅行。因为是个画家，他对这个季节树叶变化多端的颜色大加赞赏。"她看着我，眼睛闪闪发光，说：'啊，是的，但你看到树叶之间的颜色了吗？'"

早些年，在理查德·赫尔（朋克乐队歌手）和黛比·哈里（Blondie 乐队主唱）还在朋克俱乐部 CBGB（后来它成了纽瓦克自由国际机场的一家主题餐厅）的时候，博梅斯勒就住在对面。他搬到了苏豪区的一间阁楼（我们上课的那间阁楼是他一位珠宝设计师朋友的），位于邦德街和鲍厄里街的拐角处，一住就是几十年。"我看着世贸中心拔地而起，又看着它轰然倒下。"博梅斯勒已经离异，要支付两个正值青春期的女儿的赡养费。"一言难尽呀！"他笑着说。

博梅斯勒的过去几乎反映在他过去的这座城市的每一个地方。就在我们所在的街道对面，透过窗户可以看到演员罗伯特·德尼罗 20 世纪 70 年代住过的公寓。"我帮他建造了屋顶花园。"博梅斯勒说。他曾是木匠，如果你住在纽约，这绝不是件容易事。"我们没有卡车，只能搭乘地铁出行，把所有工具都装在帆布袋里。"

他会轻笑一声，结束这些遐想，然后摆出一副严肃的态度。

"绘画，"博梅斯勒对我们说，"不是运动技能的问题。只要你能签名，就能画画。"他开过的培训班里曾有一名四肢瘫痪的学员，用嘴叼着铅笔作画。

他说，绘画其实是一个思维问题。他要教我们的不是怎样成为画家——"就连我也不知道怎么成为画家"，而是"怎样画出我们在周遭世界里看到的东西"。更重要的是，怎样无视那些告诉我们没法画的言语。"我教的很多技巧，"他告诉我们，"都事关你与自己对话的方式，你要在自己的脑袋里埋下更多积极的声音，驱赶扰乱我们所有人的鬼魂。"

这与他母亲的精神完全契合，博梅斯勒告诉我，他母亲在加州大学洛杉矶分校的博士论文写的是"焦虑和绘画"：不是绘画如何有助于缓解焦虑（我肯定它可以），而是我们中有多少人一想到要把铅笔落在画纸上就感到惊慌。是什么让《像艺术家一样思考》（它的销量达数百万册）这么具有启发意义呢？因为它并不是教人们简单地照抄图画，或是罗列一些具体的绘画技巧。"我母亲的著作，"博梅斯勒说，"是第一本不教人画画而是教人思考的绘画书。"

艾德华认为绘画是和阅读一样"至关重要"的技能，阅读可以让人获得来自其他学科的见解，绘画则有助于训练我们的感知能力，"引导和促进观察力，洞悉视觉和语言信息的意义"[300]。

书名的灵感来自罗杰·W. 斯佩里（Roger W. Sperry）在 20 世纪 60 年代进行的裂脑人实验[①]的突破性研究，该研究使他获得了诺贝尔生理学或医学奖。斯佩里发现，大脑的左半球更专注于语言、分析思维和算术，右半球似乎更倾向于处理空间关系、识别人脸，在

---

① 为治疗癫痫，用一种如今已被淘汰的外科手术（连合部切开术）将患者大脑的左右半球分开。

脑海中想象二维和三维图形——这正是绘画时需要用到的。[301]

艾德华指出，长久以来，人们把大脑的右半球视为"次要"的，作用不如左半球，因为左半球是我们进行大部分语言处理的地方。在以语言为主导的世界里，艾德华宣扬了这一"劣势"半球的重要性，以及将视觉素养推而广之的重要性。

艾德华认为，初学者在尝试画画时，会试着画出自己知道并能够命名的世界，而不是他们真正在看的东西。我们按照分类原型绘画。如果有人要我们绘制一张脸，我们会画出自己认为的脸的样子，而我们画出的东西虽然看起来像脸，但不太像一张真正的脸。

书中有一道练习题，要读者复制毕加索给俄罗斯音乐家伊戈尔·斯特拉文斯基画的肖像素描。艾德华指出，通常，这种带有各种空间错觉的画作对初学者来说很难。

但艾德华给出了一条简单的指令：把画上下颠倒。突然之间，读者们的模仿能力大大增强。她指出，读者得以改进的奥妙在于，他们不知道自己在画什么。画中仍然能识别出来的部位，比如手，是最具挑战性的。艾德华认为，面对某种左脑无法分析的东西，例如上下颠倒的画作，"左脑模式"会撤退，让"右脑模式"起效。

读者的进步真的是因为大脑活动的临时重组吗？批评者认为艾德华的书夸大了神经科学。[302] 伦敦大学学院脑科学系教授克里斯·麦克马纳斯写道："半球理论（半球理论认为许多人只用大脑的一侧来解决问题，经过恰当的训练，我们可以主动调用大脑的另一侧来解决问题[303]）存在很大缺陷。"

尽管人分为"左脑型"或"右脑型"的概念在流行文化中广为

流传，但并没有得到强有力的科学证据支持。[304] 认为右脑半球更具 "创造性" 的观点也没有科学证据。[305] 斯佩里本人就曾提出警告，"左右二分法" 是一种很容易 "失控" 的设想。[306]

博梅斯勒认为，本质上，左右脑的概念更像是一种隐喻。但他也深入研究过这一隐喻，他告诉我："左脑很强大，它可不喜欢被晾在一旁。当你的右半脑感知遇到一些小挫折的时候，左脑会说：'瞧，我早就告诉过你，你做不到，笨蛋。'" 正如一位评论家所说，哪怕只是一种隐喻，"左和右" 的表述也 "延续了过时的大脑功能二分法"。[307]

这并不意味着艾德华的技巧不能帮助人们更准确地画出东西，也不意味着她的书缺少洞察力。

毕竟，画家们早就指出，以新的方式看待事物，对如实地描绘事物至关重要。[308]

19 世纪的评论家约翰·拉斯金认为，"天真无邪的眼睛"[309]，或 "对事物所代表的意义没有自觉意识" 的 "稚气感知"[310]，对艺术至关重要。"出门画画的时候，" 克劳德·莫奈劝告，"试着忘掉你面前的物体是什么，一棵树、一座房子、一片田野，或者其他任何东西。只要想着，这里有一个蓝色小方框，那里有一个粉色的长方形，这里有一道黄色条纹，就按照你看到的样子来画它。"[311]

撇开大脑的研究不谈，还有各种耐人寻味的证据表明，我们对事物所做的标签和思考方式会影响我们画出它们的能力。

20 世纪 30 年代有一项著名的研究[312]（该研究的整体结果后来在其他地方也得以验证[313]），研究人员向人们展示了一种图形符号，比如由一条线连接的两个圆，接着便要求人们根据记忆复制该符号。得知图形代表一副眼镜的受试者，与得知图形代表一支哑铃的受试者，画出的内容大不一样。在这两种情况下，人们都偏离了原本的符号。

结果很明显：人们画的东西更多地受到自己头脑中而不是纸上的符号的影响。

✳

我们拥有的最强大的一套符号是人的头部。"这些符号实际上几乎凌驾于视觉，故此，很少有人能画出逼真的人头。"艾德华写道，"能画出辨识度高的肖像画的人就更少了。"[314]

这就开启了我们在翠贝卡街要完成的第一项任务。"我们迎来了这5天课程里最糟糕的时刻，"博梅斯勒说，"我要请你们画一幅自画像。"这幅画会等到课程结束的时候再做分析，接着跟后几天的努力进行比较，借此衡量我们在一个星期内取得了多少进展。不过，我们先要做一番自我介绍。

学员中包括来自加利福尼亚州的软件工程师、渴望成为瑜伽教练的埃里克，他读过《像艺术家一样思考》，做过一些练习，还想再多试试，他把这个星期变成了一段学习假期。希腊金融专业人士萨基正在休长达9个月的假期，以"探索我心灵中多年来未能探索的部分"。来自蒙特利尔的厄休拉能说5种语言，在秘鲁的亚马孙地区有过"值得反复回味的经历"。芭芭拉在爱达荷州的一个退休社区做过服务员，上过"许多社区大学的绘画课"，并希望通过一个星期的强化训练，把所有片段都整合起来。南希曾是马林县的数学老师（"我一辈子都是靠着左脑过活"），退休后转而从事手工艺，"用我脏兮兮、黏糊糊、墨痕累累的手打发日子"。

画完了自画像，我们就开始进行真正的素描。博梅斯勒要我们拿出"自画像镜"（一面表面带有一组交叉线的镜子），它包含在预先准备好的工具箱里，是课程的一部分。接下来，画画。房间里顿时鸦雀无声，并持续了近一个小时。

我自己的尝试看起来就像是疑犯画像，只不过涉事疑犯并不真的住在地球上。我妻子看到这幅画时问我："这是瘪四还是大头蛋？"①

初学画画的人很快就会发现，有关人类头部的典型比例存在许多经验性的规律。比方说，脸的宽度相当于 5 只眼睛的长度。

我的画几乎违反了每条此类规律。我画的脸又宽又长，鼻子和嘴唇之间的距离宽得像公园大道。嘴唇危险地低垂到下巴上，就像蹒跚学步的孩子用心良苦但笨拙地拼凑着土豆先生②。眼睛是粗糙的象形文字。和大多数初学者一样，我把头发画成一根根单独的发丝，除非你有着全世界最难看的遮秃发型，它实际上绝不会呈现出这种样子。人的面部有几十块肌肉、无数的皱纹，还有层层叠叠的

---

① 《瘪四与大头蛋》（*Beavis and Butt-head*）是 20 世纪 90 年代美国著名的动画片。——译者注
② 土豆先生是孩之宝玩具公司推出的一款人偶玩具。——译者注

阴影——我一样也没能捕捉到。

这幅素描并不是按照记忆画的，如果当真是按照记忆，你大概很容易想象人们是根据概念而不是现实画的。我对着镜子仔细观察了自己一个小时，却还是搞砸了。

我想起艾德华写的几句话，意识到我的"指导前绘画"代表着我最后一次画画或者基本上停止画画的年龄。这的确是绘画者小时候画的肖像，9 岁的我尝试画出 49 岁的我，这似乎是件挺奇怪的事情。在成年生活中，很少有哪项技能这么顽固地封印在了童年的琥珀中。50 年来，我一直是个绘画初学者。

第二天，博梅斯勒要我们画一把折叠椅，他强调别把它想成椅子。"不画椅子，"他说，"你反而会得到一幅更复杂的画面。"

我试着观察这把"非椅子"物体的个别部分，把它放大，直到它变成抽象的色调片段。我告诉自己，多想想勒内·马格里特的那幅名画[①]，"这不是一把椅子"。在我的脑海里，我突然开始把它看作一系列的形状和"负空间"集合（"非椅子"物体之间和周围的东西）。

博梅斯勒走过来看我的作品，注意到我画的椅背尺寸似乎不对。他说："它应该跟椅子靠背到坐垫的距离一样长。"

"这不可能。"我想。

接着，我用画家测量尺寸的标准——你兴许在《兔八哥》动画片或类似节目里看到过——手里拿着铅笔，伸直手臂，闭上一只眼

---

① 作品的名字起得很合适——《图像的背叛》(The Treachery of Images)。

睛量了量。竟然没错。我一直盯着它看，但不管看多久，我都无法接受它的实际尺寸。正确的东西就摆在我面前，我的画怎么可能错得这么厉害？

*

为什么我们画不出自己看到的呢？

一项关于这个问题的研究发现，和博梅斯勒的看法相同，运动技能与此关系不大。恰恰相反，研究人员提出，是错觉，或者说，"确凿证据摆在眼前仍然恪守不变的错误信念"在影响我们。[315]

换句话说，我仍然在试着画椅子，而不是一系列的角度、线条和阴影。一些研究曾要求孩子们复制若干带角度的线条，他们做得很好。[316] 可要是让他们复制一张桌子的斜向轮廓图（它就是原始线条的来源），孩子们便突然开始犯错。

我花了好几天时间与这些错觉作斗争，很不容易。"我不能妙手点金，而你是米开朗琪罗。"一天上午，博梅斯勒咆哮起来。有几人提前起身下课，嘟哝着说："今天本该是我的假期，没想到还得这么辛苦地工作。"

在一次练习中，我退到卧室的角落，用回头看走廊的视角画了一幅画。为准确地呈现类似一扇打开的门这样的东西，要求你跟所谓的"形状恒常性"的知觉现象作斗争。例如，我们认为向内打开的门仍然是长方形，跟所有的门一样。

但当我们看到一扇打开的门，我们看到的实际上是一个梯形。

我必须正确测量门打开的角度，我不能依靠我的眼睛。实际上，画家也跟其他人一样会落入感知偏差的陷阱，只不过他们已经学会在纸面上补救。

人们常说，绘画"教会你怎样去看"。从某种意义上说，确实如此，但事实更复杂，也更有趣。

艾德华举过一个例子：当我们在拥挤的房间里环顾四周时，人们的脑袋，无论是近还是远，似乎都是一样大的（这种效应叫作"大小恒常性"）。如果你试着这么画，你会察觉到纸上有什么地方不对劲。但如果你以正确的方式、有大有小地把脑袋画出来，我们在纸上看到的时候，它们似乎还是一样大。

绘画不只教我们"怎样看"，还教"我们怎样看"——大脑呈现外部世界的各种捷径和窍门。我们看到的不是反映在视网膜上的世界。大脑就像一位画家，对我们周围的事物给出了自己的阐释。

绘画还教你有多少东西可以看。我看得越久，看到的就越多。天花板角落里的阴影实际上是几道互相交叠的影子，一块地板上就藏着一个微妙的世界。虽然我想要捕捉每个细节，但博梅斯勒建议，略去细节通常是更明智的做法，这对人的心智也更好。

我发现床上的床单特别难以呈现，我向博梅斯勒抱怨，他说："是呀，我还有画床单专用的笔呢。"当然，这是个玩笑，因为画一张皱巴巴的床单和画一张皱巴巴的人脸没有什么不同，无非是轮廓和阴影罢了。我不得不放弃布料和几何褶皱的想法，只把它看作一种抽象的景观，一幅有人睡过的阴影地形图。

绘画是我做过的最引人入胜的事情，远比写作的吸引力强。我关掉手机，把它放在另一个房间，只剩下我、一支铅笔和一张纸，还有我周围的空间。几个小时不知不觉就溜走了，这让我感觉是一种有益的冥想。我进入了一种高度专注的状态，置身其中，时间和世俗的烦恼都飘走了，等结束后，我还可以留下一幅纪念品带回家。

画家弗雷德里克·弗兰克引用了大慧禅师的话：活跃状态下的冥想比平静状态下的冥想要深刻千倍。[317] 如今，我们把它称为心流。不止我一个人有这样的感觉，我听到班上有人说："最难的地方是要全神贯注这么久。"来自蒙特利尔的厄休拉说，她沉浸得太深了，"感觉童年的记忆要冒出来了"。

我们的最后一个项目是，借助这一个星期获得的技术和经验，重新画一幅自画像。这一次，我们装好了自画像镜，一群人在走廊里摆好姿势。萨基就在我旁边，我尽量不被他的画分心。我戴上耳机，选好钢琴家格伦·古尔德的曲目，转眼就到了午餐时间。

半小时后，我回来继续画。过了一会儿，我注意到萨基吃午饭还没回来，而且他之前反反复复在擦改自己的画，进展并不大。我开始间接感受到压力，我自己的画也还要好几个小时才能完成——如果我真能画完的话。我可以画上好几天。博梅斯勒告诉我，要是一幅画已经画完，再对它做任何事都会让它变得更糟糕。

我把我的画从墙上取下来，挂到阁楼的墙上，那里是我们作品的临时画廊。我的肖像似乎很阴沉，近乎生动，而且情绪化。画里的我目光炯炯，这比其他任何个人特征都更能反映出我在这幅画上下了苦功。博梅斯勒认为它堪比魏玛时代街头生活记录者马克斯·贝克曼的作品（在我听来，这是句恭维话）。但是，那双眼睛画得太大了。我把这幅画带回家,自豪地展示在客厅里,妻子咯咯笑着说:"你看起来就像是个豆豆娃。"

"大多数画作都是失败的,"美国艺术家彼得·斯坦哈特写道,"几乎所有画都只是练习。"[318] 我把这句话视为座右铭——当然我也没有别的选择。

这个课程给我带来了启发。艾德华说,一旦你开始学习画画,你的大脑就永远改变了(而我的大脑,如上一章所述,最近经历了很多改变)。

绘画并不是件困难的事情,但观察是。一旦你开始为之付出努力,你就会觉得这是一种超能力,能为你打开身边世界的全新层次。我发现自己会停在街上,观察汽车引擎盖上倒映的城市景观的微妙动态,或者橘子皮上的纹理图案。我可以在医生的办公室里走神半个小时,看着某样东西(一罐棉球、天花板上的隔音砖)想:"我该怎么画这个?"

在画自己的时候,我逐渐熟悉"自己的脸"。它跟我每天早上从镜子里看到的是同一张脸,但在尝试画它的时候,我感觉自己就像一名地图绘制者在绘测一块陌生的版图。哪怕我拍 1 000 张自拍,也不可能像画自画像那样与自己的相貌产生这么亲密的关系。在这个充斥着照片原始信息(可供采集的纯粹数据)的时代,绘画似乎是需要有所付出才能获得的智慧。

博梅斯勒告诉我,一些来参加了绘画课的人"就像是'啊,我学会了怎样画画,瞧瞧',然后他们就回归了自己的正常生活"。

我知道自己仍处在旧石器时代,墙上留下了一些原始的划痕。

画家约翰·斯隆建议："永远不要从绘画中毕业。"[319] 绘画解锁了我内心的某些东西。尽管我喜欢创造一些有形的东西，绘画跟这一点几乎无关。我爱上了绘画的过程，所以我动身去寻找更多。

广阔清澈的视野，蕴藏无尽的可能性

走过翠贝卡街熙熙攘攘的人行道，告别那些高档精品店和动感单车健身房，走进纽约艺术学院，你会觉得自己仿佛无意中走进了一个古希腊集市，那里有石膏柱、古典雕塑家的半身像复制品、肌肉发达的裸体雕像。你甚至不乏期待地觉得会在大厅里碰到苏格拉底式的对话。

学院坐落在一栋 5 层楼的 19 世纪仓库，这里原本是装订商和阳伞制造商的聚集地。1982 年，因为担心随着绘画走向极简主义和概念主义，艺术学校向世界各地输送的毕业生缺乏许多传统的绘画技能，一群人将它创办起来。[320] 讽刺的是，通常被视为概念艺术家的安迪·沃霍尔也是这所学院早期的赞助人之一。人们感觉有些学美术的学生连画个圆都画不好。"他们可能面红耳赤地讨论概念主义，"学院的传播主任安加拉德·科茨告诉我，"却不懂画架或笔法。"

早期，该学院的教学方法在大众眼里显得有点儿古怪。画家埃里克·费舍尔形容："大量学生会画穿着长袍的人，他们丝毫没有讽刺感。"[321]

准确描绘人体形态早已不再是艺术的核心关注点，但这里仍然要求所有学生学习"肌肉骨骼结构图",即画出没有皮肤的人体。尽管以经典技能为焦点,科茨坚称学院无意退回到古典主义。"我们的设想是,你会接受所有这些硬核训练,"她说,"但同时,我们也期待你日后成为一位当代艺术家。"

学院最初在财务和组织方面遇到了一些困难,但磨难过后,它成为纽约艺术界一个虽然古怪但仍受人尊敬的部分。每年都会举办盛大的筹款舞会。"朋克教父"伊基·波普曾顺道拜访,亲自为现场绘画课充当模特,展现他那出了名的肌肉发达而轻盈的裸体。他说:"出于某种原因,觉得自己能够裸体站在一群人面前并与他们交流,这对我来说很重要。"[322]雕塑专业的学生根据匿名犯罪受害者的头骨渲染其面孔,为悬案调查人员提供帮助。学院院长是一位极为能干的前公司高管,本身也是因为学画画,而初次接触到这所学院的。

我对直接就读学院的"继续教育课程"感到有点儿畏惧,(虽说它宣称适合初学者)于是我到学院绘画系的负责人迈克尔·格里马尔迪那里先上几节私教课。

一天晚上,我们在一个空旷的房间见面,房间里散乱地摆着画架,地板上残留着斑斑点点的油漆和胶带痕迹,还有一台叮当作响的电暖气。格里马尔迪身材高大,说话温和,动作优雅,跟他早年是大学一级击剑运动员时一个模样。最近,他8岁的女儿开始学击剑,于是他在中断训练15年后又重新捡起这项运动。和我一样,他也意识到,置身"比赛的声音和气味"中,他不能待在场外。

他在曼哈顿长大,一直被当代艺术家包围,罗伯特·劳森伯格和朱利安·施纳贝尔都曾跟他同住一栋楼。"他们从不会打消你看到什么就画下来的冲动。"他说。

我告诉他，我最近参加了艾德华的课程，他会意地点了点头，接下来说的话跟我之前听到的互为呼应。"接下来的几个星期，我们要试着梳理将视觉体验抽象化的方法，"他说，"消除我们对事物的视觉偏差。"

例如，在尝试画一张脸时，我们往往会过分强调对我们重要的东西。我们把眼睛画得太大，额头画得太小，因为我们通常会更多地看着人们的眼睛，而不是额头，我们在眼睛上投入的情感也更多。我们把眼睛放在比实际位置（眼睛的实际位置大约在头部的一半）更高的地方——研究发现多达 95% 的非艺术家受试者都会犯这个错误。[323] 我们打算以 3/4 的侧面角度画一幅人脸肖像，同时却仍然想要把眼睛放在"正面"，因为我们通常就是这样看人的。格里马尔迪认为，事物被赋予的意义或情感越多，就越难画出来，至少最初是这样。他的女儿对他来说就是一个尤其棘手的绘画对象，他说："如果你能冷静、超然地看待事物，不知为什么就会变得更容易。"

我们的第一个主题是一张又软又厚的古旧沙发，放在立台上，从上面打光。第一课的重点是明暗关系，即某物的亮或暗。与色彩多样的油画不同，铅笔画的颜色有限。"你只在一个系统里工作，"格里马尔迪说，"明暗关系是出了名的难画好。"它甚至很难感知。"在白墙前面摆着白色物体，我们会觉得它们都是白色的。"他说。但你既然能看到该物体，那么它就并没有完全无缝地跟墙壁相融合，这就意味着它们的明暗存在差异。在绘画中，任何假设都并不可靠。

用一支铅笔和一张纸，你需要涵盖一切，从最深的阴影到最亮的阳光。格里马尔迪说，在绘画之前，你需要弄清楚"最亮的亮部"和"最暗的暗部"。他说，把极值放到两侧，你更容易确定其他明暗的位置。一旦你在白纸上做了记号，他提醒我，你会认为它比实际上暗。

任何给定场景中包含的明暗关系范围都可能令人不知所措。他建议眯起眼睛。"你会抑制眼睛的颜色感受器（视锥细胞），更多地依靠视杆细胞，它们是明暗感受器。"他说，"如果你走进一间黑屋子，你看不到颜色，只会看到明暗关系。"

接下来的一星期，我们又去看了一尊铸像，是古希腊维纳斯罗马时代复制品的碎片。在我的想象中，对我来说，画这尊铸像的方式是，我的手忠实地沿着眼前看到的轮廓画。

你当然可以这么做。我们要进行精确的渲染，然而，正如没有蓝图就建不了房子，不先勾勒出示意图就画不出东西。这种图看起来隐约有点儿像建筑图。"我的老师告诉我，"格里马尔迪说，"这不是一幅真正的画，而是一幅素描的骨架。"

第一步是画出基本的"包络线"，即连接图形最远点的几何形状并确定比例。它看起来像个梯形。从这里出发，我会寻找各种"地标"，比如图的最高或最低部位，并着手在其间快速绘制线条。格里马尔迪把它比作徒步旅行：如果我们迷路了，可以通过三角测量我们相较于地标的位置确定当前方位。

他不想让我画任何细节，而只是大体的姿态。"体积和形状以后再找也不迟。"他说。如果我发现自己在一个区域（通常是头部）花了太长时间，我就应该离开，继续前进。

一切都需要加以抽象。曲线不要画成曲线，而是画成一连串的短直线。"这是一种更快速的绘画方式，"他说，"画曲线时我们的眼睛和手要花很长时间。"

我注意到他拿铅笔的姿势跟写字时不一样，他握着铅笔的末端，笔在他手指里摆动，就像地震仪上的指针。这么做是为了不去画具体的轮廓或形状。铅笔来回摆动，几乎与眼球运动同步，就像在实时记录。

相较于不会画的人，画家往往会更频繁地观察它们的主题。[324] 有一种观点认为，画家这样做减少了在工作记忆中保留图像的需求，因为图像在工作记忆中很容易产生偏差和误解。

当我突然意识到自己把大致代表铸像一只手臂的某一笔画得太低，格里马尔迪的眼睛一亮。"我们发现了画纸上的一个错误，这是个好消息。"他说，"没有发现就是坏消息。你未做修正的时间越久，最终要修正的幅度就越大。"

渐渐地，从这个满是划痕、交叉痕迹的梯形盒子里，维纳斯的身影开始显现。我有一种感觉，与其说是我在画，不如说是画本身在画。早在我想到"眼睛"或"脚"之前，它就已经以计算角度和姿态的简单副产物闪亮登场。

"你做得真的很好。"格里马尔迪说。他似乎是认真的，但正如所有真诚的学习者，我对这种套路化的恭维很警惕。"不要只是告诉我它们很好吃，"有一次，我女儿烤完巧克力饼干之后说，"说一说它们吃起来到底是怎样的。"

*

随着我进入学院的继续教育课程，我的业余绘画生涯开启了。我像个兴致勃勃的小学生，迫不及待地去购买推荐用品，拥有一套全新的装备无疑是初学者最大的乐趣之一。我是个靠在电脑上写作为生的人，绘画纯粹的触感让我很欢喜：用刀片削铅笔，使用油灰腻子般的橡皮擦，用纸球调和铅笔粉。

当我背着画夹离开家，我注意到邻居看向我时惊讶的眼神，我暗地里心满意足：哦，没错，我正准备去艺术学院呢。等我走进学院，这种快活的自信便消失了，因为那里到处都是真正的艺术家，裤子上溅满颜料，留着有趣的发型，刚完成了作品。

尽管如此，我还是觉得自己被引入了一个隐秘的世界，看着这些正接受训练的年轻艺术家清洗画笔或在午餐区闲聊，我会回想起大学前的自己："如果我选择了这条路，那会是什么样？"

即便在标明针对初学者的继续教育课程中，也人才济济。在一门课上，我遇到了来自布鲁克林的高中老师帕克。他画了好几十年画，他告诉我，他家里有一幅油画，他最后一次雕琢是在20年前，但有一天，他打算接着画下去（谈及继续教育），但他对这幅画已经落入精疲力竭的地步，"你在一厘米见方的地方用了一个小时，仍然没有达到你想要的效果"。

过了一段时间，我对他的这番话感同身受起来。在一堂有关巴尔格法（这是 19 世纪一门著名的法国绘画课程，影响了毕加索等画家）的课上，我花了好几个星期的时间，试图根据挂在我面前画架上的耳朵石膏模型，塑造出令人信服的形象。在头顶泛光灯的照射下，它是一团形状和阴影的旋涡，令人陶醉，也叫人懊恼。

就像面对一道迷人的涡流，我感觉自己被吸进了它不可知的旋涡。"我们是在用铅笔渲染三维图形，"老师阿尔德·伯奇告诉我，"我们正在演示触摸它是怎么样的。"从某种意义上说，我们必须用铅笔而不是用手来雕刻它。我们不得不潜入卷曲的深处，跟随从头顶反射到耳朵褶皱上的光线流动。"形成卷动，"他这么说，"还记得剧集《皮鞭》（*Rawhide*）里的那首歌吗？让它形成一个卷！"

有时，我会瞥一眼坐在左边的同学安德鲁的画，并惊讶于我俩的作品看起来如此不同。我的画松垮垮的，很印象派，而他的画非常精确，几乎像一幅解剖画。你可以学习一项技能，但你的风格似乎总是自己呈现的。学期结束时，我们把所有人的画收集到一起，发现了 12 幅耳朵画，每只耳朵都如同作画者的签名一般独一无二。"感觉像是有声音的，"伯奇赞许地研究着我画的耳朵，"就像有一种脉冲的特性。"我感觉自己又回到了小学，我的画作被老师挑了出来。我不知道为什么，但赞扬你最近刚做不久的事情，似乎比赞扬你做了很久的事情更令人满足。

随着信心逐渐增强，碰到有人从背后瞥我在做什么，我不再尴尬地退缩。我会在家里举办即兴绘画研讨会，在厨房的桌子上摆放一件物体（比如橙子），让妻子和女儿试着画它。在我们送给大楼管理员的节日贺卡上，我附上了一张他家罗根（一只西伯利亚哈士奇）的速写。"你简直可以去卖画了！"他兴奋地说。他的反应让我大受鼓舞，但这也让我想起，当孙子在钢琴上磕磕绊绊地弹出第一首歌，祖父母便认定他们日后一定会去卡内基音乐厅。

接着，我上了第一堂现场写生课。一连几个小时盯着一个无生命的物体是一回事，而让一个会呼吸的人坐在你的面前，要你在短时间内画完，就是另一回事了。模特休息后回来，坐的姿势会稍微有些不同，突然之间，裙子上的褶皱，或者她脸颊上的光线，就和我画的不一样了。

在尝试作画时，我的记者本能不由自主地冒出来。他们是谁？他们喜欢这份工作吗？我能当现场模特吗？当然，我们不能在课堂上说，这被看作侵犯隐私，干扰准确绘画。

一天下午，我在电梯里偶遇了班上现在的模特，一个身材瘦削、肌肉发达、有着一头斑驳金发的男人，他此刻穿着便服。我问他，他平静地、一动不动地坐在那里时会想什么。"今天我想的是要买什么股票。"他说。我拿不准是否在期待他说"思考生命的意义"之类的话，但他的回答让我吃了一惊。伊基·波普说他想的是自己的歌，而这家伙却在精神上跟踪着市场。

与此同时，我自己的思绪也侵入了我的绘画当中。"你看到的是不存在的东西。"写生课老师罗伯特·阿梅塔相当严厉地斥责我。我画了一根真正的睫毛，原本那里抹上一团暗色光影就足够了。"你在强调不该强调的东西，这就削弱了不该削弱的部分。"

我点了点头。还有一点，我犯了画线的大忌。"它变得太概念化、太公式化了。"他断言，我的铅笔太重了。我看着手里的笔，就仿佛它是铁做的。"所有东西都应该轻一些，"他说我的铅笔痕迹很难擦掉，"因为我们要假设它可能会出错。"而我的确画错了，在线上的某个地方，我的测量出现了偏差。"你检查了 A 点到 B 点到 C 点，C 点到 D 点到 E 点，但你没有检查 A 点到 F 点。这么说，你明白吗？"我不太明白，但我点点头，有些茫然。

尽管仍然不太懂，但学习新东西自带一种几乎不可避免的副产品：想要学习更多新东西，也就是所谓的"溢出效应"。

所以，没过多久，我就报名参加了一门涵盖铅笔画和油画的课程。老师亚当·克罗斯告诉我，这门课在中途从铅笔画转向了油画。"75% 的学生只想继续画铅笔画，"他说，"他们对自己刚解锁的技能感到兴奋。"

油画要使用全新的工具，有着全新的技术挑战，我再次变成初学者。罗伯特·阿梅塔在评价我的一幅素描时曾告诉我，在画画的早期，最初的一瞥具有特殊的力量。"你的眼睛此刻比一天其余的时间都更新鲜。"他说。对画画而言，随着时间的推移，"我们会感觉事情并没有那么糟糕"。熟悉孕育着满意。

一幅画的开始阶段就像一个初学者：新体验到的全然清晰，逐渐剔除那些尝试性动作中的错误，从过去的经验或习惯中解脱出来，空荡荡的广阔且清澈的视野，有着无尽的可能性。

我不知道画画会把我带向何方。我本来没打算学习油画，但它就这么出现了，我甚至还关注起了雕塑课。我再次想到诺曼·拉什对爱情的形容，就像是进入一连串的新房间，你不停从一个房间走到另一个房间，每个房间都越来越大、越来越好。"你从未打算从一个房间走到另一个房间——可它就这么发生了。你注意到一扇门，你走了进去，你再次兴奋起来。"

这就是学习的感觉，一旦你打开第一扇门——那扇标有"欢迎初学者"的门。

第八章

自我更新之路

我学到了些什么

一旦一个人了解到……他将做个终身初学者，那么在任何一门科学中，他都不再是初学者，甚至会成为该学科的大师。

——罗宾·科林伍德

你绝不会太老，也绝不会太小：学习是一项终身运动

在我的一系列新手尝试中，有很多次，我感到尴尬、不确定、表现不佳，甚至想过放弃。

其中最难忘的瞬间是，我在巴哈马阿巴科群岛海岸外的开放海域游了3千米。在那里，我发现自己很难跟上我9岁的女儿和一位70岁法国妇女的速度，后者戒掉了一天一包的吸烟习惯，最近通过观看优兔视频自学了游泳。

事情怎么会变成这样？

一年前，女儿在上每星期的游泳课时，我都坐在长椅上盯着手机，我感觉像是第1 000次（我只有为数不多的几次没有玩手机，那是因为我真的把它掉进了泳池里①）。就在这个下午，我头脑中冒出一个挥之不去、贯穿本书始终的念头：我坐在场边消磨了多长时间？我上一次游泳是在什么时候？

我每年会到酒店的游泳池里游几次，或者到我岳母家附近的湖里泡一次。事实上，在纽约市游泳可不容易，游泳池又贵又挤。我经常下水冲浪，但回到冲浪板上只需划几下水。

但我一直在读罗杰·迪金的《水上日志》（*Waterlog*），它是一本赞美"游野泳"（跳入河流、湖泊或者开放海域的行为）的经典之作。它似乎无比诱人。迪金认为，在一个"路标"越来越多的世

---

① 我把它装在一袋米里吸水，又坚持用了一个星期，接着就彻底坏了。

界，"游野泳"带来了自由，也带来了抛开一个世界进入另一个世界的深刻蜕变。在他口中，这简直是万试万灵的神药。"跳下水之前，我哭丧着脸，感觉如同得了绝症，"他写道，"可等我出来，却吹着口哨，快活得像个傻瓜。"每读一页，我都能感觉到水面的吸引力。

看着女儿仰面朝天，来来回回地游，我突然想到我们可以去度个"野泳假期"。这种举动越来越流行，尤其是在英国，当地的书店摆了整整一书架的"游泳改变了我的生活"式回忆录。

不同于我每年的自行车长途旅行，那是以受苦、碳水化合物和雄性激素为主导的日子，游泳里大概会有一些我们都喜欢的东西。我妻子和我一样，并不是狂热的游泳爱好者，但每当我们真的去游泳，她似乎也很享受。女儿则有机会将所学技术应用于现实世界。我们将置身自然（真正的大自然），锻炼身体，平复思绪，一家人和和美美、团团圆圆（正如本书之前提到的，一起学习新事物对增进家庭成员之间的关系大有好处）。

此外，低强度游泳是一项终身运动。这种说法，我听过很多次，这通常是游泳爱好者告诉我的第一件事。我初为人父时年纪有点儿大，等女儿完全成年，我差不多就到了退休年龄，所以我觉得这听上去挺有吸引力。一项长期研究发现坚持游泳的人比久坐不动的人寿命更长 [325]，这一点，想必你料得到。游泳爱好者似乎也比徒步或者跑步爱好者活得更久，原因尚不清楚。

每个游泳爱好者都会告诉你，游泳让你感觉舒服，就跟罗杰·迪金说的一样。说到它抗抑郁作用的真正临床证据，有一项极具暗示性的研究 [326]，只不过受试对象是老鼠（顺便说一下，老鼠天生就知道怎么游泳）。在若干个星期内，这些老鼠承受了一系列轻微的压力：笼子歪斜，尾巴被咬，床总是湿的。在纽约，类似的处境或许会是这样：房东不给你开暖气，外面的汽车警报器响个不停，你的邻居一根接一根地抽烟。

因此，老鼠们开始显得情绪低落。很快，研究人员把它们放到水里游了一轮泳。通过分析老鼠大脑（特别是海马体中的蛋白质）随后的变化，研究人员得出结论：老鼠们游走了抑郁。

尽管我努力寻找，但我根本找不到游泳的缺点。因此，在咨询了"逐泳"（SwimQuest，它是为数不多的游泳度假公司之一）后，我决定去希腊的一座岩石小岛马斯拉基（Mathraki）旅行。伊奥尼亚海温暖清澈，基本上没有可能会伤到你的东西——没有鲨鱼，也没有快艇。我看着地图上的马斯拉基岛，被大片的蓝色包围，据说奥德修斯就是被海之女神卡吕普索囚禁在附近的一座岛上。

我沉浸在神话和浩瀚大海的浪漫氛围中，后来才想起，虽然我总体上还算健康，但游泳总是很快让我筋疲力尽。没游几圈，我就必须休息。如果在游泳池里都这么挣扎，为什么我这么轻率地签了合同，打算前往深不可测的海洋？

*

我觉得自己需要赶紧补习一些课程，于是联系了本地铁人三项的教练马蒂·芒森。她想让我们从泳池开始，这本身就是一种启示。和游泳技术突飞猛进的女儿不同，我的游泳技术停留在 20 世纪 70 年代，当时是在基督教青年会里学的。

也可以这么说，我自以为学会了游泳。教我的不止一个人，教的内容是怎样不被淹死。[327] 游泳和"不淹死"，区别真不小。

看着我游了几圈后，芒森很快就明白了为什么我觉得游泳这么费劲。和许多新手（或者说卡在新手阶段的人）一样，每当我前爬式划水把头露出水面时，都在努力地吸气和呼气。我得知，呼气应该在水下进行，通过所谓的"气泡呼吸"法。在狂乱地吸气和呼气的过程中，我过度换气了。

或许，在你看来，这一呼吸指令显而易见，但从来没有人给我指出来。我的泳姿也存在问题，但解决呼吸问题似乎最关键。著名的游泳教练特里·拉夫林观察说："游泳和陆上运动的主要区别之一在于，在水中呼吸是一种技能，而且是相当高级的技能。"[328]

为了体验海洋，我们前往科尼岛，在温暖的月份，当地有着充满活力的开放水域游泳场景。我们去的那天早上，天气仍然很凉爽，只有我们两个。我们穿上保暖泳衣，跳入水中，著名的旋风过山车在远处隐约可见。

游在防波堤之间，海浪卷着我，我感到短暂的眩晕。我从来没有想过，不仅在船上会晕船，人在海里也会晕。我一抬起头来吸气，一浪头就拍在脸上，朝我猛地灌了几口海水。风减慢了我前进的速度，洋流改变了我的航向。"在开放水域游泳，"芒森告诉我，"是为了练习接受度。你必须接受大海想要抛给你的东西。"

这似乎又是一句人生箴言。如果你能在波涛汹涌的大海里长距离游泳，拥挤的通勤或繁忙的会议对你来说就会显得波澜不惊。

然而，当我们到达马斯拉基岛时，我感到惶恐不安。诚然，从进化的角度来说，我们是从海洋中爬出来的，但从此以后，人类就与海洋保持着一种矛盾的关系。我为什么要让自己和家人去冒这么大的未知危险呢？冲浪的时候，至少你通常在水面上。

马斯拉基岛是科孚岛附近迪亚波蒂亚小群岛里的一座，是个山路崎岖、松香四溢的地方，那里的居民大多是带着扬基队棒球帽的希腊老人（或许在回到故乡之前，他们曾住在皇后区），喝着"神话"啤酒闲聊，照料自己的地中海式小花园，或是以其他方式打发晚年时光。我们住在一处家庭经营的小旅馆里，那里的鸡似乎比投宿的客人还多。

旅馆老板的儿子乔治替逐泳公司驾驶安全船，早晨，他为大家分发了浓郁的希腊咖啡。第一天，当他把我们带到离岸很远的地方，其他游泳者都下水了，我们仍在船边犹豫不决、摇摇晃晃。

我们离周围的海岸都很远，水面打着漩儿，像一面无法穿透的镜子。我们中没有人在远离陆地的情况下到海里游过泳。在幽冥般的深海巡游，是什么感觉？对深水的恐惧被称为"地中海恐惧症"，人们不惧怕浅水。

从我女儿开始，我们一个接一个下了海。水很暖和，如同丝绸。远处是阿尔巴尼亚海岸的峭壁。我们开始游，本能地挤在一起寻求保护。我突然感觉，整个世界都从我脚下脱离开来，深渊看不到尽头。

在我 7 岁那年，平装本《大白鲨》的封面摆在每家超市的柜台上，眼下，它突然涌入我的脑海，不祥的预感非常真切。好在安全船总是守在附近，我们的向导米娅·拉塞尔会在船上巡视。她是一名健壮的、经验丰富的南非游泳运动员，爱好冲浪和自由潜水，自称"美人鱼"，她还时常下水跟我们一起游。

我们的迟疑逐渐变成了庆幸。跳入水中，感觉就像进入了另一个世界，透明的反射光从下面照亮了一连串蓝色的空间。海洋变成了一切：它既是你前进路上澎湃的障碍，也是带着咸味、浮力十足的爱抚，把你承托起来。只要离船不远，我就可以让我的思想自在地漫游，就像海底世界一样无边无际。我们就像一群小鲸鱼，在海湾里来回穿梭，像在浴缸中嬉戏。

日子一天天过去，我们慢慢地开始克服不敢下水、不敢远离岸边的种种心理障碍。不经意间，我们游的距离比以前任何时候都远：几百米变成了几千米，遥不可及的岛屿现在似乎近在眼前。在最后一天的晚上，女儿赢得了令人垂涎的金色泳帽，她靠着勇气和决心，几乎完成了这一星期安排的所有游泳项目。

离开时，我们意识到大家一起经历了一些事情。我们在水中诞生，为什么不能重生？"水是一种治疗方式，"一天下午，拉塞尔对我说，"置身于水中，你会感到平静，因为它悄无声息。你漂浮着，它宽慰着你，如同母亲的子宫。一切都在水中显现出来。"她见过无数人在海洋中"经历"了一些事情，克服恐惧，整理好自己的生活，或是克服个人困难。他们的泳镜内有时会充满泪水。

*

我们上瘾了。我妻子和女儿跟我一样，洋溢着初学者的热情。

永远年轻的初学者

不到一年，我们又报名参加了一次逐泳之旅，这次是在巴哈马群岛。拉塞尔在大瓜纳岛（阿巴科群岛中的一座堰洲岛）的码头上等我们。在马斯拉基岛，她将我女儿收为"美人鱼"之徒，在庄严的仪式中，她送了我女儿一支美人鱼钢笔。

这个星期，当地聚集了 10 个人，同住在一座海滨别墅里。除了我和英国游泳教练盖伊·梅特卡夫，其余全是女性。逐泳的创办人约翰·科宁厄姆 – 罗尔斯是个爱交际的高个子，他说这种性别倾向并不少见，"大部分长距离游泳纪录的保持者都是女性"。

有一对来自英国的母女，她们从另一场野外游泳探险（扎入瑞典冰冷的海水）中直接来到巴哈马群岛。有一位正值中年的英国儿科医生，她几年前失去了丈夫。一天晚上，她告诉我，她丈夫一直是家里的探险队队长，为了在他离开后找到自己的道路，她扎进了水里。

我特别感兴趣的是刚满 70 岁的帕特里夏，她住在法国沙莫尼——滑雪、打网球、在菜园里种蔬菜。几年前，在经历了几十年多姿多彩的职业生涯（甚至曾参与拍摄法国著名导演克劳德·夏布洛尔的电影）之后，她退休了。她展现出从容的美（她随便穿上一件太阳裙，就能让我们突然感觉如同置身圣特罗佩），还有一种不加修饰、相当顽强的魅力。

一天晚饭时，我妻子称赞了她穿的衬衫。她无所谓地说："这是在 H&M 买的。"帕特里夏突然用手使劲拍了拍桌子，把大家吓了一跳。"我正在抵制他们！"她高声道。抵制的原因似乎与该公司的全球供应链有关。这只是她似乎正在进行的一系列抵制活动中的一个，出于好玩，我们猜起有哪些公司逃过了（或是没有逃过）她严厉的关注。我们把车停在海边一家海鲜店的码头上吃午饭，她注意到餐厅附近有一堆晒得褪了色的贝壳，非常扎眼。"我感觉好像来到了海螺墓地。"她带着一丝心怀厌恶的高卢人的轻蔑说（于是她当晚点了素菜）。

几年前，在易捷航空的一趟航班上，她偶然在机上杂志上看到一篇谈及旅行与运动结合的文章。"我看到人们在全世界最美丽、最神奇的地方游泳，"她告诉我，"我当时就打定主意要这么做。"

然而，她并不怎么擅长游泳，她可以在泳池里游 100 米蛙泳，接着就停下来大口喘气。她打算参加的游泳之旅要不间断地游 3 千米的自由泳。她去了当地的游泳池，但那儿的人告诉她馆里没有合格的成人教练。那个微妙的暗示又出现了：学习是针对孩子们的。

后来，她发现了优兔上有丰富的教学视频。她特别喜欢"肖式法"（Shaw method），她着迷地看，按照游泳的姿势弯着胳膊，在公寓里来回走动。每当她进入泳池，她都会关注一些小细节，比如手入水的方式。因为没有教练，她让姐姐给自己录像，与教学视频对比。慢慢地，她一个星期游两次，越来越好。6 个月后，她可以不停歇地游 1 千米了。

一年后，她开始了自己的第一次开放水域之旅。"我想知道，"她对我说，"真见鬼，我之前怎么就不游泳呢？"但重要的是现在做，而不是之前没做。我想起古罗马哲学家塞涅卡写过一篇文章，当疾病出现，"虚弱的老人"被死亡吓倒，"他们惊呼自己是傻瓜，因为他们没有真正地活过，只要他们能从疾病中恢复过来，他们就会悠闲地生活"。³²⁹ 帕特里夏才不想等到那一天呢。

✳

　　这个星期的早些时候，我试着掂量周围这群人的水平。针对想要横渡英吉利海峡一类的人，逐泳有专门的特训周。但按照他们的宣传，我们这种叫作"度假"。你可以随心所欲地给自己增加强度，但距离或速度并无强制要求——至少他们是这么说的。随时都可以回到安全船上——这一次的安全船由在当地经营潜水店的特洛伊驾驶，他说起笑话来就像海面一般顺畅。尽管如此，我是个以达到特定体能水平为荣的人，我想知道对手到底怎么样。我根据年龄和外貌这些粗略的参数估算了一番，认定自己没什么好担心的。

　　我很快意识到自己犯了错。一旦进入水里，这些彬彬有礼的老妇人就变成了做过动力优化的强大引擎。

　　尤其是帕特里夏，她的动作流畅极了，似乎只花了最少的力气，就能在蔚蓝的水面上滑行前进。我发现我落在人群的后面，而且不是因为我不够努力。让我吃惊的是，一直担心会掉队的女儿竟然也超过了我。"技巧，技巧，一切都是技巧。"科宁厄姆－罗尔斯曾对我这么说。在水里，健壮的作用没那么大。³³⁰

　　后来，在别墅里，当我们围坐在一台笔记本电脑前，就像围坐在篝火旁似的，观看各自的游泳视频，我的问题清晰地显现出来，教练告诉我：我的胳膊划得不错，我的肘部抬得高，我的臂展够长，主要问题在于我的腿。我以为，只要用我那踢了一辈子足球、训练好的双腿简单地打水，就能克服其他缺陷，但我打水是用膝盖带动小腿，而不是用屁股带动大腿。拉塞尔在希腊时就提醒过我，但这个习惯还是没改掉。我的膝盖一弯，腿就沉到水里，造成了很大阻力。我双腿猛烈运动，有一阵儿，拉塞尔甚至觉得视频在快进。

梅特卡夫指出，所有这些疯狂的摆腿"毫无用处"。我窘迫地看着戴着金色泳帽的女儿，她正点头表示认同。我的"上下摆腿"，拉塞尔说，"没有把水往后推"，而是在往下。"如果你弯腿踢得足够快，"她说，"它甚至会让你倒退。"

很多时候，我的感觉正是如此。

这些天的生活逐渐形成了一种模式：我女儿，我听说教练称赞她"摆腿有力""脚踝灵活"，常常会跟游得快的人一起冲在前面。我暂时能跟上一阵，但很快就落后了。我把自己的无能伪装成骑士精神，我会在妻子附近游，她游的是蛙泳，速度慢而稳定。

每天游完泳，其他人都坐在椅子上看书，为了维持尊严，我会在折磨人的闷热中外出跑步。到了第 4 天，这种做法适得其反，在霍普镇上吃完海滨午餐，我开始感到头晕，我以为是食物中毒，其实是中暑。我懊恼地躺在船上，喝着可乐，听着特洛伊给我播放的巴哈马本地歌曲，看着其他人游泳。帕特里夏很快也加入了我的行列，但那只是因为她打算再游一星期，想先调整一下自己的节奏。

这一切叫人感到有点儿尴尬，但也让人产生了奇怪的振奋感。我在水里的辛勤努力，其实是我喜欢在开放水域游泳的原因之一。我意识到，大海对我来说就像一块巨大的白板。骑自行车时，我对自己的成绩指标有一种精确校准的感觉，还强迫性地想要达到或突破它们。我会在运动社交网站 Strava 上研究自己的骑行，看看我能积累哪些想象中的奖项，或是怎样跟我认识的人较劲儿。而在游泳方面，我不知道优异的游泳成绩是多少，我发现我根本不在乎——而且得了吧，这是件好事！

难道我不想变得更好吗？当然想，但我感觉这来得不会很快。特里·拉夫林说过："良好的、高效的游泳动作是生活中较为复杂的技能之一，比理想的高尔夫挥杆或者完美的网球发球难于完善得多。"[331]

对我而言，更急迫的是，我想在一连串与妻子和女儿共同完成的小任务中，依靠自己的力量从一个点前往另一个点，日后我们可以一起回味。我希望，趁着海洋的美丽还在，我们一起看它——就像一天下午，一群纤细的、闪闪发光的梭鱼尾随我们的游泳队伍。我女儿不仅有米娅这个强大的榜样，还能接触到一个跨年代的国际女性团体，她们因共同的激情团结在一起，让她的父亲深感羞愧。

至于帕特里夏，她最终赢得了金色泳帽，在不游泳的时候，她正在重新探索对天文学的旧日迷恋。她试图理解量子理论。她开始打匹克球，这项运动类似于在羽毛球场上打大号的乒乓球，是那些你从未听说过的"发展最快"的运动之一。因为这是一项非常新的运动，还没有真正的教练，所以她在研究优兔上的"匹克球频道"。

游泳给我上了好几课。

第一课是，你此前可能对某些学科有了一些基本认识，可你之后发现自己从未真正理解它，有很多方式可以变成初学者。第二课是，学习可以来自任何地方，我可以通过让优秀的老师分析我的行为来学习，也可以从周围的人（比我年长的人、比我年轻的人）身上学习。第三课是，我意识到，一旦你开始学习某件事，一旦你试探性地迈出了几步，你的视野就会急剧扩大。以前，我只是简单地在海里游几圈就会感到晕头转向。突然间，我着手考察可以跟妻子和女儿一起参加的远程公开水域游泳项目。俗话说"在跑之前先学会走"，一旦你开始学习走路，你兴许会产生一种超越跑步的感觉。

最后，也是最重要的一课是，做一个初学者永远不晚。帕特里夏来自一个以经验和智慧为标志的时代，当时的人们喜欢向后看，但她的眼睛也盯着未来：下一趟游泳之旅，下一个研究课题，下一件渴望做个新手的事情。

"需要用一生，"再次引用塞涅卡的话，"去学习怎样生活。"

爱的劳作：幸福就在你手中

自从在马里布寒冷的冬季冲浪时弄丢了第二枚婚戒，我就想着再买一枚。我怀念它的象征意义，也怀念它戴在指头上的分量。我可以直接再买一枚一样的，但这显得很失败。有几个朋友建议我从网上买超级便宜的替代品，买的时候就做好"总有一天会掉"的打算。这又让我觉得功利得过分了，婚戒到底不是一把伞呀。

受本书精神的鼓舞，我冒出了另一个想法，我可以自己制作一枚戒指，或者找一位专业的珠宝专家来帮我做一枚（这更可行）。我开始在互联网上寻找，发现在纽约市这种做法正大行其道。

据说这叫作"宜家效应"[332]，人们似乎会赋予自己亲手创造的东西更高的价值，比如我们对自己刚刚努力装好的书架更有感情。那么，还有什么东西能比婚戒更适合投入这种审美与情感共鸣的价值呢？如果"劳动带来爱"，那么制作一枚婚戒似乎是完成这一循环的好方法。

事实证明，我并不需要互联网，而是借助了老式的人际关系网络。我的邻居戴维·艾伦是著名的珠宝定制商，在曼哈顿中城经营着一个工作室，正好与钻石区相邻。我跟他和他妻子在电梯或大厅里碰到后就会聊天，好些年了，我们见证了彼此女儿的成长。有一次，我为了一篇有关人造钻石的报道采访了他，他对这个行业的深入了解让我大感惊讶。要不是有他的介绍，这个行业对我来说根本就是隐形的。他有一头往后梳的飘逸卷发，穿着总是随意而时髦，一看就是个语速很快的健谈者。

由于他的客户往往层次都比较高，听说他愿意接受挑战，我颇感吃惊。一天下午，他邀请我去他的工作室。我们在嗡鸣声中通过了"捕人陷阱"——一种安全装置，两扇门互为锁扣，毕竟门后面装着价值数十万美元的贵金属和宝石，他把我带到办公桌前。背景是，头戴放大镜的珠宝匠正猫腰面对工作台，锉磨夹削，用钳子拧拧折折。

我说，这些技艺高超的工匠和手艺人在工作台前辛勤劳作，这一幕简直像是老纽约的残留片段。他说："高级定制珠宝行业是垂死的买卖，没有人愿意花时间教学徒，也没人愿意花时间真正做个学徒。"似乎是为了强调这一点，他现在的珠宝匠马克斯是一个和蔼可亲的巴拉圭人，他在我出生之前就开始制作珠宝了。我很快将和他共同度过一段时间。

戴维对本书的立意很感兴趣，我想这大概是因为他的整个职业生涯始于在一所社区大学上夜校，那里是初学者的天然栖息地。

他其实很早就接触过珠宝，他母亲从事这一行，小时候，他会跟母亲及其搭档坐在餐桌前筛选样品。但他从未想过这是一种职业选择，相反，他偏向于建筑，甚至高中时就到一家公司实习。上大学时，他决定学习哲学。他的父亲告诉他，他需要上一门商业课程，以便"继续待在我们的羽翼之下"。于是，他选择了经济学，更确切地说是自然资源经济学。最终，他申请到俄勒冈州做护林员，这不免让他的父母有点儿懊恼。

然而，珠宝仍然在他想象力的边缘熠熠发光。大学毕业后的第一个暑假，他参加了一门名叫"失蜡铸造工艺"的课程。失蜡铸造法是一种沿用至今的古老珠宝制作法，基本上是制作一具蜡雕，接着用它来铸造金属物品。"我真不敢相信我在偶然间撞到了什么。"他告诉我。

又上了几堂课之后，他认为，掌握这门手艺的唯一方法就是去找珠宝大师当学徒。通过家庭关系，他得到了一个面试机会，面试他的是个叫让的法国人。"我去了第 48 街，走进了一家烟尘缭绕的铺子，"他说，"那儿脏得都没法透过窗户看到外面。"屋中央有个"怒气冲冲的小个子男人。你只能看到他的胡子和发际线"。那就是让。"你知道意第绪语 verbissen 这个单词吗？"戴维问我，"它的意思是'愠怒'。让就是'愠怒'的化身。"戴维向让展示了自己在暑期班上做的一些作品。"我看着他的工作室，看着那些超精美的作品，心想：他不可能让我试试看的。他看了看，又看了看，接着说：'你从星期一开始，每星期付给我 50 美元。'"

在这个时代，去谷歌一类的公司实习，收入可能比普通工人还要高，替人工作却还要倒付钱，看起来不免有些奇怪，但这对珠宝行业的学徒来说也并非闻所未闻。"在 20 世纪 90 年代，对一个没有工作的年轻人来说，每星期 50 美元是一笔大钱。"戴维告诉我。他晚上当酒保，白天让要他做什么，他就做什么。"我整整三年没有休息过一天。"而在最初，他的主要任务是扫地、打理工具。

戴维最终获得了第一次测试机会，日后，他也用同一测试来检验自己的学徒。"让给了我一张德国银箔，"他说，"它其实不是银，而是一种复合材料，由若干种非常坚硬、难以处理的材料构成。在处理的时候，连工具和刀片都可能会被弄坏。"

让要戴维在一张 1 毫米厚的银箔上先切出一个完美的 3 × 3 平方厘米的正方形，接着在正方形当中切出一个直径 1 厘米的圆孔，最后用德国银（铜、锌和镍的合金）做出一枚 1 厘米见方的金属片，从任何方向都能将四角一分不差地嵌入这个孔，与其圆周相接。让给了他锉刀，以及一台精度为 0.01 毫米的数字测量仪。这项工作需要这样的精度，尽管戴维眼下还茫然无知。戴维在正方形和圆孔上下足了力气，达到了自认为完美的程度。

"我为自己感到非常骄傲。"戴维说，"让举到灯光下，量了量，然后说：'糟糕透顶！'"戴维出现了近乎察觉不到的误差。"你得到的教训是，如果第一步走错了，那之后的一切只会变得更糟糕。"

让是个严厉的监工。如果戴维弄坏了锯条，让会让他把锯架缩短，继续使用这如同发丝般的工具，直到锯齿几乎磨平。"你为什么要让我这么做？它们值多少钱？"戴维抗议。"我过去常常自己做锯条，"他的师傅吼着回答，"把它缩短！"不过，让尽管脾气暴躁，却是个了不起的工匠，他能接手一些其他珠宝匠退避三舍的精细项目，比如镀金的蜘蛛。"他的触觉细腻极了。"戴维告诉我。

有一天，戴维从让的保险柜里取东西，偶然发现了一套做工精美至极的珐琅摆件，通体镶满珍贵的宝石，还装饰着滑稽小丑和奇异的人物。

"它们至少值 10 万美元，"戴维说，"我问：'让，你干吗不把这些卖掉？'"

"这些不卖，"让回答，"因为他们会抄袭我。"

在职业生涯初期，戴维犯了很多低级错误。在珠宝界，这往往代价高昂。他碰到过糟糕的日子，"活生生损失了 25 000 美元"。有一次，一个客户（"一个可怕的家伙"）带来了一枚军校毕业戒指，想要"加大尺寸"，或者说扩大。戴维割开了戒指的接口处，然后把它放在心轴上，这是一种能扩大戒指直径的钢制工具。他在打开的接口处重新焊入一块金属。"我小心翼翼地把它放到位，"他说，"它们结合得很完美。"

但他忘了给黄金退火，或者用他的说法是："对整个戒指进行有规律的温和加热，将分子相互推开，消除金属的张力。"由于他加热过了头，分子彼此迅速地分离。表面张力太大了。随着一声可怕的巨响，戒指啪地断成了两半。他说："我当时肯定脸色惨白。"他听到："完了，你死定了。我老大绝不会放过你。"这位年轻的珠宝匠费了不少工夫，大费周章地把戒指补好，也吸取了教训。

考虑到戴维获准亲手制作一件首饰之前当了足足一年的学徒（他的学徒期是三年），我觉得自己一来就想创作首饰的要求不免有些冒昧。他的藏品中不乏令人震惊的精致作品，精巧的鸟笼状结构巧妙地点缀在闪闪发光的一系列宝石周围。但戴维向我保证，制作一枚较为简单的男士婚戒，他可以教我足够多的工艺，让我感觉如同亲手参与。

在我的脑海里，我以为这个过程会像《指环王》电影里一样，在漆黑的锻炉上叮叮当当地敲打出耀眼的球体，伴着背景中昂扬响起的瓦格纳音乐。

但是，戴维当年学习并从事了许多年的工艺（熔化金属倒入铸锭模具，再加以锤打）基本上已经被计算机辅助设计和制造的世界取代，至少在一些简单的项目上是这样。现在，这些零件通常是在电脑屏幕上用计算机辅助设计（CAD）设计出来，然后送到浇铸室，3D 打印机将制造出计算机建模、精度达到 0.01 毫米的零件，最后才送进车间加工。新技术让戴维可以省略过去由初级珠宝匠完成的前几步，直接进入细节工作。马克斯等老派珠宝匠偶尔也会抱怨，一天下午，他对我说："它正在扼杀珠宝业。"

我感同身受，但用传统方法来做会花费更多的时间，成本也更高。更何况，戴维说，最终的成品戒指看起来没什么不同。当然，除非是我搞砸了，而纯手工锻造的话，我搞砸的概率更大。虽然我很想参与戒指的制作，但我并不想戴一枚一看就像是被我搞砸了的戒指。

另外，我希望我的戒指用铂金制作。对新手来说，用老派方法处理这种材料很不容易。"我都好几年没把铂金倒入铸模了。"戴维告诉我。如果不正确佩戴护目镜，铂金的熔点可能会灼伤你的视网膜——最好让铸造车间来做。撇开安全不谈，我并不想为了老派而老派，我想向戴维学习怎样用2020年前后的方法制作戒指。

但什么戒指呢？在设计会（有时会演变成冶金学研讨会）上，我们会提出尺寸、形状和材料的大致参数，但戴维坚持认为事情不止于此。"我们可以也应该不仅止步于学习制作一件实际物体。"他说。一枚结婚戒指"是婚礼上唯一的实际物体，除了我们平常很少会看的照片"，这意味着婚戒意义重大，也理应如此。"我必须让制作的这件东西，在千千万万人的余生中，每天都体现出这一概念。"他说，"这话听起来或许有点儿俗气，但我认了！"

戴维给我看过他自己的戒指，戒指的内侧镶嵌了一系列的宝石——钻石及他和家人的生辰石。它就像秘密的象征符号，一直贴紧皮肤。

我想，我也可以做某种不仅是个单纯金属环的东西、某种意义重大但不张扬的东西。回想起当初促使我启动这场努力的事情——国际象棋，我琢磨着，不知道能不能在戒指内侧浮雕出棋子的造型。我想，棋子里的后可以用妻子的形象来做，王可以用我的形象，但哪枚棋子可以放上我女儿的形象呢？我向女儿提起这个设想，她提议自己才应该是后（或许并不出人意料）。

戴维猛然想到："我们可以弄来一套你结婚那年的国际象棋

吗？把棋子复制下来，嵌在戒指内侧。"他说："如果你感觉这太难了，我的宝石切割工匠可以在一秒内完成。"

我们继续探讨，我突然明白，他考虑的是用棋子造型重新加工制成实心木环，包在戒指的内侧。"就是用木环作为戒指的底圈，金属部分嵌在底圈上面，木环代表永恒的轨迹一类的。"他说。

我告诉他，我想的是，把棋子的形状刻在戒指内侧。他的眼睛眯了起来。"那太小了，什么也看不见。"他说，"如果你想要来自棋子的细节，那根本看不到。"

我有一种感觉，除了技术上的看似不可能，我的设想对他来说似乎过于坚定，甚至俗气。或许我也是这么想的。但光是把象棋棋子重新加工，改作他用，作为戒指的内圈衬底，从意义的表达上，似乎显得太过抽象了。再说，我的确喜欢象棋棋子本身雕塑般的优雅造型。

我们讨论得越多，他似乎对这个主意越上心。我们开始在一款叫 Rhino（犀牛）的 CAD 程序里尝试。如今的珠宝商都很依赖 Rhino，戴维觉得他们的珠宝作品通常一看就有一股电脑生成的味道。他觉得，多年的工作经历让他对三维物体有了更深刻的理解，他的珠宝才得以保持更浓郁的老式手工制作的感觉。

戴维接受了我的提议，拍摄了一张国际象棋经典品牌斯汤顿里后的照片，用一系列点勾勒出它的骨架并复制。在这张二维图像的基础上，他执行了所谓的"路径旋转"（rail revolve），即将二维图像中绘制好的线条围绕指定半径旋转，创建起三维图像。他把这项操作比作一个孩子拿着吹泡泡棒绕圈旋转，在空中拖拽出一个巨大的泡泡。

他将三维的后放置在戒指内侧，悬空平放在曲线上方。他的手指在键盘上跳舞，他的手像钻石镶嵌师一般稳定地操作着鼠标，他使用了 Rhino 中大量的物理工具，扭动调整后的造型，使之与戒指的弧度一致。这里要进行无尽的调整。为了让后清晰可辨，后冠的尖顶不能直接复制，必须专门构建。棋子造型的凹痕必须足够深才能显示出来，但又不能太深，以免损坏戒指结构的完整性。

这些事情并不容易，我猜，戴维一定喜欢这种挑战，做一些以前从未做过的事情。他的妻子兼生意搭档海伦娜曾经问他，谁是他认识的最好的珠宝匠。"让。"他说。海伦娜问戴维是否超过了让。戴维觉得自己做到了，但他仍然需要学习，也仍然想要学习。新技术、新工具、新客户提出的新要求，这些都要学。我问戴维什么时候知道自己成了珠宝大师，他说："就是知道自己任何事都能做得到，哪怕有些事我从前没做过。"这或许需要一些摸索，但只要有足够的时间、恰当的心态，就没什么做不到的。

很快，三枚棋子——王、后、象（我女儿经过仔细考虑后选择的）的凹痕，或负空间，就排列在戒指的内侧。

"在我看来，这很酷。"我斗胆说。

"的确很酷。"戴维说。

"我们能不能再把棋子的木片镶嵌进凹槽里？"我问。

"你说的这个，要求极其精确的工作。"他反驳。

"有更容易的做法吗？"

"可以用珐琅，"他说，"这是一种液体，可以嵌入凹痕，之后通过加热来固定，然后它就成了玻璃。"

他敲击了几下键盘，把它呈现在屏幕上。突然之间，棋子的镂空处发出半透明的光泽，如同一汪精致的水。

"真棒呀！"他喊了一声，"很酷。"

"我很高兴看到你现在更有热情了。"

"不，我喜欢它！"他大声说，"没有 CAD 之前，我们永远做不了这样的事！"

我感到了一丝丝自豪：是我天真的问题开启了整件事。这就是初学者的好奇心与专业知识结合带来的神奇力量：我不知道什么能做、什么不能做，一旦听到这个设想，戴维兴许不能立刻知道要怎么做，但他知道能做到。

他按下"发送"键，我的戒指（暂时还只是虚拟的像素组合）就传送到了铸造车间。

*

铸造车间返回的是一个颜色黯淡、粗糙、有钝边的金属块，附带尖锐粗短的凸起，看上去更像是从某人车库的旧咖啡罐里找到的破烂，而不是一件精致的珠宝。然而，金属块内侧的王、后和象虽小，却清晰可辨。

这枚戒指有待"完善"，这包括连续几轮越来越细致的锉削、打磨和抛光。现在，我成了学徒，坐在戴维的珠宝匠工作台旁，挨着马克斯。它看起来像一张老式书桌，上面摆满了一大堆说不清、

第八章　自我更新之路

255

道不明的工具。有些工具本身并非珠宝匠专用，而是经过改造或重新利用的物什。比方说，他的抛光工具放在装牙科钻头的盒子里。这是大师级工匠精神的一部分：不仅掌握工具，也能够在标准工具失效的情况下提出创新解决方案。

第一步是将戒指放入"离心式磁力抛光机"。它看起来像一台咖啡豆研磨机，但料斗里装满的不是咖啡豆，而是一种浑浊的液体。机器底部，在你看不到的地方，装有几十个小钢针和钢球。一旦启动，机器就会旋转，这些金属硬物就会轻轻地敲打戒指，包括"所有我们接触不到的地方"，戴维指出。这个过程会消除铸造加热中产生的所有"孔隙"或"气孔"。

然后，它被摆在工作台上。坐在戴维的工作台前，感觉如同接入了他的大脑。他向我介绍自己精心设计的彩色编码系统，该系统可以防止你在想要细砂纸时误拿了粗砂纸。有一小团塞在工作台角落里的蜡，他拿来润滑工具。他说，"这团蜡已经在我桌上放了快20年"，就像烘焙所用的酵母，它不断演进，"那是钻石镶嵌师工具台上你永远永远别去碰的工具之一"。

工作台的前面还有另一件非常私人的东西：一块小小的有点儿破损的木楔子，看上去有点儿像带角度的门挡，向外凸出。这叫作木台塞（beach pin），或许要算珠宝匠日常工作中最重要的工具。工作时，它用来定位和支撑双手。几乎所有的劳动都在它上面进行。多年来，戴维的木台塞已经过他的手和工艺的微妙塑造，有着特殊的切割和角度。我发现自己始终无法适应，于是戴维给我安装了一套标准款。

永远年轻的初学者

在接下来的日子里，我的手开始熟悉那套木台塞的轮廓。第一个任务是切掉熔渣，熔渣指的是铸造过程在戒指侧面留下的凸起。我用几根手指紧张地夹住戒指，用一条很薄的硬化钢锯片切开厚厚的熔渣——那锯片锋利得能轻松切断我的手指。更棘手的是，我必须顺着戒指的弧度锯，小心地避开戒指本身。最后，我必须把多余的金属全都锉掉，同时又不能锉掉表面构成图案的"平点"，或是锉到戒指本身。"如果你在这个环节不够小心，整件事就毁了。"我总算在没伤到手指的情况下切掉了熔渣，但弄断了几条锯片。好在戴维没有让那么苛刻，允许我更换成全尺寸的锯条。

戴维发现了戒指上的一些小瑕疵——这里有个缺口或那里有个麻点，这几乎是铸造过程中不可避免的副产品。我只有透过珠宝匠的放大镜才能看清这些东西。珠宝匠工作台旁放着一台大型机器，能用激光把它们焊好。你坐在屏蔽罩里，一只手握着戒指，另一只手把一条铂金丝送入腔内。你踩下脚踏板，"嚓"的一声——洞就没了！

∗

事有凑巧，前一个夏天，我通过一个名为"金属车间梦幻营"的项目尝试做过几次焊接。该项目由斯科特·贝尔主持，他是位于布鲁克林的全金属资源公司的负责人，该公司专门为纽约高端零售提供定制金属结构。

他开办这门课有点儿心血来潮，因为他不断遇到一些似乎对自己谋生的职业很感兴趣的人。他察觉出人们渴望亲自动手制作，而在这座城市需要手工的工作并不多。他想出一个点子，让学员做一个简单的钢制立方体。"这只是一种基本形态，"他告诉我，"如果你能做到，你就能做框架、窗户和椅子。"他第一次向女友描述这个计划时，她认为这是个蹩脚的点子。"没人想做立方体。"她说。但在那以后，他已经教了包括我在内的几千人怎样制作立方体。

梦幻营如今成了他整个业务的重要组成部分，可他至今仍对其成功惊讶不已。"我说服人们来我的车间里拼命干活，还得付钱给我。"他开玩笑说。有时候，碰到赶工期缺少人手——找到熟练的焊工往往并不容易，他会花钱请熟练的学生来帮忙（我自己就挺想去，但我的钢制立方体算不上杰作）。他认为，梦幻营除了好玩，还激发了人们内心深处的冲动。"我认为我们有制造或使用工具的本能。"他的话跟本杰明·富兰克林的断言（"人类是制造工具的动物"）遥相呼应。据说，使用工具让我们的大脑体积变大 [333]，帮忙塑造了我们如今的手 [334]。

贝尔说："人们想要拥有一段体验，而不是整天坐着玩这个。"说到这里，他把手机举了起来。在车间焊接就像身处感官沉浸式剧场，有刺鼻的烟雾、噼啪作响的刺眼光（直到第二天，它们都还在我的眼睛里烧灼）。火焰和金属，似乎是自然的元素。"我们在分子层面把金属切开。"幽默的高个子教练亚历克斯对全班说。如果处理得当，他说，我们加工锻造出来的连接部位比焊接之前的金属还要坚固。

大脑中兴许也进行着某些炼金术。凯莉·兰伯特在里士满大学负责一家神经科学实验室，她提出了一个观点：动手从事体力劳动是一种提升情绪的强大途径，可以激活她所谓的"努力驱动的奖励"。兰伯特认为，我们"内置了程序"，"当我们的身体努力产生了某些有形之物，便会获得一种深层次的满足和愉悦感"。[335] 还有什么比一个沉重的钢制立方体更有形的呢？"那是一种真正的即时满足感，"贝尔告诉我，"人们完工后全都笑容满面。"在智能手机屏幕上轻轻按几下就可以点餐，相较于烹饪所需的采购、洗切和搅拌，感觉容易得不得了，但似乎切断了"努力和结果"之间的老式联系。

*

回到戴维的工作台，我准备开始锉掉打印和铸造过程中在戒指外侧面留下的指纹状脊痕。他为我示范了几遍"动作"，一只手把戒指紧紧地抵在木台塞上，另一只手拿着锉刀在戒指表面以斜向角线的角度划动，动作平滑而精细。每划一下，他的另一只手就会把戒指朝前推动一点点。他还会在手指之间调整戒指和锉刀的角度，以确保两者保持同样的弧度。在划动的间隙，他有条不紊地在木台塞上轻轻敲打锉刀。这看似多余的敲打就像节拍器一样，有助于建立起动作的节奏感。"如果你的动作稳定一致，"他告诉我，"就能锉出稳定一致的表面。"

为了让我练习这个动作，他给了我一枚廉价的黄铜戒指。"这里我们要关注的是 1 立方毫米的百分之一，"他对我说，"只要多锉了一丁点儿，就能毁掉一件精致的作品。"我笨手笨脚地拿着戒指和锉刀时，察觉自己的大脑正尝试教手指怎么做，同时我的手指也在尝试教大脑怎么做。

我锉了好几个小时，我的手指很疼，进入了一个不怎么看得出明显进步的阶段。我想起了戴维讲过的关于他最后一个学徒的故事。那是个"好孩子"，他说，渴望学习这门手艺。他想成为像戴维这样的设计师。但一如电影《空手道小子》（*The Karate Kid*）里宫城大师并没有让丹尼尔立即开始学习真正的空手道动作，戴维也坚持要自己的学徒掌握锉刀的技巧——要像外科医生操作手术刀般精准、音乐会小提琴手拉琴般流畅。过了几个月，有一天，学徒出门上厕所。"他再也没有回来，"戴维说，"5 个小时之后，我收到一条短信——他说'我再也不想锉了'。"

他仍然在寻找新学徒，在这个熟练工岗位减少的领域，在这个只有极少数年轻人接受学徒培训的国家，这并不容易。[336]

我对珠宝制作、焊接这类事情有了新的理解：它们跟冲浪差不多，是一项运动技能。这还不止：用手劳动占据了人类大脑运动皮质的更多部分，比腿或背等更大的部位多得多。[337] 这些工具似乎就是戴维手的一部分，而我的手却很难接受这些新的"义肢"。"别把手攥得这么紧，"戴维的珠宝匠马克斯提醒我，"你会累的，工具会反抗你。"但在我纠结地学习动作期间，大脑往往比手指更先失灵。

我在工作台前花了数小时，无数次地锉和打磨，时不时地停下来用放大镜仔细观察自己做得如何。我犯过错误，比如朝一个方向锉了太多次，留下了明显的痕迹。在我工作时，我会跟马克斯闲聊我们共同的音乐爱好，以及他在珠宝行业的生活。我的手指被砂纸磨得出了血，我的背隐隐作痛，直到夜里，我都能闻到自己手上刺鼻的金属气味。"你现在就是个珠宝匠了。"戴维打趣道。

有时，我会把戒指戴在手指上，觉得它看起来已经足够好。这时，戴维会走过来，透过放大镜眯着眼睛打量一番，说："看到这些线条了吗？还需要更多的打磨。""因为我看着它从粗糙无光的状态变得闪闪发亮，"他说，"我更能接受不完美。"而如果他把这样一件东西交给客户，他们可不会这样理解，它必须完美。戴维说，最讽刺的一点是，他煞费苦心追求完美的戒指，"等你第一次伸手去抓地铁杆的时候就被磨出痕迹了"。

依靠戴维的反馈和纯粹的重复，我的动作慢慢变得流畅。随着锉刀的每一下划动，砂纸的每一次刷擦，抛光机的每一次旋转，那枚戒指慢慢成形。我逐渐看到戒指表面的光泽反射出了自己，我想"我做到了"。如果我的戒指（而且它来自我帮忙提出的创意）能进入他们的藏品，那一定会让我深感自豪。

付出和收获。我肯定不会让这个机会溜走。

如果你知道自己在做什么，你就不应该去做：自我更新之路

本书不是要讲述一个一夜成名的故事。

我日后没有赢得任何大型国际象棋比赛，我不曾和凯利·斯雷特并肩冲上管浪，我也没有入选"美国偶像"（当然，公平地说，我也没报名）。在外人的眼里，我在很多我喜欢了很久的事情上都表现

平平，但做这些事给我带来了一种几乎快被遗忘的巨大的快乐。

我并没有去寻找幸福本身。我赞同哲学家约翰·斯图尔特·密尔的论断，将幸福本身作为目标是无法实现的。他建议，实现幸福的途径是把注意力"集中在某些目标而非个人的幸福上"。

他指出，目标之一是某种"艺术或追求"。"不要问你是否幸福，"他说，"做那些能让你幸福的事情。"不要追求幸福，在追求中寻找幸福。我还想补充一点：别担心你做得好不好。

我自己的学习已经超过本书的范围，一直在无限扩展。而且，老实说，我并未以同样的热情投入所有这些事情。我喜欢上绘画课，但并没有要在课外画画的强烈欲望，我并不会坐在公园的长椅上疯狂写生。如果我真有这样的欲望，我或许早就表达出来了，但这也并不意味着它没有价值。对我来说，画画仍然是一种非常愉快（有时也令人生畏）的练习，尽管在参与的时候，我主要用的是课堂上有组织的环境和时间。

画画是我的"激情"所在吗？我说不准。如果我从事画画的时间更长，它有可能会变成激情。认为有一种独特的激情偷偷藏在你内心深处，等着出现并神奇地改变你的生活——这样的想法很值得怀疑。

心理学家卡罗尔·德韦克和同事们指出，如果人们沉迷于某种激情就在那儿、正等着被人"发现"的概念，他们会期待它"提供无限的动力，追求它不会困难"，就如同潜在的激情本身能帮你实现追求。[338] 但学习技能可能很难，等人碰到困难的时候，兴许会觉得这根本不是自己的激情所在。

另一方面，一个具备成长心态的人相信激情是"发展出来的"，知道事情一开始可能并不容易，甚至永远都不容易。当挑战出现的时候，这样的人会更有动力坚持去追求。

我知道，各位读者或许更希望读到我怎样在短短几个月内就征服了所有这些事情，并学到了怎样自己做的"秘诀"。我们生活在一个无缝连接的时代，过程通常掩盖在结果之下。你轻触手机屏幕，一辆汽车或一顿晚餐就会向你驶来，显示为地图上一个移动的蓝点，遮挡了所有的人类努力。像冥想这样古老的艺术？有一款专用的冥想程序！你在网上搜索"怎样唱歌"，搜索框自动帮你补完的是什么？"5 分钟学会""30 天学会"。还有叫人喘不过气的关于"加快"学习的药物和技术（如经颅直流电刺激）报告。而且，相信我，有些瞬间，我唱歌跑调，或是下棋败下阵来，我是多么希望自己像《黑客帝国》里的基努·里维斯那样，在人们睁大眼睛的惊叹声中醒来，然后就宣布："我懂功夫。"

但更多的时候，我渴望努力，我渴望挣扎，我想要感受到小小的进步和挫折。这是一段靠脚走出来而不是搭乘飞机的旅程。作家丹尼尔·布尔斯廷曾说，为了成为旅行者，你需要经历"阵痛"，也就是"痛苦或艰辛的努力"。[339] 要不然，你就只是个游客，一切都有人替你跑腿干完。你看了"怎样做"的视频，却没有亲自动手去做。

在学习里，情况类似，俗话说"如果太容易，你就没有学"。可很多时候，哪怕很难，我仍然感觉自己没有学。冲浪者莱尔德·汉密尔顿观察到，在学习一些新的身体技能时，你会"浑身酸痛"，等你真正擅长了，你就几乎再也没有感觉。汉密尔顿说，很自然，人们想"沉浸在自己的专业知识里"，不想吃苦。[340] 但如他所说，你总是能够回归你擅长的事情。学习新知识，就像是从安全船上跳入了深不可测的大海。

10 年前，我开始认真地参加公路自行车运动，犯过很多初学者常犯的错误。你可能以为骑车就是骑车，但在车队里快速骑行或下山是很讲究技巧的。我遭遇了一连串没完没了的尴尬，我挣扎着想"锁住"踏板，摔倒了好几次，通常是在等红绿灯的时候，而且周围有人。

在我的第一次大型公路赛中，我骑得离别人太近，剐擦了对方的车轮，骑了不到 1.6 千米就栽进了沟里。有一次，在初春乍暖还寒的下雨天，我参加了一场跨州的大型慈善骑行活动。我打开礼品包，发现里面有一罐"擦涂膏"，这对我来说是一个新名词。"是给腿保暖用的。"我的酒店室友一边说一边把报纸塞进了自己湿乎乎的鞋子。"听起来不错。"我一边往身上擦一边说。这是一种带有"少许毒性"的药膏，旨在让裸露的双腿恢复活力。[341] 我傻乎乎地套了一条厚厚的莱卡冬季紧身裤。我可不止感到了"暖和"：在整整 6 个小时里，它火辣辣地烧灼着我的皮肤，而且很快转移到了下身。

所有这些插曲都让我感到尴尬，甚至有些痛苦。如果我有一些贤明的老师能提前为我指点迷津，防止所有这些错误的发生，会不会更好呢？或许吧，但我猜我所取得的进步也不会显得那么美好。

有趣的是，我犯过的所有这些错误比任何切实的进步瞬间都更生动鲜明地刻印在了我的脑海里。这一点很重要：这些错误是拐点，是我站在自身知识和能力尽头、想要往前突破的时刻。就跟第二章里卡伦·阿道夫的实验室里的婴幼儿一样，我正进行着一项持续的实验，失误赋予我强大的洞察力。经历犯错，不仅有助于解决未来会出现的问题，而且我看到新手犯下同样的错误时，也变得更能共情。毕竟，我也有过笨手笨脚的日子。

我也从没想过要发掘某种至少在一定程度上会给我的生活带来重大方向调整的隐藏天赋。我喜欢自己做的事情，想要力所能及地一直做下去。不管是其他人，还是我自己，都没想过会是个埋没多年的歌手或画家——蕴藏着未能开发的巨大潜力。我只想在一些事情上略作尝试，看看会得到什么样的结果。我想允许自己到处玩玩，浅尝辄止，就像我们这些做父母的不断提醒孩子需要做的事情那样。我想要女儿看到我的奋斗，看到我的成长。

除了简单地试图把事情做得更好，我还希望能重新唤起对学习的渴望。我很快发现，尝试新事物的行动具有感染力。

在投身这些主要项目的过程中，我还有了各种各样离奇的第一次：我跑了自己的第一场马拉松，我玩了单板滑雪，我接触了帆船运动，它那庞大的术语库和装备让我眼花缭乱，甚至有点儿被吓坏了。多亏了我女儿的热情，我似乎每个星期都在做一些奇怪的新事情（室内跳伞、攀岩）。几十年来，我头一次重新穿上溜冰鞋，第一次站到了滑板上。在她的户外田径赛季，我在下午还会跳远——这是一件我自从在初中学了长除法（另一项我需要快速更新的技能）之后就再也没想过的事情。

数学家理查德·汉明曾对科学家和工程师做过一个有趣的区

分，他写道："在科学领域，如果你知道自己在做什么，你就不应该去做。"[342] 也就是说，科学是探索超越我们所知边界的事物。它的要旨在于实验和失败，没有必要涉足已经被证实的假设。

可在工程领域，汉明写道："如果你不知道自己在做什么，你就不应该去做。"工程师的任务是确保事情不会失败，进而保证某些可量化的性能水平。没有人愿意开车通过一座实验性的桥梁。

在职业生涯中，我们主要是工程师，需要提供靠得住的能力。在我作为作家的工作中，如果出版社让我写一篇文章，他们希望我写的东西多多少少有着书面风格，以适当的篇幅交付，他们一般不希望看到激进的实验或随心所欲的幻想。

但我认为，我们也都想成为科学家。我们想要瞎折腾，把事情搞砸，挑战极限，看看会发生什么。我们想要做过头的事情，同时无须太担心后果。我们想看看，这个每天早晨都从浴室镜子反射出的自我，还有哪些可能展现的维度。这些隐藏的自我兴许会随着你年龄的增长变得更加重要，并逐渐成为一个受外界和你自己定义的"存在"。正如作家约翰·凯西所写的那样："我的老教师库尔特·冯内古特告诉我，要恭维一个人，赞美他隐秘的小小虚荣心比赞美他的主要成就更管用。我们并不总是想以自己做得出了名的那件事而为人所知。"[343]

我在这里所从事的学科和追求（如果你一定要把它们称为"爱好"，也行）就相当于我的科学。我努力在画画时阐释眼中所见，我拉长了身子竭力想要唱出 E5 的音符，我在觉得海浪有点儿大的日子里走进海里——这些全都是我根本不知道自己在做什么的瞬间，但我还是做了。

通常，是大脑在拉我的后腿。人们有时很难唱出在简单对话里能轻松运用的音符，"我在唱歌"的念头比唱歌这件事本身的机制更碍事。

诚然，所有这些自我探索都散发出过分专注自我的味道。专注固然是向内的，这些活动实际上却在让我朝外看。事实证明，身为初学者，最大的乐趣之一就是认识其他初学者。我遇到了各种各样的人——那些我在日常生活中可能接触不到的人，我们因为共同缺乏技能、愿意暴露可能存在的不足而团结在一起。

我遇到了一些如今视为朋友的人。这一点很重要，因为友谊，尤其是男性之间的友谊，尽管好处很多，但它的地位似乎会随着我们年龄的增长而下降。有时，它就像唱歌或画画一样，是我们年轻时所珍视的东西之一，但后来却因社会的期望而逐渐退到边缘，我们甚至说不准怎样才能把它找回来。

西方学院的社会学家丽莎·韦德认为，一些典型的男性形象——竞争性、自立、不愿表现出不安全感——往往会阻碍友谊的形成。而身为初学者，恰恰就是要把你的地位放到一旁，愿意听取他人意见，愿意向他人学习，暴露自己的不安全感。

或许并非偶然，我经常发现自己置身于以女性为主的群体里（就像游泳爱好者的群体中女性居多一样）。她们似乎更乐意尝试新事物，把自己放在不确定的环境中，对初学的同伴给予更多的支持。"学习，"《积极心理学杂志》这样说，"要求人们谦虚地意识到自己有东西要学。"[344]

对我来说，为人父母把我踢出了自己职业生涯中期的舒适区。它让你处于一个奇怪的境地：你既是老师，又是学习者。几乎每天，我都在努力教女儿一些东西：怎样运球，怎样点燃火柴，怎样投出橄榄球（这件事有点儿违背直觉）。其中大部分事情，我都学过，就跟你一样，但很久之前，我就不再想学更多了。之后，有一天，她把代数作业带回了家，我突然变成了一个必须重新学习的人，重新拾起一些我误以为自己知道怎样轻松解决的东西。

　　你通过孩子的眼睛看到所有这些经历，但通常也是在通过你自己的眼睛看。我家附近的溜冰场挤满了孩子和家长，他们几乎从同一基础上慢慢跋拉着步子（因为家长当年可能过了孩童时期就没怎么溜过冰）。你会为自己还能做这么久之前做过的事感到惊喜，技能就像是靠身体蕴藏的记忆。

　　如果家长和孩子一起学习某样新东西，比如在攀岩馆用绳索下降、制作饼干、玩某种新游戏，那就更好了。一旦你意识到你和孩子的成长不需要展开零和博弈的实体竞争，孩子的学习不是某种你只能远远地加以管理的东西，这件你在孩提时如此迷恋的事情，也就是学习，就不一定非要在童年便宣告结束了。

　　我自己进行的这些小小的实验，我推出来的这些小船，还在继续漂荡着。我从未学过这些技能，我现在正在学习。

　　现在，我们结束了，轮到你开始了。

致　谢

在这一路上，大多数就调查、教学等事宜或是出于单纯的善意帮助过我的人，我已经在正文中提过，这里不再重复我内心对他们的感激之情。不过，也有几位的贡献，我未能指出。

特别感谢约翰斯·霍普金斯大学医学院人脑生理与刺激实验室的加布里埃拉·坎塔雷罗、菲拉斯·马瓦斯和曼纽尔·安纳亚，以及约翰斯·霍普金斯大学肯尼迪·克里格研究所运动研究中心的瑞安·罗米奇。在亚拉巴马州，德斯坦·桑德林和巴尼·道尔顿尝试教我倒骑自行车，很惭愧，我对他们的回报是展现了自己滑稽得惊人的无能。在克雷斯特德比特镇，达斯蒂·戴尔花时间和我讨论了滑雪教学的细微之处。在达拉斯，得克萨斯大学达拉斯分校生命长寿中心的萨拉·费斯蒂尼和陈曦（音译）等人帮助我了解了大脑的衰老。纽约大学朗格尼健康中心的露西·诺克利夫－考夫曼指导我了解迷走神经的复杂之处。亚利桑那大学的罗布·格雷回答了我的询问，他的"感知－行动播客"是我学习运动技能的宝贵资源。纽约艺术学院的亚当·克罗斯耐心地指导我画画，希瑟·佩特鲁泽利在发声方面提供了同样的指导。

在克诺夫出版公司，我有幸与一支阵容基本未变的一流团队共同出版了三本书。一如既往，我的编辑安德鲁·米勒提供了充满智慧的建议，马里斯·戴尔负责把控进度，让诸多事情按计划推进。加布丽埃勒·布鲁克斯从第一天起就开始帮本书营造良好的口碑。也感谢萨拉·尼斯比特、英格丽德·斯特纳、玛丽亚·马西、泰勒·科姆里和权顺荣（音译）。请允许我在此向传奇人物、文学总编辑桑尼·梅塔致敬，我为自己能成为他编辑遗产的一部分感到既自豪又谦卑。也感谢我的长期经纪人、我的朋友佐伊·帕格纳梅塔，以及在佐伊·帕格纳梅塔经纪公司工作的杰丝·霍尔和艾莉森·刘易斯。在英国，感谢费利西蒂·布莱恩公司的萨莉·霍洛韦和大西洋出版社的迈克·哈普利。也要感谢一些我在写书期间最喜欢合作的编辑：《户外》杂志的迈克尔·罗伯茨、《旅游与休闲》的弗洛拉·斯塔布斯和毛拉·伊根，以及《经济学人》的西蒙·威利斯等。

最后，感谢我的女儿西尔维娅，她是自愿的陪伴者、良好的研究对象，为我带来无数灵感。也感谢我妻子简西·邓恩，不管是写作还是生活中，她随时愿意考虑另一份草稿。

永远年轻的初学者

注　释

序幕：开场白

1. Larry Evans, "Dick Cavett's View of Bobby Fischer," *Chess Daily News*, Aug. 24, 2008, web. chessdailynews.com.

2. Frank Brady, "The Marshall Chess Club Turns 100," *Chess Life*, Sept. 2015, 2–7.

3. 这个观点见 Wolfgang Schneider et al., "Chess Expertise and Memory for Chess Positions in Children and Adults," *Journal of Experimental Child Psychology* 56, no. 3 (1993): 328–49。

4. "尤其令人吃惊的是，"《应用认知心理学》上的一篇文章提到，"通常并不以理性著称的孩子可以在国际象棋比赛中跟成人一较高下。" Dianne D. Horgan and David Morgan, "Chess Expertise in Children," *Applied Cognitive Psychology* 4, no. 2 (1990): 109–28.

5. James Somers, "How Artificial-Intelligence Program AlphaZero Mastered Its Games," *New Yorker*, Dec. 3, 2018.

6. 这一观点由 DeepMind 的研究员 Matthew Lai 提出，见 Matthew Sadler and Natasha Regan, *Game Changer* (Alkmaar, Neth.: New in Chess, 2019), 92。

7. Anders Ericsson and Robert Pool, *Peak: Secrets from the New Science of Expertise* (Boston: Houghton Mifflin Harcourt, 2016).

8. 全面的文献综述见 Fernand Gobet and Guillermo Campitelli, "Educational Benefits of Chess Instruction: A Critical Review," in *Chess and Education: Selected Essays from the Koltanowski Conference*, ed. T. Redman (Richardson: Chess Program at the University of Texas at Dallas, 2006), 124–43。

9. Merim Bilalić and Peter McLeod, "How Intellectual Is Chess—a Reply to Howard," *Journal of Biosocial Science* 38, no. 3 (2006): 419–21.

10. 也许，国际象棋只是一种安慰剂，对于其他活动，只要孩子们通过密切关注成年人来受到激发，同样可提供类似的好处。这一观点的提出见 Giovanni Sala and Fernand Gobet，"Do the Benefits of Chess Instruction Transfer to Academic and Cognitive Skills? A Meta-analysis," *Educational Research Review* 18 (May 2016): 46–57。

11. Dianne Horgan, "Chess as a Way to Teach Thinking," Article No. 11 (1987), United States Chess Federation Scholastic Department.

12. Lisa Zyga, "Why Men Rank Higher Than Women at Chess (It's Not Biological)," Phys Org. com, Jan. 12, 2009, phys.org.

13. Hank Rothgerber and Katie Wolsiefer, "A Naturalistic Study of Stereotype Threat in Young Female Chess Players," *Group Processes and Intergroup Relations* 17, no. 1 (2014): 79–90.

第一章　给初学者的初学指南

14. L. A. Paul, "What You Can't Expect When You Are Expecting," *Res Philosophica* 92, no. 2 (2015): 149–70.

15. Joanna Gaines and David C. Schwebel, "Recognition of Home Injury Risks by Novice Parents," *Accident Analysis and Prevention* 41, no. 5 (2009): 1070–74.

16. 一项研究发现，接受过指导、能说更好的"家长语"（不是婴儿语，而是真正的词语，能更轻松地表达出来）的家长，其孩子在语言使用上比没有接受过训练的家长的孩子更熟练。Naja Ferjan Ramírez et al., "Parent Coaching at 6 and 10 Months Improves Language Outcomes at 14 Months: A Randomized Controlled Trial," *Developmental Science* (2018): e12762, doi:10.1111/desc/12762.

17. 对此更好的概括见 Janet Metcalfe, "Learning from Errors," *Annual Review of Psychology* 68 (2017): 465–89.

18. Alison Gopnik, Andrew Meltzoff, and Patricia Kuhl, *The Scientist in the Crib* (New York: Harper Perennial, 1996), 196.

19. Robert Twigger's enjoyable *Micromastery: Learn Small, Learn Fast, and Unlock Your Potential to Achieve Anything* (New York: TarcherPerigree, 2017).

20. 这个说法借用自杰西·伊茨勒（Jesse Itzler）。

21. 相关讨论见 Eddie Brummelman, "My Child Redeems My Broken Dreams: On Parents

Transferring Their Unfulfilled Ambitions onto Their Child," *PLOS One*, June 19, 2013, doi.org/10.1371/journal.poe.0065360。

22. Julia A. Leonard et al., "Infants Make More Attempts to Achieve a Goal When They See Adults Persist," *Science*, Sept. 22, 2017, 1290–94.

23. "These Archery Mistakes Are Ruining Your Accuracy," Archery Answers, archeryanswers.com. "9 Common Archery Mistakes and How to Fix Them," The Archery Guide, Nov. 30, 2018, thearcheryguide.com.

24. "5 Annoying Things Beginner Mechanics Do," Agradetools.com, agradetools.com.

25. 这个例子引自 Larry MacDonald, "Learn from Others' Boating Mistakes," *Ensign*, theensign.org。

26. R. L. Hughson et al., "Heat Injuries in Canadian Mass Participation Runs," *Canadian Medical Association Journal* 122, no. 1 (1980): 1141–42.

27. Christopher Bladin et al., "Australian Snowboard Injury Data Base Study: A Four-Year Prospective Study," *American Journal of Sports Medicine* 21, no. 5 (1993): 701–4.

28. John C. Mayberry et al., "Equestrian Injury Prevention Efforts Need More Attention to Novice Riders," *Journal of Trauma: Injury, Infection, and Critical Care* 62, no. 3 (2007): 735–39.

29. Anton Westman and Ulf Björnstig, "Injuries in Swedish Skydiving," *British Journal of Sports Medicine* 41, no. 6 (2007): 356–64.

30. Krishna G. Seshadri, "The Neuroendocrinology of Love," *Indian Journal of Endocrinology and Metabolism* 20, no. 4 (2016): 558–63.

31. Meredith L. Bombar and Lawrence W. Littig Jr., "Babytalk as a Communication of Intimate Attachment: An Initial Study in Adult Romances and Friendships," *Personal Relationships* 3, issue 2 (June 1996): https://onlinelibrary.wiley.com/doi/abs/10.1111/j.1475-6811.1996.tb00108.x.

32. 预测失误是运动技能学习中的关键因素。简单来说，一次失误会短暂地抑制大脑释放多巴胺，大脑不会因做了错事而自我奖励。失误尤其能控制大脑的注意力，对学习至关重要。R. D. Seidler et al., "Neurocognitive Mechanisms of Error-Based Motor Learning," in *Progress in Motor Control: Neural, Computational, and Dynamic Approaches*, ed. Michael J. Richardson, Michael A. Riley, and Kevin Shockley (New York: Springer, 2013)。

33. Shunryu Suzuki, *Zen Mind, Beginner's Mind: Informal Talks on Zen Meditation and Practice* (Boston: Shambhala, 2011), 1.

34. 这些想法来自一场有趣的演讲——《培养初心》（"Cultivate Beginner's Mind"），演讲者是旧金山禅宗中心前住持 Myogen Steve Stucky。可访问 sfzc.org。

35. Norman Rush, *Mating* (New York: Vintage Books, 1992), 337.

注　释

36. 关于这一短语的演变，一些有趣的讨论见 Ben Zimmer, "A Steep 'Learning Curve' for 'Downton Abbey,' " *Vocabulary.com Blog*, Feb. 8, 2013, www.vocabulary.com。

37. J. Kruger and D. Dunning, "Unskilled and Unaware of It," *Journal of Personality and Social Psychology* 77, no. 6 (1999): 1121–34.

38. 邓宁和卡门·桑切斯精心设计了一项实验，要人们对一场僵尸爆发的受害者进行诊断。"我们相信，这对所有参与者来说都是一个全新的场景，"他们写道，"让他们都可以完全作为新手开始。"假想场景中的患者患有"两种僵尸病"中的一种，症状相似，受试者必须判断到底是哪一种。每次诊断之后，他们都会得到反馈，被告知是否做出了正确的选择。研究过程中，随着受试者诊断的患者越来越多，其诊断水平不断提高。但受试者对成功率增长的估计比实际增长快，受初次成功的喜悦鼓舞，他们陷入了高级初学者过度自信的泡沫。David Dunning and Carmen Sanchez, "Research: Learning a Little About Something Makes Us Overconfident," *Harvard Business Review*, March 29, 2018.

39. B. D. Burns, "The Effects of Speed on Skilled Chess Performance," *Psychological Science* 15 (July 2004): 442–47.

40. 一项研究向国际象棋大师展示棋子的位置，请他们找出获胜最快的下法。有一种是他们熟悉的、步数较多的方法，也有一种步数少但更新颖的方法。尽管棋手们告诉研究人员自己正在审视整个棋盘，但眼动追踪软件揭示他们的眼睛无法从熟悉的下法上挪开。M. Bialić et al., "Why Good Thoughts Block Better Ones: The Mechanism of the Pernicious Einstellung (Set) Effect," *Cognition* 108, no. 3 (2008): 652–61.

41. Katherine Woollett and Eleanor A. Maguire, "The Effect of Navigational Expertise on Wayfinding in New Environments," *Journal of Environmental Psychology* 30, no. 4 (2010): 565–73.

42. 类似地，记忆回忆研究表明，如果信息与"过度学习"的记忆挂钩，老年人在整合新记忆方面表现较差。在回忆新版童话故事《小红帽》时，年长的参与者比年轻的参与者更有可能与原版童话故事的元素"混淆"。Gianfranco Dallas Barba et al., "Confabulation in Healthy Aging Is Related to Interference of Overlearned, Semantically Similar Information on Episodic Memory Recall," *Journal of Clinical and Experimental Neuropsychology* 32, no. 6 (2010): 655–60.

43. 在认知测试中，老年人比年轻人表现更好的一个方面是对"语义记忆"一般信息问题的检索（例如"空中花园位于哪个古代城市"），特别是如果问题和答案都基于事实，而非新颖的实验范式，或如研究人员所说的"无关的胡言乱语"的时候。该研究认为，老年人"能够像年轻人一样集中注意力资源，有时甚至比年轻人表现得更好。他们会调动注意力，努力了解真相"。Janet Metcalfe et al., "On Teaching Old Dogs New Tricks," *Psychological Science* 26, no. 12 (2015): 1833–42.

44. J. N. Blanco and V. M. Sloutsky, "Adaptive Flexibility in Category Learning? Young

Children Exhibit Smaller Costs of Selective Attention Than Adults," *Developmental Psychology* 55, no. 10 (2019).

45. Christopher G. Lucas et al., "When Children Are Better (or at Least More Open-Minded) Learners Than Adults: Developmental Differences in Learning the Forms of Causal Relationships," *Cognition* 131, no. 2 (2014): 284–99.

46. Michael Wilson, "After a Funeral and Cremation, a Shock: The Woman in the Coffin Wasn't Mom," *New York Times*, March 21, 2016.

47. "Play Like a Beginner!," Chess.com, April 3, 2016, www.chess.com.

48. Adam Thompson, "Magnus Carlsen, an Unlikely Chess Master," *Financial Times*, Nov. 28, 2014.

49. K. Janacsek et al., "The Best Time to Acquire New Skills: Age-Related Differences in Implicit Sequence Learning Across Human Life Span," *Developmental Science* 15, no. 4 (2012): 496–505.

50. Virginia B. Penhune, "Sensitive Periods in Human Development: Evidence from Musical Training," *Cortex* 47, no. 9 (2011): 1126–37.

51. Amy S. Finn et al., "Learning Language with the Wrong Neural Scaffolding: The Cost of Neural Commitment to Sounds," *Frontiers in Systems Neuroscience*, Nov. 12, 2013.

52. J. S. Johnson and E. L. Newport, "Critical Period Effects in Second Language Learning: The Influence of Maturational State on the Acquisition of English as a Second Language," *Cognitive Psychology* 21, no. 1 (1989): 60–99.

53. Stephen C. Van Hedger et al., "Auditory Working Memory Predicts Individual Differences in Absolute Pitch Learning," *Cognition* 140 (July 2015): 95–110.

54. P. R. Huttenlocher, "Synaptic Density in Human Frontal Cortex—Developmental Changes and Effects of Aging," *Brain Research* 162, no. 2 (1979): 195–205.

55. Lindsay Oberman and Alvaro Pascual-Leone, "Change in Plasticity Across the Lifespan: Cause of Disease and Target for Intervention," in *Changing Brains: Applying Brain Plasticity to Advance and Recover Human Ability*, ed. Michael M. Merzenich, Mor Nahum, and Thomas M. Van Vleet (Boston: Elsevier, 2013), 92.

56. David A. Drachman, "Do We Have Brain to Spare?," *Neurology* 64, no. 12 (2005): 2004–5.

57. Marc Roig et al., "Aging Increases the Susceptibility to Motor Memory Interference and Reduces Off-Line Gains in Motor Skill Learning," *Neurobiology of Aging* 35, no. 8 (2014): 1892–900.

58. Timothy Salthouse, "What and When of Cognitive Aging," *Current Directions in Psychological Science* 13, no. 4 (2004): 140–44.

59. Tiffany Jastrzembski, Neil Charness, and Catherine Vasyukova, "Expertise and Age Effects on Knowledge Activation in Chess," *Psychology and Aging* 21, no. 2 (2006): 401–5.

注　释

60. L. Bezzola et al., "The Effect of Leisure Activity Golf Practice on Motor Imagery: An fMRI Study in Middle Adulthood," *Frontiers in Human Neuroscience* 6, no. 67 (2012).

61. Joshua K. Hartshorne and Laura T. Germine, "When Does Cognitive Functioning Peak? The Asynchronous Rise and Fall of Different Cognitive Abilities Across the Life Span," *Psychological Science* 26, no. 4 (2015).

62. 奇怪的是，国际象棋大师既能利用庞大的知识体系，也能做出同样快速的直觉判断。例如，马格努斯·卡尔森就描述过，自己经常会在脑海里迅速下出一步棋，接着用大量时间检验这步棋下得是否正确。

63. Michael Ramscar et al., "Learning Is Not Decline," *Mental Lexicon* 8, no. 3 (2013): 450–81.

64. Sala and Gobet, "Do the Benefits of Chess Instruction Transfer to Academic and Cognitive Skills?"

65. Chen Zhang, Christopher G. Myers, and David Mayer, "To Cope with Stress, Try Learning Something New," *Harvard Business Review*, Sept. 4, 2018.

66. Carl Gombrich, "Polymathy, New Generalism, and the Future of Work: A Little Theory and Some Practice from UCL's Arts and Sciences BASc Degree," in *Experiences in Liberal Arts and Science Education from America, Europe, and Asia: A Dialog Across Continents*, ed. William C. Kirby and Marijk van der Wende (London: Palgrave Macmillan, 2016), 75–89. 我是从罗伯特·特威格尔（Robert Twigger）的《微精通》（*Micromastery*）一书中得知这项研究的。

67. 这一数据来自罗伯特·鲁特 – 伯恩斯坦等人的研究。David Epstein, *Range: Why Generalists Triumph in a Specialized World* (New York: Riverhead, 2019), 33.

68. Jimmy Soni, "10,000 Hours with Claude Shannon: How a Genius Thinks, Works, and Lives," *Medium*, July 20, 2017, medium.com.

69. 这个说法来自 Dineh M. Davis, "The Perpetual Novice: An Undervalued Resource in the Age of Experts," *Mind, Culture, and Activity* 4, no. 1 (1997): 42–52。作者使用这一说法，是在个人计算机进入美国家庭的语境中，并将"永恒的新手"形容为"多年来已在这项技术上彻底扎根，但从未失去我们与初学者联系在一起的优势"。

70. 出自库马尔与 Knowledge@Wharton 之间的一次访谈，见 "Want a Job in the Future? Be a Student for Life," Knowledge@Wharton, July 2, 2019, knowledge.wharton.upenn.edu。

71. Winifred Gallagher, *New: Understanding Our Need for Novelty and Change* (New York: Penguin, 2013).

72. Denise Park et al., "The Impact of Sustained Engagement on Cognitive Function in Older Adults: The Synapse Project," *Psychological Science* 25, no. 1 (2014): 103–12. Jan Oltmanns et al., "Don't Lose Your Brain at Work—the Role of Recurrent Novelty at Work in Cognitive and Brain Aging," *Frontiers in Psychology* 8, no. 117 (2017), doi: 10.3389/

fpsyg.2017.00117.

73. J. Schomaker, "Unexplored Territory: Beneficial Effects of Novelty on Memory," *Neurobiology of Learning and Memory* 161 (May 2019): 46–50.

74. 需要指出的是，这项研究的对照组人数非常少。Shirley Leanos et al., "The Impact of Learning Multiple Real-World Skills on Cognitive Abilities and Functional Independence in Healthy Older Adults," *Journals of Gerontolog*y: *Series B* (2019), doi:10.1093/geronb/gbz084.

75. Robyn Jorgensen, "Early-Years Swimming: Adding Capital to Young Australians," Aug. 2013, docs.wixstatic.com.

76. A. Aron et al., "Couples' Shared Participation in Novel and Arousing Activities and Experienced Relationship Quality," *Journal of Personal and Social Psychology* 78 no. 2 (Feb. 2000): 273–84.

77. Benjamin Chapman et al., "Personality and Longevity: Knowns, Unknowns, and Implications for Public Health and Personalized Medicine," *Journal of Aging Research* (2011), doi:10.4061/2011/759170.

78. Alison Gopnik, "A Manifesto Against 'Parenting,' " *Wall Street Journa*l, July 8, 2016.

79. 见雷德福令人着迷的研究，*Dilettanti*: *The Antic and the Antique in Eighteenth-Century England* (Los Angeles: Getty Center, 2008)。

80. 这个说法，我引自马丁·迈斯纳（Martin Meissner），后者又是引自史蒂文·盖尔伯（Steven M. Gelber）的有价值的研究，*Hobbie*s: *Leisure and the Culture of Work in America* (New York: Columbia University Press, 1999)。

81. Mihaly Csikszentmihalyi, *Flow* (New York: Harper Perennial, 2008), 236.

82. 在《刻意练习》一书中，艾利克森描述了一项研究，对专业和业余两个合唱团的团员在排练前后进行了访谈：业余演唱者说自己感觉很高兴；专业演唱者没这么说，他们只专注于完成工作，高强度地打磨个人技术，因为这是一份工作。他们是因为自己能保持最佳状态才获得报酬的，但这并不意味着每个人都必须这样。想象一下，你明天要开始唱歌，你是想要一段感到兴奋的体验，还是想要清醒地苦练以达成技术上的完美？除非你以到卡内基音乐厅演唱为目标，我猜你会选择前者。Ericsson, *Peak*, 151. 对专业人士和业余爱好者之间区别的有趣讨论，见 Susana Juniu et al., "Leisure or Work? Amateur and Professional Musicians' Perception of Rehearsal and Performance," *Journal of Leisure Research* 28, no. 1 (1996): 44–56.。更多有关业余爱好者的情况，见 Robert A. Stebbins, "The Amateur: Two Sociological Definitions," *Pacific Sociological Review* 20, no. 4 (1977): 582–606。

83. George Leonard, *Mastery* (New York: Plume, 1992), 19–20.

84. Thomas Curran and Andrew P. Hill, "Perfectionism Is Increasing over Time: A Meta-analysis of Birth Cohort Differences from 1989 to 2016," *Psychological Bulletin* 145, no. 4

注　释

(2019): 410–29, dx.doi.org/10.1037/bul0000138.

85. D. E. Hamachek, "Psychodynamics of Normal and Neurotic Perfectionism," *Psychology* 15, no. 1 (1978): 27–33.

86. 法学学者、作家吴修铭指出，在这个"高度公开、带表演性的时代"，我们将最终成绩看得太重，就连休闲追求都"变得过于严肃、苛刻，连自己到底是不是自己所声称的那种人都感到焦虑"。我们不能只是在艺术方面试试看，我们一定要殚精竭虑地成为一名艺术家。Tim Wu, "In Praise of Mediocrity," *New York Times*, Sept. 19, 2018.

87. George Orwell, "England Your England," in *The Orwell Reader: Fiction, Essays, and Reportage* (New York: Houghton Mifflin Harcourt, 1956), 256.

88. Shellie Karabell, "Steve Jobs: The Incredible Lightness of Beginning Again," *Forbes*, Dec. 10, 2014, www.forbes.com.

89. Winston S. Churchill, *Painting as a Pastime* (London: Unicorn Press, 2013), 15.

90. 这就提出了激情从何而来的问题。一项有趣的研究表明，如果人们认为激情是与生俱来的，那么随着事情变得更有挑战性，他们更有可能放弃。而如果人们认为激情是必须培养的，则更有可能坚持下去。Paul O'Keefe et al., "Implicit Theories of Interest: Finding Your Passion or Developing It?," *Association of Psychological Science* 29, no. 10 (2018): 1653–64.

91. Lauren Sosniak, "From Tyro to Virtuoso: A Long-Term Commitment to Learning," in *Music and Child Development: Proceedings of the 1987 Denver Conference*, ed. Frank L. Wilson and Franz L. Roehmann (St. Louis: MMB Music, 1990).

92. Michael S. Rosenwald, "Are Parents Ruining Youth Sports?," *Washington Post*, Oct. 4, 2015; Peter Witt and Tek Dangi, "Why Children/Youth Drop Out of Sports," *Journal of Park and Recreation Administration* 36, no. 3 (2018): 191–99.

93. R. W. Howard, "Searching the Real World for Signs of Rising Population Intelligence," *Personality and Individual Differences* 30, no. 6 (2001): 1039–58.

94. KSNV, "Fake Doctor, Rick Van Thiel, Says He Learned Surgical Procedures on YouTube," News 3 Las Vegas, Oct. 7, 2015, news3lv.com.

95. Maxwell Strachan, "Rubik's Cube Champion on Whether Puzzles and Intelligence Are Linked," *HuffPost*, July 23, 2015, www.huffingtonpost.com.

96. Jonathan Gershuny and Oriel Sullivan, *Where Does It All Go? What We Really Do All Day: Insights from the Center for Time Use Research* (London: Pelican, 2019).

97. 这里对我最有启发的是达芙妮·巴维利尔及其同事的工作。Daphné Bavelier et al., "Altering Perception: The Case of Action Video Gaming," *Current Opinion in Psychology* 29 (March 2019): 168–73.

98. Shelly Lundberg, "Sons, Daughters, and Parental Behavior," *Oxford Review of Economic*

Policy 21, no. 3 (2005): 340–56; and Kristin Mammen, "Fathers' Time Investments in Children: Do Sons Get More?," *Journal of Population Economics* 24, no. 3 (2011): 839–71.

99. John Marchese, "Tony Bennett at 90: 'I Just Love What I'm Doing,'" *New York Times*, Dec. 14, 2016.

100. Tobias Rees, "Being Neurologically Human Today," *American Ethnologist* 37, no. 1 (2010).

101. 概要可见报告 "The Summit on Creativity and Aging in America," National Endowment for the Arts, Jan. 2016。

第二章　像婴幼儿一样学着学习

102. 根据最近的一项研究，美国成年人平均每天走 4 774 步。Tim Althoff et al., "Large-Scale Physical Activity Data Reveal Worldwide Activity Inequality," *Nature*, July 20, 2017, 336–39.

103. Whitney G. Cole, Scott R. Robinson, and Karen E. Adolph, "Bouts of Steps: The Organization of Infant Exploration," *Developmental Psychobiology* 58, no. 3 (2016): 341–54.

104. Lana B. Karasik et al., "Carry On: Spontaneous Object Carrying in 13-Month-Old Crawling and Walking Infants," *Developmental Psychology* 48, no. 2 (2012): 389–97.

105. 发展心理学家默特尔·麦格劳指出："成长中的婴幼儿的其他神经肌肉功能均未在模式上表现出比这更大的变化。" Myrtle McGraw, *The Neuromuscular Maturation of the Human Infant* (New York: Columbia University Press, 1945).

106. J. Hoch, J. Rachwani, and K. Adolph, "Where Infants Go: Real-Time Dynamics of Locomotor Exploration in Crawling and Walking Infants," *Child Development* (in press).

107. 阿道夫写道："有望探索更多空间的潜力就足以激发婴幼儿运动。"也就是说，他们运动不是为了具体的目标，而是为了运动本身。Justine E. Hoch, Sinclaire M. O'Grady, and Karen E. Adolph, "It's the Journey, Not the Destination: Locomotor Exploration in Infants," *Developmental Science*, Aug. 7, 2018, doi:10.1111/desc.12740.

108. Karen E. Adolph and Scott R. Robinson, "The Road to Walking: What Learning to Walk Tells Us About Development," in *The Oxford Handbook of Developmental Psychology*, ed. P. Zelazo (New York: Oxford University Press, 2013), 15.

109. Karen E. Adolph et al., "How Do You Learn to Walk? Thousands and Steps and Dozens of Falls per Day," *Psychological Science* 23, no. 11 (2012): 1387–94.

110. 坐远比看起来难得多。阿道夫指出："直立平衡包括几个不太明显的组成部分，包括躯干控制、获得稳定位置、代偿性姿势摇摆，还有最重要的一点也许是行为灵活性。" Jaya Rachwani, Kasey C. Soska, and Karen E. Adolph, "Behavioral Flexibility in Learning to Sit," *Developmental Psychobiology* 59, no. 8 (2017).

111. 研究表明，婴幼儿喜欢跟他们认为"能为自己提供学习活动"（一位学者语）的人互动。Katarina Begus, Teodora Gliga, and Victoria Southgate, "Infants Choose Optimal Teachers," *Proceedings of the National Academy of Sciences* 113, no. 44 (2016): 12397–402, doi:10.1073/pnas.1603261113.

112. 正如一位教练所说，害怕跌倒"会增加你跌倒的风险"。Christopher F. Schuetze, "Afraid of Falling? For Older Adults, the Dutch Have a Cure," *New York Time*s, Jan. 2, 2018.

113. Adolph et al., "How Do You Learn to Walk?"

114. K. S. Kretch et al., "Crawling and Walking Infants See the World Differently," *Child Development* 85, no. 4 (2014): 1503–18.

115. Adolph and Robinson, "Road to Walking," 23.

116. 阿道夫指出，这本身就是奖励。Karen E. Adolph et al., "Gibson's Theory of Perceptual Learning," in *International Encyclopedia of the Social & Behavioral Science*s, ed. James D. Wright (Boston: Elsevier, 2015), 10:132.

117. Joseph J. Campos et al., "Travel Broadens the Mind," *Infancy* 1, no. 2 (2000): 149–219.

118. Adolph and Robinson, "Road to Walking," 23.

119. 行走是各种方式了解世界的手段，包括我们怎样在世界中真正地移动。"身体必须向大脑发出指令。"著名发育理论家埃丝特·西伦这样说。Esther Thelen, "The Improvising Infant: Learning About Learning to Move," in *The Developmental Psychologist*s: *Research Adventures Across the Life Spa*n, ed. M. R. Merrens and G. G. Brannigan (New York: McGraw-Hill, 1996), 31.

120. 埃丝特·西伦有些讽刺地把这种观点总结为"婴幼儿体内的一座小时钟"，她认为推动发育的不是它，而是任务所具备的挑战性。出处同上，37。

121. Jane Clark, "On Becoming Skillful: Patterns and Constraints," *Research Quarterly for Exercise and Sport* 66, no. 3 (1995): 173–83.

122. Oskar G. Jenni et al., "Infant Motor Milestones: Poor Predictive Value for Outcome of Healthy Children," *Acta Paediatrica* 102, no. 4 (2013): e181, doi:10.1111/apa.12129. Emma Sumner and Elisabeth Hill, "Are Children Who Walk and Talk Early Geniuses in the Making?," *Conversatio*n, Feb. 4, 2016.

123. Michelle Lampl, "Evidence of Saltatory Growth in Infancy," *American Journal of Human Biology* 5, no. 5 (1993): 641–52.

124. Adolph and Robinson, "Road to Walking," 8.

125. 想了解更多关于记忆和可变练习的信息，可见 Shailesh S. Kantak et al., "Neural Substrates of Motor Memory Consolidation Depend on Practice Structure," *Nature Neuroscience* 13, no. 8 (2010), doi:10.1038/nn.2596。

126. 在一项实验中，阿道夫和同事们让一队使用婴幼儿行走路径训练的足球机器人与另一队使用较少变化路径训练的机器人进行较量，前者赢了。Ori Ossmy et al.,

"Variety Wins: Soccer-Playing Robots and Infant Walking," *Frontiers in Neurorobotics* 12, no. 19 (2018).

127. 要了解更多关于运动可变性及其对学习的影响，可见 Howard G. Wu et al., "Temporal Structure of Motor Variability Is Dynamically Regulated and Predicts Motor Learning Ability," *Nature Neuroscience* 17, no. 2 (2014): 312–21。

128. Lisa Gershkoff-Stowe and Esther Thelen, "U-Shaped Changes in Behavior: A Dynamic Systems Perspective," *Journal of Cognition and Development* 5, no. 1 (2006): 11–36.

129. 关于运动技能学习中的"转移"，可见 Richard A. Schmidt and Douglas E. Young, "Transfer of Movement Control in Motor Skill Learning," Research Note 86-37, U.S. Army Research Institute for the Behavioral and Social Sciences, April 1986。

130. 正如一位研究人员所说，"哪怕是最熟练的专家，也不能跳过对新任务进行动态组织的基本过程"。Zheng Yan and Kurt Fischer, "Always Under Construction," *Human Development* 45 (2002): 141–60.

131. Thelen, "Improvising Infant," 39.

第三章 尝试歌唱：它跟天赋没有太大关系

132. Warren Brodsky, *Driving with Music* (London: Ashgate, 2015), xiv.

133. Lisa Huisman Koops, "Songs from the Car Seat: Exploring the Early Childhood Music-Making Place of the Family Vehicle," *Journal of Research in Music Education* 62, no. 1 (2014): 52–65.

134. 总结一下这些发现：唱歌似乎不会对开车造成太大妨碍，但如果开车时手忙脚乱，往往会妨碍唱歌。Warren Brodsky, "A Performance Analysis of In-Car Music Engagement as an Indication of Driver Distraction and Risk," *Transportation Research Part F* 55 (May 2018): 201–18.

135. Steven Mithen, "The Music Instinct: The Evolutionary Basis of Musicality," *Annals of the New York Academy of Sciences* 1169 (July 2009): 3–12.

136. Jing Kang et al., "A Review of the Physi- ological Effects and Mechanisms of Singing," *Journal of Voice* 32, no. 4 (2018): 390–95.

137. 纽约大学神经学教授露西·诺克利夫 – 考夫曼博士向我介绍了复杂的迷走神经。

138. Helmut Moog, *The Musical Experience of the Pre-school Child* (London: Schott, 1976), 62.

139. Sandra E. Trehub, Anna M. Unyk, and Laurel J. Trainor, "Adults Identify Infant-Directed Music Across Cultures," *Infant Behavior and Development* 16, no. 2 (1993): 193–211. 在另一项研究中，婴儿自己也表现对母亲唱歌时有自己在场的录音的偏爱。Laurel J. Trainor, "Infant Preferences for Infant-Directed Versus Noninfant-Directed Playsongs and Lullabies," *Infant Behavior and Development* 19, no. 1 (1996): 83–92.

140. M. Patterson et al., "Infant Sensitivity to Perturbations in Adult Infant-Directed Speech During Social Interactions with Mother and Stranger" (poster presented at the Society for Research in Child Development).

141. John J. Ohala, "The Acoustic Origin of the Smile" (revised version of paper delivered at the hundredth meeting of the Acoustical Society of America, Los Angeles, Nov. 19, 1980). 有一种理论认为，人类进化出微笑不是为了展示牙齿，因为这可能显得像是挑衅，具有攻击性，而是为了让我们说话的音调变高，而这通常意味着友好与合作。V. C. Tartter, "Happy Talk: Perceptual and Acoustic Effects of Smiling on Speech," *Perceptual Psychophysics* 27, no. 1 (1980): 24–27. 提高音调的另一种方法是扬起眉毛，让我们的脸更受欢迎，因为扬眉时，眼睛显得更大，像婴儿，故此也更友好。实际上，人们在用较高音调唱歌时，他们的脸在他人的判断里比唱低音时更友好。David Huron and Daniel Shanahan, "Eyebrow Movements and Vocal Pitch Height: Evidence Consistent with an Ethological Signal," *Journal of the Acoustical Society of America* 133, no. 5 (2013): 2947–52. 赫龙和沙纳汉指出："（约翰·奥哈拉）提出，扬眉促进眼睑的收缩，能将注意力吸引到眼睛上，从而有效地增强眼睛对头部的明显比例。"

142. Takayuki Nakata and Sandra E. Trehub, "Infants' Responsiveness to Maternal Speech and Singing," *Infant Behavior and Development* 27, no. 4 (2004): 455–64.

143. Colleen T. O'Neill et al., "Infants' Responsiveness to Fathers' Singing," *Music Perception* 18, no. 4 (2001): 409–25.

144. 见詹姆斯·加文（James Gavin）写的权威传记，*Deep in a Dream: The Long Night of Chet Baker* (New York: Alfred A. Knopf, 2002), 87。

145. 同上，85。

146. 这一评论要感谢英戈·蒂兹 (Ingo Titze)。

147. 1 名研究人员与 6 名声乐导师交谈后发现，为描述所需的歌唱技巧，他们使用了差不多 260 次隐喻和情感传达。Jennifer Aileen Jestley, "Metaphorical and Non-metaphorical Imagery Use in Vocal Pedagogy: An Investigation of Underlying Cognitive Organisational Constructs" (Ph.D. diss., University of British Columbia, 2011). 有人批评声乐训练中使用意象和隐喻的做法，与此相反，杰斯特利（Jestley）认为："重要的是，研究表明，（导师们）不是由于临时特别分类过程的结果而随便便地使用这些表达方式，而是受到具体化经验所产生的潜在意象图式结构的限制……第一章和第二章列举的批评将录音棚里使用的隐喻和意象语言描述为胡言乱语、神话、不透明的和过于主观，与之相反，我并没有发现本研究中提供的表达方式存在任何混乱或不合逻辑之处。"

148. 几十年前，加拿大的一名研究人员就唱歌在生活中所扮演角色这一问题采访了一群女性。她发现："社交和家庭团体中围着钢琴唱歌的普遍做法于 20 世纪 50 年代末结束；社交团体唱歌用吉他伴奏在 20 世纪六七十年代十分流行；到 20

世纪八九十年代，社交团体一起唱歌日益罕见。"Katharine Smithrim, "Still Singing for Our Lives: Singing in the Everyday Lives of Women Through This Century," in *Sharing the Voices: The Phenomenon of Singing*, ed. B. Roberts (St. John's: Memorial University of Newfoundland, 1998), 224.

149. 这一看法要感谢 Smule 的首席执行官杰夫·史密斯。

150. Cathy Lynn Grossman, "Many Church Choirs Are Dying. Here's Why," Religion News Service, Sept. 17, 2014.

151. Jason Bardi, "UCSF Team Describes Neurological Basis for Embarrassment," news release, April 15, 2011, University of California at San Francisco, www.ucsf.edu.

152. Tracey Thorn, *Naked at the Albert Hall* (London: Virago, 2015), vii.

153. 这项研究实际上区分了唱得不准确（与"歌声和目标音高之间的平均差异"相关）和唱得不精确（"反复尝试产生一个音高的一致性"）之间的差异。"唱歌走调，"作者写道，"与唱得不准确和不精确的倾向是相关的。" Peter Q. Pfordresher et al., "Imprecise Singing Is Widespread," *Journal of the Acoustical Society of America* 128, no. 4 (2010).

154. Karen J. Wise and John A. Sloboda, "Establishing an Empirical Profile of Self-Defined 'Tone Deafness': Perception, Singing Performance, and Self-Assessment," *Musicae Scientiae* 12, no. 1 (2008): 3–26.

155. 格雷厄姆·韦尔奇（Graham Welch）在他精彩的演讲中提出了这一看法，"The Benefits of Singing in a Choir" (delivered July 8, 2015, at Gresham College)。

156. 有趣的是，最近发现的原始作品的一个版本所描绘的音符范围更窄。Tara Anderson, "An Unnoticed 'Happy Birthday' Draft Gives Singers a Simpler Tune," NPR, Sept. 6, 2015, www.npr.org.

157. Y. Minami, "Some Observations on the Pitch Characteristics of Children's Singing," in *Onchi and Singing Development: A Cross-Cultural Perspective*, ed. Graham Welch and Tadahiro Murao (London: David Fulton, 1994), 18–24.

158. 这个想法来自史蒂文·康纳（Steven Connor）所著的 *Dumbstruck: A Cultural History of Ventriloquism* (Oxford: Oxford University Press, 2001)。

159. 节选自 TEDxBeaconStreet talk, Rébecca Kleinberger, "Why You Don't Like the Sound of Your Own Voice"。

160. 史蒂文·康纳在他精彩的《目瞪口呆》一书中提出了一个有趣的看法："或许，如果声音开始时没有提供这种类似触觉的自我爱抚前景，我们无法喜欢上它。"换句话说，我们所听到的屏蔽了自身的声音，不仅听起来更好，感觉也更好。*Dumbstruck*, 10.

161. Philip S. Holzman and Clyde Rousey, "The Voice as a Percept," *Journal of Personality and Social Psychology* 4, no. 1 (1966): 79–86.

注　释

162. 同上，85。

163. 简要概述可见 Susan M. Hughes and Marissa A. Harrison, "I Like My Voice Better: Self-Enhancement Bias in Perceptions of Voice Attractiveness," *Perception* 42, no. 9 (2013): 941–49。

164. P. McAleer, A. Todorov, and P. Belin, "How Do You Say 'Hello'? Personality Impressions from Brief Novel Voices," *PLOS One* 9, no. 3 (2014), journals.plos.org.

165. E. Glenn Schellenberg, "Music Lessons Enhance IQ," *Psychological Science* 15, no. 8 (2004), doi.org/10.1111/j.0956-7976.2004.00711.x.

166. Steven M. Demorest et al., "Singing Ability, Musical Self-Concept, and Future Music Participation," *Journal of Research in Music Education* 64, no. 4 (2017): 405–20.

167. Albert Bandura, "Self-Efficacy," in *Encyclopedia of Human Behavior*, ed. V. S. Ramachandran (San Diego: Academic Press, 1998), 71–81.

168. S. O'Neill, "The Self-Identity of Young Musicians," in *Musical Identities*, ed. R. MacDonald, D. Hargreaves, and D. Miell (New York: Oxford University Press, 2002).

169. 这个看法的提出，得益于 Graham Welch, "We Are Musical," *International Journal of Music Education* 23, no. 117 (2005): 117–20。

170. Julie Ayotte, Isabelle Peretz, and Krista Hyde, "Congenital Amusia: A Group Study of Adults Afflicted with a Music-Specific Disorder," *Brain* 125 (Feb. 2002): 238–51.

171. 这是有关孔庆翔的比较好的讨论，见 Vance Lehmkuhl, "The William Hung Challenge," *Philadelphia Inquirer*, May 4, 2011, www.philly.com。

172. 原航空航天工程师英戈·蒂兹把注意力转向了人类喉咙内部同样错综复杂的风动力学，后来任美国国家声音和语音中心主任。他指出，一旦我们不再为更高的音调或更洪亮的声音拉伸，我们的发声机制就开始萎缩。他认为，这种"用进废退"的现象可能会出现在更大的范围内。如今，我们极度依赖短距离低频说话，电子设备增强了我们的语音，这意味着我们几乎没有将语音系统的潜力开发到极致。"哺乳动物的喉咙对长距离无扩音发声交流的适应性演进，"他写道，"最终可能会出现逆转。" Ingo R. Titze, "Human Speech: A Restricted Use of the Mammalian Larynx," *Journal of Voice* 31, no. 2 (2017): 135–41。

173. 这一说法来自 M. Echternach et al., "Vocal Fold Vibrations at High Soprano Funda-mental Frequencies," *Journal of the Acoustical Society of America* 133, no. 2 (2013): 82–87。

174. Adam Rubin et al., "Laryngeal Hyperfunction During Whispering: Reality or Myth?," *Journal of Voice* 20, no. 1 (2006): 121–27.

175. 摘自我对英戈·蒂兹的访谈。

176. Michael Belyk et al., "Poor Neuromotor Tuning of the Human Larynx: A Comparison of Sung and Whistled Pitch Imitation," *Royal Society Open Science*, April 1, 2018.

177. 哪怕是专业歌手也不能像乐器演奏者那样准确地击中音符。P. Q. Pfordresher and

S. Brown, "Vocal Mistuning Reveals the Origin of Musical Scales," *Journal of Cognitive Psychology* 29, no. 1 (2017): 35–52. 奇怪的是，我们对此早已知晓。哈钦斯发现，我们听到人类稍微走调和乐器稍微走调的情况，对人类不会太在意。他称之为"声乐宽大效应"。Sean Hutchins, Catherine Roquet, and Isabelle Peretz, "The Vocal Generosity Effect: How Bad Can Your Singing Be?," *Music Perception* 20, no. 2 (2012): 147–59.

178. W. Timothy Gallwey, *The Inner Game of Tennis* (New York: Random House, 1997), 74.

179. Dena Murry, *Vocal Technique: A Guide to Finding Your Real Voice* (New York: Musicians Institute Press, 2002), 20.

180. 相关综述见 Martin S. Remland, *Nonverbal Communication in Everyday Life* (New York: Sage Books, 2016)。

181. 目标是不要想太多，最有效地运送最多的空气，不受干扰。"在说话时，"声乐老师兰佩蒂说，"势头不断受阻，歌唱时却从来不会。" Giovanni Battista Lamperti, *Vocal Wisdom* (New York: Taplinger, 1931), 47.

182. William D. Leyerle, *Vocal Development Through Organic Imagery* (Geneseo, N.Y.: Leyerle, 1986), 75.

183. "Whisper, Talk, Sing: How the Voice Works," Kindermusik, April 28, 2016, www.kindermusik.com.

184. Matthias R. Mehl et al., "Are Women Really More Talkative Than Men?," *Science*, July 6, 2007, 82.

185. Daniel E. Callan et al., "Song and Speech: Brain Regions Involved with Perception and Covert Production," *NeuroImage* 31, no. 3 (2006): 1327–42.

186. 早期曾有一项研究要人们咬住一个测量装置，直到感到牙齿疼痛为止。"The Power of the Human Jaw," *Scientific American*, Dec. 2, 1911.

187. T. M. G. J. Van Eijden, J. A. M. Korfage, and P. Brugman, "Architecture of the Human Jaw-Closing and Jaw-Opening Muscles," *Anatomical Record* 248, no. 3 (1997): 464–74.

188. Michael Bloch, F. M.: *The Life of Frederick Matthias Alexander* (New York: Little, Brown, 2004), 34.

189. F. Matthias Alexander, *The Alexander Technique: The Essential Writings of F. Matthias Alexander* (New York: Lyle Stuart, 1980), 4.

190. 有关运动技能领域"技术变化"的精彩讨论，见 Rob Gray's *Perception Action* podcast, episode 14, 2015, perceptionaction.com/14-2。

191. 充分了解各种评论，见 Jeff Sullivan, "Batting Practice Is Probably a Waste of Everyone's Time," *The Hardball Times*, tht.fangraphs.com。

192. 更多有关"吹管发声"的信息，见 Ingo Titze, "Voice Training and Therapy with a Semi-occluded Vocal Tract: Rationale and Scientific Underpinnings," *Journal of Speech, Language, and*

Hearing Research 49, no. 2 (2006): 448–59。

193. 我是看了下面这本书想到这一点的：Anne Kapf, T*he Human Voice* (New York: Simon & Schuster, 2006)。

194. Hollis Dann, "Some Essentials of Choral Singing," *Music Educators Journal* 24, no. 1 (1937): 27.

195. Ian Bostridge, *A Singer's Notebook* (London: Faber and Faber, 2012).

第四章　加入集体：我不知道自己在做什么，但我还是在做

196. Alice Parker, interview by Krista Tippett, "Singing Is the Most Companionable of Arts," *On Being*, Dec. 6, 2016, onbeing.org.

197. 为了更好地考察合唱团的声学特质，见 Sten Ternström,"Physical and Acoustic Factors That Interact with the Singer to Produce the Choral Sound," *Journal of Voice* 5, no. 2 (1991): 128–43。

198. Charlene Ryan, "An Investigation into the Choral Singer's Experience of Music Performance Anxiety," *Journal of Research in Music Education* 57, no. 2 (2009): 108–26.

199. 该研究指出："研究文献尚未对合唱团的'男性缺失'确定一个普遍接受的原因。" K. Elpus, "National Estimates of Male and Female Enrolment in American High School Choirs, Bands, and Orchestras," *Music Education Research* 17, no. 1 (2015): 88–102.

200. 综述可见 Charles F. Bond et al., "Social Facilitation: A Meta-analysis of 241 Studies," *Psychological Bulletin* 94, no. 2 (1983): 265–92。

201. S. J. Karau, "Social Loafing (and Facilitation)," in *Encyclopedia of Human Behavior* (Amsterdam: Elsevier, 2012), 486–92.

202. Cindy Bell, "Update on Community Choirs and Singing in the United States," *International Journal of Research in Choral Singing* 2, no. 1 (2004).

203. "Number of UK Choirs at All-Time High," M, July 13, 2017, www.m-magazine.co.uk.

204. "Sing and They Will Come," *Economist*, March 4, 2014.

205. Ali Colvin, "Community Choirs Growing as Members Reap Health Benefits," ABC News, June 17, 2016, www.abc.net.au.

206. www.skane.com/en/choirs-a-national-pastime.

207. L. M. Parsons et al., "Simultaneous Dual-fMRI, Sparse Temporal Scanning of Human Duetters at 1.5 and 3 Tesla." Conference paper presented at the Annual Meeting of the Society for Neuroscience, Jan. 2009.

208. Gunter Kreutz, "Does Singing Facilitate Social Bonding?," *Music and Medicine* 6, no. 2 (2014).

209. R. N. Christina Grape et al., "Choir Singing and Fibrinogen: VEGF, Cholecystokinin, and

Motilin in IBS Patients," *Medical Hypotheses* 72, no. 2 (2009): 223–55.

210. 一位曾参与卡特里娜飓风后"飓风合唱团"项目的心理学家告诉我，这是"我经历过的最真实的社区活动之一"。

211. 例如，艾伦德·皮尔斯和同事的一项研究发现，参加唱歌和其他类型课程的受访者在 7 个月后都报告获得了更大的幸福感。只要是社交活动，具体什么活动似乎并不重要。他们感受到的社会纽带越多，报告的幸福感的提升就越大。Eiluned Pearce et al., "Is Group Singing Special? Health, Well-Being, and Social Bonds in Community-Based Adult Education Classes," *Journal of Community Applied Psychology* 26, no. 6 (2016): 518–33.

212. 这个观点借鉴自一篇论文，见 Daniel Weinstein et al.,"Singing and Social Bonding: Changes in Connectivity and Pain Threshold as a Function of Group Size," *Evolution and Human Behavior* 37, no. 2 (2016): 152–58。

213. Eiluned Pearce et al., "The Ice-Breaker Effect: Singing Mediates Fast Social Bonding," *Royal Society Open Science*, Sept. 29, 2015. 针对这项研究要做的一点提醒是，其他新成立的活动小组（手工和创意写作）成员都在从事单独的项目。作者们指出："这意味着这项研究并未对歌唱这一身体行为本身的群体纽带效应和共同创作一支音乐所存在的群体动机加以区分。"

214. Björn Vickhoff et al., "Music Structure Determines Heart Rate Variability of Singers," *Frontiers in Psychology* 4, no. 334 (2013).

215. 例如，一项研究发现，在 24 名布罗卡失语症患者中，有 21 人"在某种程度上具备歌唱能力"。A. Yamadori et al., "Preservation of Singing in Broca's Aphasia," *Journal of Neurology*, Neurosurgery, and Psychiatry 40, no. 3 (1977): 221–24.

216. Oliver Sacks, *Musicophilia* (New York: Vintage Books, 2007), 240.

217. Benjamin Stahl, "Facing the Music: Three Issues in Current Research on Singing and Aphasia," *Frontiers in Psychology*, Sept. 23, 2014.

218. Steven Tonkinson, "The Lombard Effect in Choral Singing," *Journal of Voice* 8, no. 1 (1994): 24–29.

219. Sharon Hansen et al., "On the Voice: Choral Directors Are from Mars and Voice Teachers Are from Venus," *Choral Journal* 52, no. 9 (2012): 51–58.

220. Dallas Draper, "The Solo Voice as Applied to Choral Singing," *Choral Journal* 12, no. 9 (1972).

221. Michael J. Bonshor, "Confidence and Choral Configuration: The Affective Impact of Situational and Acoustic Factors in Amateur Choirs," *Psychology of Music* 45, no. 5 (2017), doi.org/10.1177/0305735616669996.

注　释

第五章　U形冲浪：另一种任性而顽强的热情

222. 这句话引自 Jamail Yogis, *Saltwater Buddha: A Surfer's Quest to Find Zen on the Sea* (New York: Simon & Schuster, 2009), 128。

223. Hubert Dreyfus and Stuart Dreyfus, *Mind over Machine* (New York: Free Press, 1988), 21.

224. Peter Heller, *Kook* (New York: Free Press, 2010), 268.

225. Allan Weisbecker, *In Search of Captain Zero* (New York: TarcherPerigree, 2002), 3.

226. Ryan Pittsinger et al., "The Effect of a Single Bout of Surfing on Exercise-Induced Affect," *International Journal of Exercise Science* 10, no. 7 (2017): 989–99. Jamie Marshall et al., " 'When I Go There, I Feel Like I Can Be Myself ': Exploring Programme Theory Within the Wave Project Surf Therapy Intervention," *International Journal of Environmental Research in Public Health* 16, no. 12 (2019).

227. Amitha Kalaichandran, "Catching Waves for Well-Being," *New York Times*, Aug. 8, 2019.

228. A. Mendez-Villanueva et al., "Activity Profile of World-Class Professional Surfers During Competition: A Case Study," *Journal of Strength Conditioning Research* 20, no. 3 (2006).

229. Barbara Oakley, *A Mind for Numbers: How to Excel at Math and Science* (New York: Penguin, 2014), 101.

230. Chak Fu Lam et al., "The Impact of Feedback Frequency on Learning and Task Performance: Challenging the 'More Is Better' Assumption," *Organizational Behavior and Human Decision Processes* 116, no. 2 (2011): 217–28. 有关反馈对学习和绩效的作用的论述，可参考 Richard A. Schmidt, "Frequent Augmented Feedback Can Degrade Learning: Evidence and Intrepretations," in *Tutorials in Motor Neuroscience*, ed. J. Requin and G. E. Stelmach, NATO ASI Series (Series D: Behavioral and Social Sciences), Vol. 62 (Dordrecht: Springer, 1991)。

231. William Finnegan, *Barbarian Days: A Surfing Life* (New York: Penguin Press, 2015), 123.

232. Andrew Nathanson et al., "Surfing Injuries," *American Journal of Emergency Medicine* 20, no. 3 (2002): 155–60.

233. 该数据来自 Matt Warshaw, *The History of Surfing* (New York: Chronicle Books, 2011), 477。

234. 罗伯特·赖德在一篇论文中提出了这一观点，他认为冲浪是一个"公共资源问题"，简单的冲浪礼仪有助于缓解该问题。Robert Rider, "Hangin' Ten: The Common-Pool Resource Problem of Surfing," *Public Choice* 97, no. 1–2 (1998): 49–64.

235. 相关讨论可见 Daniel Nazer, "The Tragedy of the Surfers' Commons," *Deakin Law Review* 9, no. 2 (2004): 655–713。

236. 根据所谓的静眼理论，知道看哪里、看多长时间，似乎在精英运动中至关重要。几十年前，运动科学家琼·维克斯率先提出了"静眼"的概念，其背后的设想很简单：在任务中，表现最好的人聚焦到关键目标上的速度更快、聚焦得更久。

在篮球比赛中，更好的罚球手比不那么成功的球员更早看篮网、看的时间更长。维克斯认为，对冰球运动员韦恩·格雷茨基、球王梅西这种无法用体格或速度来解释其天赋的超级运动员，视觉或许有助于解释其成功。静眼现象仍然是一个谜，但它似乎能刺激大脑活动，有助于"自上而下地对视觉运动网络加以控制"。换句话说，你的眼睛协调着你身体的动作。Joan N. Vickers et al., "Quiet Eye Training Improves Accuracy in Basketball Field Goal Shooting," *Progress in Brain Research* 234 (Jan. 2017): 1–12.

237. "Using Eye Tracking to Analyze Surfers' Gaze Patterns," Tobii Pro, www.tobiipro.com.

238. Warshaw, *History of Surfing*, 13.

239. Lisa Kindelberg Hagan et al., Mothers' and Fathers' Socialization of Preschoolers' Physical Risk Taking," *Journal of Applied Developmental Psychology* 28, no. 1 (2007): 2–14.

240. David Foster Wallace, *Infinite Jest* (New York: Back Bay Books, 2006), 116.

241. James Dickey, *Deliverance* (New York: Delta Books, 2004), 5.

第六章　尝试杂耍：我们怎样学习做事

242. Edgar James Swift, "Studies in the Psychology and Physiology of Learning," *American Journal of Psychology* 14, no. 2 (1903): 201–51. 斯威夫特提到过一项类似的研究，年代更早，见 William Bryan and Noble Harter, "Studies in the Physiology and Psychology of the Telegraphic Language," *Psychological Review* 4, no. 1 (1897): 27–53。

243. 一项研究要高尔夫球手把球击入一个大洞包围着的球洞（这样目标球洞就显得更小），或是把球击入一个小洞包围着的球洞（这样目标球洞显得更大）。如你所料，高尔夫球手把球击入看起来更大的球洞时，表现得更好。但在随后的实验中，所有球手都使用常规球洞，先前用显得更大的球洞训练的高尔夫球手表现仍然好于另一组球手，他们用看起来容易的球洞学得更好。Guillaume Chauvel et al., "Visual Illusions Can Facilitate Sport Skill Learning," *Psychonomic Bulletin and Review* 22, no. 3 (2015): 717–21. 事实证明，人们成功地完成推杆时，会认为球洞比实际的更大。目标的扩大可以提升信心，自信的表现能提升目标的大小。

244. David Jones, "The Stability of the Bicycle," *Physics Today*, Sept. 2006, 51–56.

245. 莱特写道："我问过数十个骑行者是怎么左转弯的，但没有一个人第一次被问及时就能正确说清所有事实。" Kark J. Åström et al., "Bicycle Dynamics and Control," *IEEE Control Systems Magazine*, Aug. 2005.

246. 英国哲学家吉尔伯特·赖尔说："'怎样做'的知识不能靠积累'知道这、知道那'的碎片建立起来。"摘自他颇有影响力的演讲 "Knowing How and Knowing That" (delivered to the Aristotelian Society at the University of London Club, Nov. 1945), www. jstor.org。对赖尔的著名理论的有趣回应，见 Jason Stanley and John W. Krakauer,

"Motor Skill Depends on Knowledge of Facts,"*Frontiers in Human Neuroscienc*e,Aug. 29, 2013。两位作者认为，赖尔对陈述性知识和隐性知识的划分并不像有人说的那么绝对。举个最简单的例子，一个人隐性地学会怎样钉钉子，但如果事先告诉他用哪一面更合适，会更有效地完成任务。丹尼尔·沃普特（Daniel Wolpert）及其同事的研究还表明，人们使用新工具时，如果能看到它怎样运作而非简单地感觉它大概会怎么运作，似乎有利于更好地使用。Mohsen Sadeghi et al., "The Visual Geometry of a Tool Modulates Generalization During Adaptation," *Nature Scientific Report*s, Feb. 25, 2019.

247. Jerome Bruner, *The Culture of Education* (Cambridge, Mass.: Harvard University Press, 1996), 152.

248. 这一理论来自运动科学家里奇·马斯特斯。R. S. W. Masters et al., " 'Reinvestment': A Dimension of Personality Implicated in Skill Breakdown Under Pressure," *Personality and Individual Differences* 14, no. 5 (1993): 655–66.

249. 这句话引自里奇·马斯特斯的演讲 "The Epic Story of Implicit Motor Learning," Sept. 24, 2015, www.youtube.com. 帮助中风患者重新学习行走的一种方法是让他们站在分带跑步机上，这种跑步机有别于寻常机型，它会让患者一条腿的运动速度比另一条腿更快。通过用这种奇怪的方式行走，中风患者潜意识学会了怎样抵抗跑步机带来的跛行。一天早晨，我在巴尔的摩肯尼迪·克里格研究所的约翰斯·霍普金斯大学医学院人脑生理与刺激实验室亲眼见证了这一幕。该大学运动研究中心的人体运动科学家瑞安·罗米奇告诉我，他们把患者放在分带跑步机上，让其行走。他邀请我也试试看。在一条腿的速度比另一条腿快 3 倍的条件下行走并没那么容易，但过了一阵，我开始适应，尽管明显有点儿跛。"患者离开跑步机，"罗米奇说，"跑步机带来的跛行抵消了他们原本的跛行，于是他们现在可以更对称地行走。"跑步机有助于加快重新学习的过程。罗米奇说，患者行走时，大脑"在某个意识层面上，也在一个非常大的潜意识层面上，开始预测跑步机上会发生些什么"。等患者从跑步机上下来，"你知道自己已经不在跑步机上了，但大脑仍然预测你需要以这种特定方式走路。这就是康复带来的真正好处。你从跑步机上下来了，它也会持续"。

250. 研究人员把这一过程称作 "信用分配"：这个失误是你的错，还是环境的问题？

251. Sarah-Jayne Blakemore, Daniel Wolpert, and Chris Firth, "Central Cancellation of Self-Produced Tickle Sensation," *Nature Neuroscience* 1 (Nov. 1998): 635–40.

252. A. A. M. Van Santvoord and Peter J. Beek, "Phasing and the Pickup of Optical Information in Cascade Juggling," *Ecological Psychology* 6, no. 4 (1994): 239–63.

253. 这种情况对新手来说很常见。一项研究指出："新手没有给自己足够的时间来维持这种模式的周密安排。" Pamela S. Haibach et al., "Coordination Changes in the Early Stages of Learning to Cascade Juggle," *Human Movement Science* 23, no. 2 (2004):

185–206.

254. 但为什么会这样呢？一种理论认为，跟人们成功完成一次高尔夫推杆或足球射门一样，优异的表现会改变人们的时间感知。一项研究使用早期电子游戏《乓》（Pong）的调整版，给部分玩家更大的球拍。意料之中的是，这些玩家玩得更好，但由于他们做得更好，他们也报告说球似乎显得更慢。或许，我成功抛接球之后，回想起来会觉得它变慢了。Jessica K. Witt and Mila Sugovic, "Performance and Goal Influence Perceived Speed," *Perception* 39, no. 10 (2010): 1341–53.

255. 例如，一项针对射击新手和专业人士的研究发现，新手在瞄准过程中始终将注意力集中在目标上，专业人士则在临近真正扣动扳机时才将注意力集中于一点。正如作者指出的，"专业人士能够更好地及时分配大脑皮层资源"。M. Doppelmayr et al., "Frontal Midline Theta in the Pre-shot Phase of Rifle Shooting: Differences Between Experts and Novices," *Neuropsychologia* 46, no. 5 (2008): 1463–67.

256. 一种观点认为，为某些运动动作做准备会促使大脑在本质上"最大化地运用动作前的感官信息获取能力"。这样，如果外界环境发生变化，人们更容易适应动作，产生"时间更多了"的感觉。Nobuhiro Hagura et al., "Ready Steady Slow: Action Preparation Slows the Subjective Passage of Time," *Proceedings of the Royal Society B* 279, no. 1746 (2012): 4399–406.

257. Peter J. Beek and Arthur Lewbel, "The Science of Juggling," *Scientific American*, Nov. 1995, 94.

258. William H. Edwards, *Motor Learning and Control* (New York: Cengage Learning, 2010), 48.

259. 这个数据来自 Clark, "On Becoming Skillful"。

260. Cláudia Tarragô Candotti et al., "Cocontraction and Economy of Triathletes and Cyclists at Different Cadences During Cycling Motion," *Journal of Electromyography and Kinesiology* 19, no. 5 (2009): 915–21.

261. 相关讨论见 Julie Duque et al., "Physiological Markers of Motor Inhibition During Human Behavior," *Trends in Neuroscience* 40, no. 4 (2017): 219–36。

262. 麻省理工学院的霍华德·奥斯汀认为，杂耍"与肌肉、通常意义上的神经通路或反馈无关"。Howard Austin, "A Computational View of the Skill of Juggling," *Artificial Intelligence Memo* No. 330, LOGO Memo No. 17, 1974, 8.

263. 感谢加州大学洛杉矶分校心理学教授杰西·里斯曼（Jesse Rissman）提供了这个设想。

264. Jonathan Rowson, *The Moves That Matter: A Chess Grandmaster on the Game of Life* (New York: Bloomsbury, 2019), 109.

265. Daniel M. Smith, "Neurophysiology of Action Anticipation in Athletes: A Systematic Review," *Neuroscience and Biobehavioral Reviews* 60 (Jan. 2016): 115–20.

注　释

266. 一项研究指出，动作观察网络需要对观察到的活动进行"运动表征"，而非简单的"视觉表征"，才能受到刺激。作者写道："我们表明，大脑看到一个动作的反应不仅取决于看到这个动作的先前视觉知识和体验，还取决于执行这个动作的先前运动体验。" Beatriz Calvo-Merino et al., "Seeing or Doing? Influence of Visual Motor Familiarity in Action Observation," *Current Biology* 16, no. 19 (2006), doi.org/10.1016/j.cub.2006.07.065.

267. 这个例子来自 Giacomo Rizzolatti and Corrado Sinigaglia, "Curious Book on Mirror Neurons and Their Myth," review of *The Myth of Mirror Neurons: The Real Neuroscience of Communication and Cognition*, by Gregory Hickock, *American Journal of Psychology* 128, no. 4 (2015)。

268. Maxime Trempe et al., "Observation Learning Versus Physical Practice Leads to Different Consolidation Outcomes in a Movement Timing Task," *Experimental Brain Research* 209, no. 2 (2011): 181–92.

269. Matthias J. Gruber et al., "States of Curiosity Modulate Hippocampus-Dependent Learning via the Dopaminergic Circuit," *Neuron* 84, no. 2 (2014), doi:doi.org/10.1016/j.neuron.2014.08.060. 有趣的是，研究表明，对问题的答案表现出更强好奇心的人，在"好奇状态"下比在不那么好奇的状态下更容易记住"连带"资料。

270. Marcos Daou, Keith R. Lohse, and Matthew W. Miller, "Expecting to Teach Enhances Motor Learning and Information Processing During Practice," *Human Movement Science* 49 (Oct. 2016): 336–45. 三位作者在另一篇论文中指出，这种现象的确切机制尚不清楚。例如，预期要教别人的受试者，脑电图并不因此有别于无此预期的受试者。他们推测，或许要教别人的预期对大脑的激活是脑电图无法捕捉到的。"教别人的预期会提高学习者对技能习得的兴趣，有可能增加中脑和海马区之间的连接。" Marcos Daou, Keith R. Lohse, and Matthew W. Miller, "Does Practicing a Skill with the Expectation of Teaching Alter Motor Preparatory Cortical Dynamics?" *International Journal of Psychophysiology* 127 (Feb. 2018): 1–19.

271. Hassan Rohbanfard and Luc Proteau, "Learning Through Observation: A Combination of Expert and Novice Models Favor Learning," *Experimental Brain Research* 215, no. 3–4 (2011): 183–97.

272. Daniel R. Lametti and Kate E. Watkins, "Cognitive Neuroscience: The Neural Basis of Motor Learning by Observing," *Current Biology* 26, no. 7 (2016): R288–R290.

273. Spencer J. Hayes, Derek Ashford, and Simon J. Bennett, "Goal-Directed Imitation: The Means to an End," *Acta Psychologica* 127, no. 2 (2008): 407–15.

274. Rokhsareh Badami et al., "Feedback About More Accurate Versus Less Accurate Trials: Differential Effects on Self-Confidence and Activation," *Research Quarterly for Exercise and Sport* 83, no. 2 (2012): 196–203.

275. Richard Hoffer, *Something in the Air*: *American Passion and Defiance in the* 1968 *Mexico City Olympics* (New York: Free Press, 2009), 74.

276. Joenna Driemeyer et al., "Changes in Gray Matter Induced by Learning— Revisited," *PLOS One* 3, no. 7 (2008), journals.plos.org.

277. Jan Scholz et al., "Training Induces Changes in White Matter Architecture," *Nature Neuroscience* 12, no. 11 (2009): 1370–71. 研究人员指出："尽管灰质和白质区域的空间接近度表现出与训练相关的变化，但我们没有发现灰质和白质在不同受试者之间的变化幅度存在相关性。"他们推测，这意味着无论灰质和白质变化背后的过程是怎样的，它们都是独立的。Bimal Lakhani et al., "Motor Skill Acquisition Promotes Human Brain Myelin Plasticity," *Neural Plasticity*, April 2016, 1–7.

278. Metaphor courtesy of "Intelligence in Men and Women Is a Gray and White Matter," *ScienceDaily*, Jan. 22, 2005, www.sciencedaily.com.

279. 在动物实验中，人们发现学习可以促进"突触发生"，即新神经连接的生长，而简单地重复已练习好的动作促进的是"血管生成"，即大脑中帮助处理"代谢负荷"的新血管的形成。James E. Black et al., "Learning Causes Synaptogenesis, Whereas Motor Activity Causes Angiogenesis, in Cerebellar Cortex of Adult Rats," *Proceedings of the National Academy of Sciences* 87, no. 14 (1990): 5568–72.

280. 该观点来自 Driemeyer et al.,"Changes in Gray Matter Induced by Learning—Revisited"。

281. 这种重塑究竟是怎样发生的、发生的程度如何，我们对这一过程并不完全清楚。就训练诱发的可塑性研究的全面综述，见 Cibu Thomas and Chris Baker, "Teaching an Adult Brain New Tricks: A Critical Review of Evidence for Training-Dependent Plasticity in Humans," *NeuroImage* 73 (June 2013): 225–36。

282. 就技能学习上的可塑性讨论，见 Elisabeth Wenger et al., "Expansion and Renormalization of Human Brain Structure During Skill Acquisition," *Trends in Cognitive Sciences* 21, no. 12 (2017): 930–39。

283. Yuko Morita et al., "Napping After Complex Motor Learning Enhances Juggling Performance," *Sleep Science* 9, no. 2 (2016): 112–16.

284. Marlene Bönstrup et al., "A Rapid Form of Offline Consolidation in Skill Learning," *Current Biology* 29, no. 8 (2019): 1346–51.

285. Jessica Hamzelou, "Learning to Juggle Grows Brain Networks for Good," *New Scientist*, Oct. 11, 2009.

286. Jon Gertner, quoted in Jimmy Soni and Rob Goodman, *A Mind at Play*: *How Claude Shannon Invented the Information Age* (New York: Simon & Schuster, 2017), 249.

287. Janina Boyke et al., "Training-Induced Brain Structure Changes in the Elderly," *Journal of Neuroscience* 28, no. 28 (2008): 7031–35.

288. Rachael D. Seidler, "Older Adults Can Learn to Learn New Motor Skills," *Behavioral Brain*

注　释

Research 183, no. 1 (2007): 118–22.

第七章　绘画的好处

289. Aymer Vallance, *William Morris, His Art, His Writings, and His Public Life: A Record* (London: George Bell & Sons, 1897), 251.

290. Annalisa Merelli, "Google's Most-Searched 'How-To' Questions Capture All the Magic and Struggle of Being Human," *Quartz*, Sept. 2, 2017, qz.com.

291. Jessica Davis, "Drawing's Demise: U-Shaped Development in Graphic Symbolization," Harvard Project Zero, Harvard Graduate School of Education (paper presented at SRCD Biennial Meeting, New Orleans, March 1993).

292. Howard Gardner, *Artful Scribbles: The Significance of Children's Drawings* (New York: Basic Books, 1980), 148.

293. Angela Anning, "Learning to Draw and Drawing to Learn," *International Journal of Art and Design Education* 18, no. 2 (1999): 163–72.

294. Gardner, *Artful Scribbles*, 143.

295. 莫林·考克斯 (Maureen Cox) 指出，20 世纪初，绘画是 "学校课程里的固定科目，虽然实际上主要是男孩学，女孩们做针线活"。不出所料，男孩们往往成了更好的画手。Cox, *Children's Drawings of the Human Figure* (New York: Psychology Press, 1993), 3.

296. Baldassare Castiglione, *The Book of the Courtier* (London: Penguin Books, 2004), 97.

297. Ann Bermingham, *Learning to Draw: Studies in the Cultural History of a Polite and Useful Art* (London: Paul Mellon Centre for British Art, 2000), ix.

298. Myra A. Fernandes et al., "The Surprisingly Powerful Influence of Drawing on Memory," *Current Directions in Psychological Science* 27, no. 5 (2018): 302–8.

299. Churchill, *Painting as a Pastime*, 25.

300. Betty Edwards, *Drawing on the Right Side of the Brain* (New York: TarcherPerigree, 2012), xiv.

301. M. S. Gazzaniga, J. E. Bogen, and R. W. Sperry, "Observations on Visual Perception After Disconnexion of the Cerebral Hemispheres in Man," *Brain* 88, pt. 2 (June 1965): 221–36.

302. 在《左脑，右脑》一书中，萨莉·斯普林格和乔治·多伊奇注意到，没有任何认知任务只有一个大脑半球参与，而且几乎没有理由相信 "大脑左半球参与绘画会干扰右半球"。作者认为，大脑左半球通常与细节识别等活动相关，或许比右半球更多地参与上下颠倒绘画练习。Sally P. Springer and Georg Deutsch, *Left Brain, Right Brain: Perspectives from Cognitive Neuroscience* (New York: W. H. Freeman, 1997), 301.

303. Chris McManus, *Right Hand, Left Hand: The Origins of Asymmetry in Brains, Bodies, Atoms, and Cultures* (Cambridge, Mass.: Harvard University Press, 2004), 298.

304. Jared Nielsen et al., "An Evaluation of the Left-Brain vs. Right-Brain Hypothesis with Resting State Functional Connectivity Magnetic Resource Imaging," *PLOS One* 8, no. 8 (2013), doi.org/10.1371/journal.pone.0071275. 就学习风格而言，见 Paul A. Kirschner, "Stop Propagating the Learning Styles Myth," *Computers and Education* 106 (March 2017): 166–71。

305. 相关综述可见 Dahlia W. Zaidel, "Split-Brain, the Right Hemisphere, and Art: Fact and Fiction," *Progress in Brain Research* 204 (2013): 3–17。

306. R. W. Sperry, "Some Effects of Disconnecting the Cerebral Hemispheres," *Science* 217 (Sept. 1982): 1223–26.

307. E. I. Schiferl, "Both Sides Now: Visualizing and Drawing with the Right and Left Hemispheres of the Brain," *Studies in Art Education* 50, no. 1 (2008): 67–82.

308. 例如，哈罗德·斯皮德在 1917 年的经典作品《绘画的实践与科学》中提出，较之视觉，我们更多地依赖"客观世界的心理观念"，这跟艾德华的看法如出一辙。Harold Speed, *The Practice and Science of Drawing* (New York: Dover, 1972), 47.

309. 人们一直在争论"天真无邪的眼睛"（也就是"初学者心态"）是否真的存在，是不是总有一些概念会侵入。相关讨论见 Erik Forrest, "The 'Innocent Eye' and Recent Changes in Art Education," *Journal of Aesthetic Education* 19, no. 4 (1985): 103–14。

310. John Ruskin, *The Elements of Drawing* (New York: Dover, 1971), 27.

311. 引用检索自美国国家美术馆，www.nga.gov。

312. L. Carmichael et al., "An Experimental Study of the Effect of Language on the Reproduction of Visually Perceived Form," *Journal of Experimental Psychology* 15, no. 1 (1932): 73–86.

313. Justin Ostrofsky, Heather Nehl, and Kelly Mannion, "The Effect of Object Interpretation on the Appearance of Drawings of Ambiguous Figures," *Psychology of Aesthetics, Creativity, and the Arts* 11, no. 1 (2017): 99–108.

314. Edwards, *Drawing on the Right Side of the Brain*, 169.

315. Dale J. Cohen and Susan Bennett, "Why Can't Most People Draw What They See?," *Journal of Experimental Psychology: Human Perception and Performance* 23, no. 3 (1997): 609–21.

316. Monica Lee, "When Is an Object Not an Object? The Effect of 'Meaning' upon the Copying of Line Drawings," *British Journal of Psychology* 80, no. 1 (1989): 15–37.

317. Frederick Frank, *Zen Seeing, Zen Drawing* (New York: Bantam Books, 1993), 114.

318. Peter Steinhart, *The Undressed Art* (New York: Vintage Books, 2004), 55.

319. John Sloan, *John Sloan on Drawing and Painting: The Gist of Art* (New York: Dover, 2010),

110.

320. 对画家大卫·霍克尼所称的现代艺术学校中"绘画的毁灭",请见以下精彩叙述: Jacob Will, "What Happened to Art Schools?," *Politeia* (2018), www.politeia.co.uk。

321. Jacob Bernstein, "Downtown Art School That Warhol Started Raises Its Celebrity Profile," *New York Times*, April 26, 2017.

322. Jeremy Deller, *Iggy Pop Life Class* (London: Heni, 2016), 12.

323. Justin Ostrofsky et al., "Why Do Non-artists Draw Eyes too Far up the Head? How Vertical Eye Drawing Errors Relate to Schematic Knowledge, Pseudoneglect, and Context-Based Perceptual Biases," *Psychology of Aesthetics, Creativity, and the Arts* 10, no. 3 (2016): 332–43. 作者指出:"尽管很普遍,但这种偏差的原因目前还不清楚。"人们已经注意到,这种现象的部分因素在于如果肖像画要表现头发,那么发际线会被自然而然地视为头顶。如果受试者画的是秃顶肖像,偏差虽然依然存在,但不会那么大。

324. Dale J. Cohen, "Look Little, Look Often: The Influence of Gaze Frequency on Drawing Accuracy," *Perception and Psychophysics* 67, no. 6 (2005): 997–1009.

第八章　自我更新之路

325. Nancy L. Chase, Xuemei Sui, and Steven N. Blair, "Swimming and All-Cause Mortality Risk Compared with Running, Walking, and Sedentary Habits in Men," *International Journal of Aquatic Research and Education* 2, no. 3 (2008): 213–23.

326. Weina Liu et al., "Swimming Exercise Reverses CUMS-Induced Changes in Depression-Like Behaviors and Hippocampal Plasticity-Related Proteins," *Journal of Affective Disorders* 227 (Feb. 2018): 126–35.

327. Terry Laughlin, *Total Immersion: The Revolutionary Way to Swim Better, Faster, and Easier* (New York: Simon & Schuster, 2004), 2.

328. Terry Laughlin, "Inside-Out Breathing," *CrossFit Journal*, Dec. 1, 2005, journal.crossfit. com.

329. Seneca, *On the Shortness of Life* (New York: Penguin Books, 2005), 16.

330. 研究表明,平均而言,相较于力量技巧对游泳速度的提升更大。R. Havriluk, "Performance Level Differences in Swimming: Relative Contributions of Strength and Technique," in *Biomechanics in Swimming XI*, ed. Per-Ludvik Kjendiie, Robert Keig Stallman, and Jan Cabri (Oslo: Norwegian School of Sport Science, 2010).

331. Laughlin, *Total Immersion*, 17.

332. Michael Norton et al., "The IKEA Effect: When Labor Leads to Love," *Journal of Consumer Psychology* 22, no. 3 (2012): 453–60.

333. 约翰·纳皮尔在其畅销书《手》中写道："伯克利的 S. L. 沃什伯恩强调，衡量大脑的体积是一种估计大脑运动和触觉功能、技能、记忆和预见力等总体性能的方法，虽然有些粗糙，但很有用，因为所有这些性能都会占用大脑空间。大脑体积增加很可能是在制造工具之后出现的，而这也建立起了一种正向反馈。" John Napier, *Hands* (Princeton, N.J.: Princeton University Press, 1980), 101.

334. 人类学家玛丽·马兹克尤其与这一系列论点有关。Mary W. Marzke, "Tool Making, Hand Morphology, and Fossil Hominins," *Philosophical Transactions of the Royal Society B: Biological Sciences* 368, no. 1630 (2013): 1–8.Sara Reardon, "Stone Tools Helped Shape Human Hands," *New Scientist*, April 10, 2013.

335. Kelly Lambert, *Lifting Depression* (New York: Basic Books, 2010), 28.Kelly G. Lambert, "Rising Rates of Depression in Today's Society: Consideration of the Roles of Effort-Based Rewards and Enhanced Resilience in Day-to-Day Functioning," *Neuroscience and Biobehavioral Reviews* 30, no. 4 (2006): 497–510.

336. 据统计，只有不到 5% 的美国年轻人参加过学徒项目。Tamar Jacoby, "Why Germany Is So Much Better at Training Its Workers," *Atlantic*, Oct. 16, 2014.

337. Kelly Lambert, "Depressingly Easy," *Scientific American Mind*, Aug. 2009.

338. Paul A. O'Keefe et al., "Implicit Theories of Interest: Finding Your Passion or Developing It?," *Association for Psychological Science* 29, no. 10 (2018): 1653–64.

339. Daniel J. Boorstin, *The Image* (New York: Vintage Books, 1992), 85.

340. "Laird Hamilton on Being a Beginner and Mixing Things Up," The Mullet, Oct. 5, 2015, www.distressedmullet.com.

341. 这一有用的描述来自 Jeff Stewart, "The Dos and Don'ts of Embrocation," Competitive Cyclist, April 21, 2014, www.competitivecyclist.com。

342. Richard Hamming, *The Art of Doing Science and Engineering* (Amsterdam: Gordon and Breach, 2005), 5.

343. John Casey, *Room for Improvement: A Life in Sport* (New York: Vintage, 2012), 177.

344. Elizabeth J. Krumrei-Mancuso et al., "Links Between Intellectual Humility and Acquiring Knowledge," *Journal of Positive Psychology*, Feb. 14, 2019.

注　释